GLOBAL CLASS

ELOGIOS PARA *GLOBAL CLASS*

Executivos de Renome Global

"Literalmente, Aaron e Klaus escreveram o livro considerando a estratégia 'go-to-market' internacional. Suas observações e ditames são cruciais para nosso negócio. Este é o livro que eu gostaria de ter há 15 anos!"
– Abe Smith, head internacional, Zoom

"Confiança é o valor mais importante ao expandir seus negócios internacionalmente. Ela anda de mãos dadas com o sucesso do cliente. *Global Class* é um modelo de como alcançar ambos e fazer com que SUA empresa seja uma plataforma (um catalisador) de mudanças em cada mercado e comunidade nos quais você entra e se envolve."
– Polly Sumner, diretora de Adoção de Inovação, Salesforce

"Aaron e Klaus estruturam, processam e esclarecem o que outrora era apenas mistério e complexidade — *Global Class* é o guia perfeito para transitar em meio aos desafios da expansão global."
– John Brandon, ex-vice-presidente Internacional, Apple

"*Global Class* ajuda a resolver o dilema de como globalizar e expandir internacionalmente no ambiente empresarial competitivo e dinâmico de hoje."
– Elise Rubin, head global de Gestão de Programas, Internacionalização e Lançamento de Produto, Google Nest

"*Global Class* construiu um glossário para que líderes empresariais como eu efetivamente consigam ter alinhamento organizacional em torno das iniciativas de crescimento internacional."
– Troy Malone, vice-presidente de Operações Internacionais, Drata (ex-diretor geral de Expansão Internacional, Evernote)

"Determinar a localização de uma empresa é desafiador. Ao longo de *Global Class*, Aaron e Klaus decodificaram o modo de fazer isso apresentando algumas das maiores histórias de sucesso mundiais e focalizando fatores importantes como língua e cultura, algo que, tal como a linguagem computacional, considero fundamental para o êxito em nível mundial."
– Kathryn Hymes, ex-head de Expansão Internacional de Produtos, Slack

"Construir uma empresa global requer foco e trabalho árduo. Os insights de *Global Class* o auxiliarão nas metas e nas estratégias para se expandir internacionalmente."
– Scott Coleman, ex-head de Crescimento e Produto Internacional, Pinterest

"As pessoas são a espinha dorsal de uma organização, e o conceito de Interempreendedor apreende com perfeição o tipo de talento que buscamos para o Patreon. Em *Global Class* há modelos estruturais práticos e um modo novo de olhar a construção de empreendimentos internacionais capazes de ajudar qualquer companhia a formar a melhor das equipes de classe global."
– Tiffany Stevenson, diretora de RH, Patreon

"Na Euromonitor, estamos em uma organização que molda o mundo de amanhã para nossos clientes. As ideias e os modelos estruturantes em *Global Class* corroboram algumas de nossas melhores práticas e permitem que desafiemos a nós mesmos em áreas nas quais ainda estamos nos esforçando para melhorar enquanto empresa."
– Tim Kitchin, CEO, Euromonitor International

"Para ter êxito como empresa global no ambiente ultracompetitivo de hoje, é preciso agir rápido e crescer aceleradamente. Em *Global Class*, Aaron e Klaus mostram como ter a velocidade e o impulso necessários para ser bem-sucedido em tal condição de mercado."
– Emil Michael, ex-diretor de Negócios, Uber

"Aaron e Klaus delineiam com perfeição o itinerário a ser seguido para obter sucesso no desafio de escalar uma empresa em uma nova geografia."
– Jan van Casteren, ex-head Europa, Flexport

"*Global Class* acolhe as peculiaridades das culturas ao redor do mundo e mostra como fazer uma ponte entre as diferenças, e com isso as empresas são capazes de ser uma força do Bem."
– Jennifer Yuen, ex-head de Marketing das Américas, Airbnb

"Nós, aqui na Plaid, estamos sempre focados. Nunca nos desviamos do que é central em nosso produto e modelo de negócios. A ênfase de *Global Class* na validação do cliente e na localização do produto/mercado é perfeita quando se trata de expansão global."
– Paul Williamson, head de Receitas, Plaid

"Adoro o modo como *Global Class* nos oferece um roteiro para chegar ao mercado internacional. Aaron e Klaus transformam a complexidade de expandir uma empresa nos mercados internacionais em algo simples e acessível."
– Jennifer Cornelius, diretora de RH, Ritual

"*Global Class* é leitura obrigatória, repleta de histórias épicas de como empresas de primeira linha expandiram seus negócios mundo afora, além de modelos estruturantes práticos de como ser capaz de fazer sua empresa crescer. Este é o livro para quem procura ser global."
– Robin Daniels, ex-executivo de Marketing de Salesforce, Box, LinkedIn, WeWork e Matterport

"Um guia prático permeado pela sabedoria de pioneiros. *Global Class* é o manual de leitura obrigatória para qualquer executivo responsável pela expansão internacional."
– Christina Lee, vice-presidente de Expansão Internacional, Chegg

"No LinkedIn, encorajamos o capital (intelectual, financeiro e humano) a fluir para onde for mais necessário, em um esforço para transformar economias no mundo inteiro. O conjunto de ferramentas de *Global Class* e a visão para educar serão um catalisador para a próxima geração de líderes empresariais explorar as expansões do mercado internacional."
– Sankar Venkatraman, evangelista-chefe, Defesa do Consumidor e Transformação de Vendas, LinkedIn

"*Global Class* é leitura obrigatória para executivos de empresas de todos os tamanhos, desde startups a corporações multinacionais, que administram negócios ao redor do mundo."
– Muhammed Yildirim, ex-diretor-gerente, Talabat

"Direto, prático e de implementação viável, *Global Class* é capaz de ajudar a expansão de qualquer empresa, não importando seu porte, setor de atividade e localização geográfica. Este livro é um guia quintessencial de como construir uma companhia de escala global no atual contexto internacional de negócios."
– Hyunbin Kang, vice-presidente executivo sênior, LINE

"Este é um livro de leitura obrigatória para todos que trabalham em uma empresa com presença internacional ou que pretende expandir-se globalmente."
– Claudia Makadristo, head de Expansão Internacional e Acesso de Dados, África, MetaMap

"Incrível como este livro ainda não existia! Até que enfim alguém elaborou um guia abrangente e acessível para construir uma organização global."
– Casey Armstrong, diretor de Marketing, ShipBob

"Ninguém, até hoje, havia preparado uma receita para o sucesso internacional de uma empresa. Ao longo de *Global Class*, Aaron e Klaus compartilham os ingredientes para a expansão global — estratégias, estruturas, dinâmica da equipe, e mais!"
– Israel Bimpe, diretor, Africa Go-To-Market, Zipline

"*Global Class* não apenas compartilha valiosas ferramentas necessárias para uma empresa ter sucesso mundial, mas também destaca os muitas vezes negligenciados e menosprezados elementos de expansão de uma empresa para novos países."
– Chris Murphy, CEO, ThoughtWorks, América do Norte

Fundadores de Startups

"O tipo de descrição que Aaron e Klaus fazem de uma companhia de *Global Class* é exatamente o modelo que almejamos para a Flexport — culturalmente curioso, adaptável ao local e que reflete com vigor nossos valores centrais."
– Ryan Petersen, fundador e CEO, Flexport

"Até adotar a mentalidade de iniciante do livro *Global Class* e aprender com clientes e funcionários locais, a estratégia inicial da Rakuten era padronizar e centralizar a cultura da empresa, priorizando a uniformidade em relação à localização. Isso pode levar a ignorar como a cultura local difere de seu mercado doméstico. Há muitos elementos em uma empresa que podem ser controlados, mas a cultura local não está entre eles."

– Seichu Masatada Kobayashi, cofundador e diretor de Bem-estar, Rakuten

"Você está curioso para saber como as mais bem-sucedidas empresas do mundo ampliam seus negócios globalmente? Aaron e Klaus mostram como elas fizeram isso e como a sua também pode fazer."

– Heini Zachariassen, fundador e ex-CEO, Vivino

"Percorri com êxito, praticando em campo, todo o árduo caminho que Aaron e Klaus traçaram. Ao criar a BlaBlaCar, coordenei, junto com a equipe, minha própria 'visita escolar' às maiores empresas a fim de conhecer as melhores práticas para se expandir internacionalmente, algo que você pode ler em *Global Class*. Este livro poupa um bocado de tempo para os criadores de empresas de porte global."

– Frédéric Mazzella, fundador e CEO, BlaBlaCar

"*Global Class* sabe como transmitir o alinhamento do papel de uma empresa na sociedade com sua própria missão de ser um catalisador para o crescimento econômico, preparando a próxima geração de empreendedores de alto impacto ao redor do mundo. Tenha em mãos um exemplar de *Global Class*: ele o poupará de perder tempo e dinheiro tentando expandir sua empresa internacionalmente."

– Freddy Vega, fundador e CEO, Platzi

"Há em *Global Class* um excelente conjunto de ferramentas que ajuda muitos empresários a responder às difíceis questões sobre a expansão em novos mercados. Isso coloca no centro das atenções os elementos muitas vezes negligenciados e subestimados capazes de quebrar uma empresa."

– Chang Wen Lai, cofundador e CEO, Ninja Van

"Em *Global Class* você encontra uma combinação ideal de estudos de caso, insights relevantes, histórias relacionáveis e poderosos elementos estruturantes, a qual é capaz de formar o quadro geral de como expandir qualquer empresa mundialmente."

– Br, cofundador e vice-presidente sênior da Ásia-Pacífico, Tradeshift

"Fizemos uma parceria com a equipe de *Global Class* na implementação da Análise do Prêmio de Localização para apoiar nossos esforços de expansão internacional na Europa. Deve-se à sua ajuda o ímpeto com o qual gerenciamos a complexidade que envolve a localização de nossa empresa em novos mercados."

– Jivko Bojinov, cofundador, ShipBob

"Atualmente, as empresas estão pensando globalmente já no primeiro dia, e *Global Class* é essencial para colocar tais pensamentos em ação. A mentalidade Global Class descrita neste livro ajuda empresas como a nossa a obter sucesso para empresas distribuídas."

– Gabriel Engel, cofundador e CEO, Rocket.Chat

Autores Best-sellers

"Alcançar uma escala global requer iteração ao mesmo tempo em que se gerencia a complexidade. Em *Global Class*, Aaron e Klaus disponibilizam o guia que você precisa para transitar em meio a essas mudanças e obter escala global."

– Eric Ries, autor de A Startup Enxuta

"Este livro deveria ser leitura obrigatória para todo líder de negócios com os olhos voltados para os mercados internacionais."

– Steve Blank, pai do moderno empreendedorismo e autor do livro The Startup Owner's Manual *[publicado no Brasil pela Alta Books com o título* Startup: Manual do Empreendedor*]*

"Penetrar em novos mercados globais é difícil. *Global Class* o ajuda a atravessar a ponte sobre o abismo que separa o mercado doméstico de sucesso e a adequação ao mercado mundial."

– Alex Osterwalder, CEO, Strategyzer e inventor do Business Model Canvas

"*Global Class* é um curso intensivo para um crescimento internacional de negócios eficaz. Com base nas experiências de mais de duzentas das principais empresas globais, Aaron e Klaus revelam como se pode expandir qualquer empresa internacionalmente."
– Patrick Vlaskovits, autor best-seller do New York Times *dos livros* The Lean Entrepreneur *e* Hustle

"Excelente! Fazer com que uma empresa de âmbito internacional permaneça ágil em meio a mudanças de mercados, culturas e legislações pode parecer uma tarefa árdua. *Global Class* caminha passo a passo com você pela metodologia, focando as prioridades de sua empresa para levá-la a um patamar mais alto."
– Dr. Marshall Goldsmith, coach de executivos thinkers50#1 e autor best-seller do New York Times *dos livros* Triggers, Mojo *e* What Got You Here Won't Get You There

Maiores Investidores

"Assim como a inovação ágil e aberta, as estratégias e as táticas de *Global Class* revelam os segredos da expansão internacional bem-sucedida... As empresas que aproveitam o poder deste livro serão as maiores empresas mundiais de amanhã."
– Whitney Bouck, diretor-gerente, Insight Partners

"Já testemunhei o sofrimento que centenas de startups passam para crescer internacionalmente. Agora, pedirei a cada fundador para ler *Global Class*! Pessoalmente, eu desejaria ter este livro na época da expansão global do Yahoo! Inc. Ele teria me poupado muito tempo e dor de cabeça."
– Marvin Liao, ex-sócio Partner, 500 Startups

"Na condição de investidor em startups de rápido crescimento, sempre procurei maneiras de prover recursos externos e aconselhamento para nossas startups. A equipe por trás de *Global Class* construiu uma plataforma incrível que fortalece as startups para se tornarem um sucesso em escala mundial."
– Batara Eto, fundador e sócio-gerente, East Ventures

AARON McDANIEL e KLAUS WEHAGE

GLOBAL CLASS

COMO AS EMPRESAS DE **CRESCIMENTO ACELERADO** SE PROJETAM **GLOBALMENTE** AO FOCAR **NEGÓCIOS LOCAIS**

ALTA BOOKS
GRUPO EDITORIAL
Rio de Janeiro, 2024

Para Leona, Quinn e Shay.

Lembrem-se sempre, nós não vivemos em um mundo isto OU aquilo; nós vivemos em mundo isto E aquilo.

– A. M.

Para meu querido Anders.

Uma semana antes de falecer você me disse:

"Sei que você deixará a Dinamarca e fará grandes coisas."

Estou lutando para deixá-lo orgulhoso.

Te amo.

– K. W.

Global Class

ISBN: 978-85-508-2413-0

Impresso no Brasil — 1ª Edição, 2024 — Edição revisada conforme o Acordo Ortográfico da Língua Portuguesa de 2009.

Dados Internacionais de Catalogação na Publicação (CIP)
(BENITEZ Catalogação Ass. Editorial, MS, Brasil)

M112c McDaniel, Aaron
1.ed. Global Class : como empresas de crescimento acelerado se projetam globalmente ao focar negócios locais / Aaron McDaniel, Klaus Wehage ; tradução Carlos Bacci. – 1.ed. – Rio de Janeiro : Alta Books, 2024.
320 p.; 15,7 x 23 cm.
ISBN 978-85-5082-413-0
1. Administração de empresas. 2. Corporações. 3. Globalização – Aspectos econômicos. 4. Globalização – Economia internacional. 5. Mercado internacional – Aspectos econômicos. 6. Sucesso nos negócios. I. Wehage, Kalus. II. Bacci, Carlos. III. Título.

05-2024/41 CDD 337

Índice para catálogo sistemático:
1. Globalização : Corporações : Economia internacional 337

Aline Graziele Benitez – Bibliotecária – CRB-1/3129

Produção Editorial: Grupo Editorial Alta Books
Diretor Editorial: Anderson Vieira
Editor da Obra: J. A. Ruggeri
Vendas Governamentais: Cristiane Mutüs
Gerência Comercial: Claudio Lima
Gerência Marketing: Viviane Paiva

Produtora Editorial: Isabella Gibara
Tradução: Carlos Bacci Jr
Copidesque: Eveline Machado
Revisão: Natália Pacheco
Diagramação: Alice Sampaio

ALTA BOOKS
GRUPO EDITORIAL

Rua Viúva Cláudio, 291 — Bairro Industrial do Jacaré
CEP: 20.970-031 — Rio de Janeiro (RJ)
Tels.: (21) 3278-8069 / 3278-8419
www.altabooks.com.br — altabooks@altabooks.com.br
Ouvidoria: ouvidoria@altabooks.com.br

Editora **afiliada à:**

SUMÁRIO

INTRODUÇÃO

A Gênese de *Global Class*

LEE TINHA UM problema.

Lá estava ele, as palmas das mãos molhadas de suor. Ele mal havia começado a compartilhar uma atualização sobre a expansão internacional da empresa, em uma sala repleta de membros do Conselho de Administração e da maioria dos executivos do primeiro escalão. As coisas não estavam indo bem. Seu objetivo de alinhar a liderança da empresa quanto ao fornecimento dos recursos necessários para financiar a entrada em três novos mercados e resolver alguns dos problemas da atuação internacional da empresa parecia escorrer pelos seus dedos.

Lee se unira a uma empresa de produtos de saúde e bem-estar em rápido crescimento cujas vendas eram feitas diretamente ao consumidor, como um dos líderes da equipe internacional depois que a empresa já estava em alguns poucos mercados internacionais e tinha em vista expandir-se para outros mais. O êxito alcançado pela empresa no mercado doméstico já havia levado a uma rápida expansão em três mercados globais. A liderança da empresa tinha insistido que os primeiros mercados internacionais fossem o Reino Unido e a Austrália (algo do tipo, eles já falavam inglês, então a tradução do site deveria ser fácil) seguidos pela Espanha (um dos executivos da empresa havia estudado lá). Todo o pré-lançamento foi conduzido a partir da sede [ou QG, sigla para Quartel General], e, mais tarde, alguns gestores de médio escalão mudaram-se para esses países para liderar as ações de entrada nos mercados locais.

Infelizmente, a entrada nesses mercados foi marcada por uma série de obstáculos, desde problemas para a aprovação da venda dos produtos e questões de regulamentação local até a cadeia de suprimento e problemas de distribuição, comprometendo a qualidade do produto. Os responsáveis pela gestão nos mercados locais ocupavam-se de tentar descobrir como mudar a embalagem do produto para atender aos requisitos locais, em vez de fazer as tão necessárias parcerias e contratar uma equipe de marketing local. Como a empresa se valeu da mesma estratégia de rapidez a todo custo no mercado inicial, não é de se admirar que ainda não houvesse adequado o produto ao mercado em nenhum desses mercados globais.

Lee sabia que essa reunião seria difícil, pois a liderança da companhia não dava a devida atenção a iniciativas que visavam os mercados internacionais e não tinha interesse em mudar o negócio para atender às necessidades dos mercados locais. Para ela, o modelo de negócios ora em prática era considerado a principal razão do sucesso da empresa até então, e queria manter o atual modo de operar em vez de dar às equipes locais a liberdade necessária para adequar o negócio e ganhar força nesses novos mercados.

Contribuía para pressionar mais o ambiente o fato de a empresa haver garantido, recentemente, uma rodada de financiamento com parcela substancial reservada para o crescimento global. Isso propiciou o envolvimento do Conselho e dos executivos, mas Lee sabia que investir mais dinheiro às cegas em ações de expansão adicionais sem uma estratégia mais coesa seria uma perda de tempo e dinheiro.

Para sua exposição, ele redefinira a estratégia global da companhia: dar mais autonomia às equipes locais, criar processos para aumentar a escala em mercados múltiplos e operar respeitando as peculiaridades locais em vez de insistir no modo costumeiro da empresa. A resposta da liderança da companhia? Ceticismo. Lee ficou encarregado de voltar em algumas semanas com um plano melhor para a expansão global da empresa a partir dali.

Quando Lee saiu da sala de reuniões, a diferença entre a estratégia de expansão preferida pela liderança da empresa e a que ele sabia ser mais eficaz era abissal.

E agora, o que Lee deve fazer?

Problema: Uma empresa já em fase de crescimento em alguns mercados (e com uma diretiva de expandir para mais) gerou complexidades operacionais, carece de alinhamento da liderança com uma estratégia de expansão internacional coesa e dá prioridade à forma como a empresa opera, evitando a localização necessária para adequar o produto ao mercado em âmbito global.

Solução: *Global Class* pode ajudar Lee a lidar com esses desafios, disponibilizando:

- Um guia com instruções abrangentes que estrutura como ganhar impulso e escala em vários mercados globais simultaneamente
- Uma estratégia para alinhar a liderança da empresa quanto à conces-

são de autonomia às equipes locais para localizar o modelo de negócios (*Quatro Compromissos para um Crescimento Global de Sucesso*)

- Um processo ágil para adequar o produto ao mercado em novos mercados internacionais (*Localização do Modelo de Negócios Canvas*)
- Um formato unificado de explanação para avançar na penetração dos mercados já em exploração e lançar-se em novos (*Argumentos para o Crescimento Global*)
- Uma ferramenta de análise que identifica todas as mudanças necessárias do modelo de negócios para obter escala nos atuais e novos mercados, auxiliando a liderança da companhia a priorizar quais são os mercados-alvo e as localizações escaláveis em diversos países (*Análise do Prêmio de Localização*)

Isabel estava pronta para uma mudança.

Ela havia trabalhado no departamento de marketing de uma empresa por alguns anos, mas sentia uma comichão por algo novo. Antes disso, tinha atuado, durante uns poucos anos, como consultora de gestão em inúmeras empresas e setores de atividade. Ela apreciou muito, em particular, um projeto de longo prazo de um cliente do setor de energia na Indonésia e, uma vez ali, deu-se conta da oportunidade que havia naquela economia emergente representada pela combinação de uma população que aumentava rapidamente com o crescimento econômico de numerosos setores.

Essa, entretanto, não foi sua primeira experiência internacional. Ela estudou economia política com habilitação em francês e fez uma jornada pós-faculdade pela América Latina, onde — apesar de ela mesma descender de uma família de imigrantes — começou a compreender um mundo que diferia bastante da educação suburbana norte-americana de sua infância.

Isabel lembrou-se, não faz muito tempo, de um curso que fez na faculdade sobre o desenvolvimento de economias da África Ocidental e, após pesquisar um pouco, deu-se conta de estar cada vez mais apaixonada por como a tecnologia poderia ajudar a acelerar o crescimento das economias na região.

Isabel há muito sonhava com uma carreira internacional até que, finalmente, encontrou uma área específica que a havia entusiasmado; entretanto, ela não sabia como viabilizar essa reviravolta profissional.

Ela considerou algumas ofertas de emprego para empresas em expansão na Nigéria e em Gana e, por fim, encontrou o emprego perfeito em uma fintech cuja visão era aprimorar os sistemas financeiros de países em desenvolvimento. Porém, devido à sua limitada experiência em se candidatar a cargos internacionais, e muito menos em entrevistas, Isabel não tinha certeza se valeria a pena tentar. Ela simplesmente sentia que não tinha a "linguagem comum" dos negócios internacionais e precisava de orientação.

Não resta dúvida de que Isabel quer se candidatar, mas o que ela dirá se conseguir uma entrevista e o que fará se conseguir o emprego?

Problema: Profissional com mentalidade global deseja construir uma carreira em negócios internacionais, mas não tem certeza de como descrever a função que procura ou identificar as habilidades que precisaria desenvolver para ser bem-sucedida.

Solução: *Global* Class pode ajudar Isabel a mudar de carreira ao:

- Destacar as habilidades e a mentalidade que ela precisa praticar e aperfeiçoar para ter êxito em funções internacionais (*o Interempreendedor*)
- Formalizar uma estrutura que detalha o que ela deve procurar quando estiver avaliando as oportunidades de emprego no intuito de encontrar empresas com a mentalidade correta para ter sucesso em obter escala global (*a Mentalidade Global Class*)
- Fornecer ideias para compartilhar durante o processo de entrevista para que ela se destaque em meio aos outros candidatos
- Disponibilizar, quando ela estiver empregada, o manual a ser seguido para influenciar e guiar a organização para obter sucesso nos mercados globais

---

Samantha tinha apresentado seu caso aos colegas de marketing e vendas em cinco oportunidades, mas eles ainda estavam renitentes. A visão míope deles sobre como melhorar o estagnado desempenho do mercado internacional ignorava alguns dos maiores problemas que Samantha via claramente.

Ela liderava uma organização fornecedora de produtos diversificados na área de produtividade e capacitação de vendas para uma empresa de software empresarial. A empresa estava presente em mais de uma dúzia de países há mais de uma década e agora se voltava para entrar em alguns dos mercados mais fortes naquela ocasião: Japão e Alemanha.

Sua experiência anterior em tais mercados tinha sido útil para entender como adaptar a estratégia de "go-to-market" [planejamento de entrada em um mercado] a fim de obter uma penetração mais profunda no mercado fora da base de clientes empresariais já existente, mas ela encontrou resistência a cada passo. A empresa apresentava um crescimento internacional orgânico antes de entrar nesses mercados (principalmente de clientes existentes com funcionários internacionais nesses mercados) e se apegava a isso como o principal indicador para entrar no mercado.

A companhia não tinha feito muito bem o processo de localização do negócio, e, devido a restrições orçamentárias, Samantha achou difícil fazer com que a engenharia priorizasse recursos que ela sabia serem necessários para atender às exigências do mercado local no segmento de negócios de médio porte em rápido crescimento (uma oportunidade não explorada nos mercados existentes).

Além disso, o QG mantinha seu estilo de gerenciamento de comando e controle, o que significava que as inovações só poderiam vir "de casa", deixando as equipes do mercado local mal equipadas para encontrar o modelo certo para um maior crescimento. O QG continuou enviando pessoas com pouco conhecimento do mercado local para liderar as operações no exterior. Houve também uma baixa taxa de retenção na equipe local, pois o QG tendia a perder o foco nos mercados globais, mudando para a próxima grande iniciativa para fortalecer a cotação das ações e os lucros trimestrais.

Seu colega de vendas insistia em vender diretamente no mercado japonês, mas Samantha sabia que os integradores de sistemas locais eram essenciais; já o colega de marketing rejeitava quaisquer mudanças na proposta de valor ou nas mensagens do mercado local para o mercado alemão, uma vez que toda a função de marketing era centralizada no QG. Seus apelos soavam em ouvidos moucos. Era notório que o setor internacional não tinha lugar no organograma da empresa.

Perseverante, Samantha, ponderando sobre como agir, concluiu que deveria estruturar seus insights, visando obter apoio na liderança da empresa.

De que maneira Samantha pode agrupar todas as equipes envolvidas nas operações internacionais ao redor de um plano mais colaborativo e estruturado para melhorar as atuais e ineficazes estratégias e priorizar os mercados que ela sabe que têm as melhores oportunidades?

Problema: Líder funcional em uma empresa madura, com presença internacional estabelecida, mas baixa penetração no mercado local, esforçando-se para obter recursos e alinhamento multifuncional no intuito de aumentar a escala nos mercados existentes e solucionar problemas recorrentes com operações internacionais.

Solução: *Global* Class *pode ajudar Samantha na elaboração de uma estratégia que inclua:*

- Uma forma global de visualizar e gerenciar as complexidades provenientes da mudança da estratégia de "go-to-market" e dos modelos operacionais e de penetração nos mercados globais (*Análise do Prêmio de Localização*)
- Diretrizes sobre como formar uma equipe distribuída* que tenha substancial conhecimento local e da empresa (*Estrutura de Formação de uma Equipe Global Class*)
- Um modelo de gestão dinâmico para promover inovações bidirecionais e adotar as melhores práticas de mercados menores por intermédio de ciclos de respostas e estruturas de comunicação (*Modelo de Gestão Global Class*)
- Processos e estruturas eficazes para gerar impulso em torno das iniciativas de expansão (*Equipe de Recursos da Localização*)
- Uma imagem nítida dos recursos necessários para localizar o negócio com a finalidade de garantir o financiamento e o foco do QG (*Fórmula do Custo Total de Entrada*)

Para qualquer pessoa com desafios semelhantes aos enfrentados por Lee, Isabel ou Samantha, este livro, além de lhe oferecer exemplos muito valiosos da vida real, estruturas, estudos de caso e aspectos negligenciados de como construir um negócio global, o ajudará a aplicar os conceitos nele contidos para aprimorar sua jornada de carreira internacional e auxiliar sua empresa no caminho para ter crescimento e escala global.

As questões que Lee, Isabel e Samantha encontram são extraídas das entrevistas feitas com mais de trezentos líderes empresariais em mais de cinquenta países, de mais de duzentas empresas em vários estágios de expansão global. Para desenvolver o conteúdo deste livro, agregamos e analisamos os insights e as histórias de sucesso e fracasso compartilhados por esses líderes.

Ao dialogar com todos esses líderes empresariais, ficou patente que as empresas tiveram pela frente uma série de problemas ao construir uma organização global, muitos dos quais intensificados pelas tendências que a pandemia acelerou, como o trabalho distribuído.

Descobrimos que houve uma generalizada reinvenção da roda ao escalar globalmente. A expansão para os mercados internacionais é tarefa árdua, e não

* Em uma empresa, equipe distribuída é uma organização na qual a maior parte, senão toda a força de trabalho, está fisicamente espalhada por diferentes países e locais e trabalha remotamente. Ela é constituída de funcionários contratados e autônomos que trabalham em ambientes como escritórios domésticos, espaços de coworking ou cafeterias locais [N. da T.].

havia um manual com o passo a passo sobre como fazer isso. Eric Ries, autor de *A Startup Enxuta*, partilhou conosco que, em sua experiência, a maioria das decisões de crescimento internacional ou não são guiadas por quaisquer estruturas ou dependem de uma estratégia de comando e controle. Nas páginas deste livro, nos esforçamos para fornecer o manual que as empresas podem utilizar para obter escala global mais rapidamente e, ao mesmo tempo, utilizar melhor os recursos, economizando tempo e dinheiro.

Expandir um negócio globalmente é um processo complexo — para medir, acompanhar e fazer dar certo. Como explica Eric, eis a verdade sobre o crescimento dos negócios internacionais: "Encontrar o produto que se encaixa no mercado em uma expansão internacional é diferente de fazê-lo em um mercado inicial. Neste, se você falhar, a empresa terá outras opções (adotar uma nova estratégia, persistir ou perecer). De modo geral, quando você se compromete a expandir internacionalmente, a expansão *acontecerá*. A variável é o custo de oportunidade de fazer algo errado: o tempo e dinheiro desperdiçados no processo." Os erros cometidos são muitos, e a maioria das empresas gasta no processo muito mais do que o necessário desses recursos preciosos.

Verificamos ser difícil obter alinhamento interno em torno de uma iniciativa de crescimento global. Comungar de linguagem, princípios e um rol de estruturas é um trunfo extremamente valioso para colocar as pessoas na mesma página.

O processo de pesquisa também nos levou a uma conclusão simples: *Global é o novo ágil*. O que isso significa? Significa que certos princípios fundamentais da Metodologia Ágil são aplicáveis à expansão global de um negócio. Da mesma forma que ocorre com o ágil, os líderes da empresa precisam estar envolvidos no processo de expansão internacional (algo que não deve ser terceirizado), e toda a organização precisa aderir à metodologia e à mentalidade para que as coisas funcionem (no caso de crescimento internacional, esta é a Mentalidade Global Class). A metodologia ágil (uma versão modificada que discutimos no livro para se adequar ao caso de uso global) também pode ser bastante eficaz para ajudar as empresas a compatibilizar o produto com os novos mercados globais.

E mais: a maioria das empresas passou a compreender os princípios ágeis (em diversos níveis de aplicação e sucesso) e muitas estão atrás do próximo grande sucesso a fim de se manterem à frente da concorrência.

Também consideramos este livro como uma evolução do trabalho primordial e importante que Steve Blank, Alexander Osterwalder e Eric Ries realizaram com a metodologia ágil. Esperamos que, ao desenvolver uma extensão global para essa metodologia, auxiliaremos as empresas a utilizar, para um novo propósito, os conceitos e as ferramentas que os três (e outros) criaram.

A leitura de *Global Class* o deixará em sintonia com a mentalidade das empresas bem-sucedidas em escalar globalmente; o que procurar ao formar uma equipe; como localizar seu negócio para novos mercados enquanto gerencia a complexidade; de que maneira construir as estruturas e os processos certos para viabilizar o crescimento global; e conhecer tanto os compromissos que todas as empresas devem assumir para ter sucesso quanto os principais pilares organizacionais que sustentam uma presença global — tudo isso de forma estruturada para ajudá-lo a aplicar esses conceitos em seu negócio.

Temos uma observação especial a fazer para a edição em português do Brasil. Um dos motivos pelos quais estamos particularmente entusiasmados com esta tradução do livro é a oportunidade que se apresenta a você e a outros líderes empresariais brasileiros. A ocasião é propícia para o Brasil ter um papel de liderança em inovação, não apenas em toda a América Latina, mas globalmente. Existem empreendedores, líderes empresariais e profissionais talentosos que podem ser a força motriz de novas soluções para os problemas do mundo.

Ao mesmo tempo, sabemos que há desafios para as empresas brasileiras, alguns iguais aos enfrentados pelas empresas norte-americanas, mais especificamente, a extensão do mercado. Assim como nos EUA, o mercado brasileiro é GRANDE; as pessoas são contadas em centenas de milhões, há a questão da influência cultural e do poder econômico crescente. O problema é que essa oportunidade local distrai. Leva os líderes das empresas a tomar decisões com os olhos voltados para o mercado brasileiro, fazendo as melhores escolhas para construir uma empresa que terá sucesso no Brasil. Embora isso seja ótimo para dominar o mercado *local*, muitas vezes *cria dificuldades* para a expansão internacional. O mercado nacional está codificado no DNA das empresas brasileiras, tornando mais difícil a adaptação para ter êxito em novos mercados. Para o CEO e fundador da Pipefy, Alessio Alionco, foi necessário ser bem-sucedido no Brasil com seu empreendimento anterior, Acessozero, para lhe dar a competência e a mentalidade para fazer da Pipefy um sucesso global.

É por essa razão que os insights deste livro e os elementos estruturais práticos apresentados são particularmente valiosos para os líderes empresariais brasileiros com aspirações globais. Eles se destinam a lhe dar condições de configurar sua *atual* empresa de modo a ter sucesso na expansão global, em vez de precisar esperar por sua *próxima* empresa.

Como parte do desenvolvimento desta edição no Brasil, entrevistamos fundadores e executivos-chefes das empresas brasileiras em estágio de crescimento mais bem-sucedidas, entre elas Nubank, Gympass, VTEX, EBANX, Hotmart, bem como outros empreendimentos de sucesso da América Latina, como Platzi, Hotmart e Rappi. Incluímos histórias e insights de suas jornadas de crescimento para fazer um paralelo com as histórias de sucesso que provavelmente lhe são familiares e convencê-lo do que já sabemos: que você pode liderar uma organização de classe mundial que opera com êxito em escala global.

Nosso objetivo é inspirar os líderes empresariais brasileiros a não construir empresas brasileiras de sucesso ou mesmo empresas latino-americanas de sucesso, mas construir empresas globais de sucesso. Esperamos que, após ler o que vem adiante, você tenha a confiança (e o manual) para transformar suas aspirações globais em escala global.

A GÊNESE DE *GLOBAL CLASS*

Nativo do Vale do Silício, bem cedo na vida, Aaron sentia-se ligado à comunidade de tecnologia: desde a época em que seu pai era motorista de executivos da indústria (ele levava e trazia a equipe Chiat/Day [uma empresa de publicidade] da reunião semanal com Steve Jobs) até frequentar a UC Berkeley e apresentar estratégias a companhias como a Cisco em competições de casos de negócios. Sempre esteve a par do que ocorria no mundo fora da Bay Area, pois sua mãe, que era agente de viagens, lecionava geografia cultural e turismo nas "faculdades júnior"** locais (e dava tarefas ao jovem Aaron, de 10 anos de idade, compartilhando divertidamente esse fato com seus alunos quando a classe não ia bem). Ele teve uma série de experiências internacionais formativas, nenhuma melhor do que o meio ano sabático que tirou após a faculdade, o qual lhe despertou a curiosidade cultural que o levou a explorar quase quarenta países até o momento em que este livro foi escrito.

No âmbito profissional, a veia intraempreendedora de Aaron começou a se revelar quando ele se juntou à AT&T como parte do emblemático programa da empresa chamado Leadership Development. Ao longo de quase uma década, gerenciou grandes equipes e trabalhou em diversos departamentos, inclusive em parceria com os centros de inovação Foundry da AT&T e com um parceiro de *joint venture* [acordo de união temporária entre empresas] da AT&T na China. A experiência o fez entender em primeira mão as complexidades e as frustrações que acompanham a operação de um negócio em grande escala.

Mas, quase desde o primeiro dia, Aaron tinha um segredo. Enquanto trabalhava na AT&T, as sementes empreendedoras da infância foram germinando

** Nos EUA, faculdade que oferece um curso de 2 anos que geralmente corresponde aos 2 primeiros anos de um curso regular de graduação. Assemelha-se, no Brasil, aos cursos de ensino superior com duração de 2 anos em disciplinas reconhecidas pelo MEC [N. da T.].

em meio a uma mistura eclética de negócios paralelos que ele administrava: um negócio de venda de convites de casamento personalizados, outro cujo produto eram mesas portáteis de *beer pong* [um jogo com cerveja, copos e uma bolinha de pingue-pongue], um aplicativo de táxi lançado na mesma época que a Uber, um negócio de palestras que levou à publicação de seus dois primeiros livros e a uma paixão por ensinar outras pessoas. Com isso, depois de seu período na AT&T, floresceu uma carreira como empreendedor em série, com três de seus empreendimentos de capital de risco sendo vendidos.

Hoje, Aaron ajuda apaixonadamente os alunos a construir a base certa para ter êxito em suas carreiras, ensinando empreendedorismo na Haas School of Business da UC Berkeley. Ali, dá continuidade à sua missão pessoal de desenvolver a próxima geração de líderes empresariais com mentalidade global.

Andando pelos meandros das ruas de Santiago, no Chile, em 2006, Klaus testemunhou a dura realidade das economias emergentes. Ver um sem-teto indefeso, com uma perna e um olho tapado implorando por uma esmola, o tocou profundamente. Aquele era um mundo muito diferente de seu confortável lar na Dinamarca, país onde vigorava um abrangente sistema de bem-estar social. Foi nessa ocasião que sua paixão pelo desenvolvimento econômico e pela redução da pobreza despertou e cresceu dentro dele. Com essa experiência, sua carreira deu uma guinada de 180° aos 25 anos de idade, quando se demitiu do emprego e regressou à escola para prosseguir nessa missão.

Depois de anos estudando negócios internacionais, e chegando ao fim desse ciclo, Klaus queria adquirir experiência trabalhando em mercados internacionais. Os meses de tentativas em importantes empresas dinamarquesas deram certo, garantindo um projeto internacional para ele e uma equipe de colegas. Nesse projeto, passou um tempo no mercado desenvolvendo uma estratégia de lançamento de novos produtos para a Carlsberg no Vietnã, sendo elogiado pelo CEO regional.

Ao voltar do Vietnã, Klaus sentiu-se diferente e deslocado (um caso de choque cultural reverso). Havia um vazio em seu estômago que nada preenchia. Ele percebeu que já não se sentia em casa na Dinamarca e que suas verdadeiras raízes estavam lá fora, em algum lugar no mundo — as experiências que tivera o levaram a sentir-se mais como um cidadão global do que dinamarquês. Os negócios internacionais e a expansão eram um chamado. Ela sabia que o Vale do Silício era um dos melhores locais para explorar a interseção entre inovação e empreendedorismo, então mudou-se para São Francisco e fez seu MBA na Hult International Business School. Foi lá que encontrou a base e o amor de sua vida, Jessica, uma norte-americana de origem tailandesa nascida e criada em Boston.

Eles criaram raízes em São Francisco e agora têm dois meninos que chamam carinhosamente de "*dumplings*" [uma espécie de pasteizinhos asiáticos].

Após se graduar na Hult, Klaus assumiu um cargo de liderança internacional na Silicon Valley Forum, uma das organizações mais prestigiadas que incentivam a inovação e o empreendedorismo. Essa posição lhe proporcionou a plataforma para atuar em sua verdadeira vocação, forjando parcerias e impulsionando globalmente a força impactante da organização — um papel que o levou a todos os cantos do mundo, aconselhando funcionários de ministérios, governantes e decisores políticos sobre como promover o desenvolvimento econômico por intermédio do empreendedorismo. Os parceiros se referiam a ele, muitas vezes e em tom de brincadeira, como o "Embaixador do Vale do Silício".

A ideia do 10X Innovation Lab surgiu quando Klaus percebeu que havia uma maneira melhor de apoiar e construir ecossistemas globais de empreendedorismo e inovação, e ele estava pronto para iniciar sua própria jornada como empreendedor. Quando o 10X nasceu, e à procura de orientação, Klaus lembrou-se de Aaron. Eles se conheceram da mesma forma que todos os fundadores de empresas de sucesso: por meio de suas sogras, que são melhores amigas. De início, Klaus pediu a Aaron para ser conselheiro. Passados alguns meses, pediu a Aaron para ser o diretor de empreendedorismo da 10X e, finalmente, logo depois, para ser cofundador.

Ao longo do tempo, nós (ao lado de nossa incrível equipe vinda de quatro continentes) ensinamos a milhares de executivos corporativos como as principais empresas do Vale do Silício inovam em escala e orientamos milhares de empreendedores ao redor do mundo a se conectarem ao ecossistema do Vale do Silício, muitas vezes indo para outros países no decorrer do ano. Nós dois gostávamos não só de negociar com empresas interessantes, mas também de vivenciar as culturas locais.

Então veio a pandemia, e as oportunidades de viajar cessaram.

Assim como muitos líderes empresariais durante a pandemia, aproveitamos o tempo para refletir e fazer um balanço. Isso serviu para identificar os erros em comum cometidos pelas empresas com as quais trabalhamos ao tentarem entrar no mercado norte-americano. Tais erros iam desde não fazer a adequada descoberta do mercado local até ter expectativas nada realistas de que o cheque de um capitalista de risco viria na esteira de bagagens dos empreendedores que visitavam o Vale do Silício desembarcando no San Francisco International Airport. Enganos que nos colocaram no caminho do fracasso da expansão internacional.

Aaron sugeriu escrever um livro de modo a explorar ainda mais como as empresas bem-sucedidas agem, e Klaus se deu conta de que esta seria uma excelente maneira de permanecer explorando o mundo, desta vez feita virtualmente. Então, estabelecemos uma meta. Klaus propôs conversar com trinta pessoas e ver se havia algum assunto sobre o qual valesse a pena escrever um livro. Cético, Aaron respondeu que achava que não mais do que dez pessoas estariam dispostas a debater o assunto.

O que veio a seguir nos deixou literalmente perplexos.

Em menos de um mês, agendamos mais de cinquenta reuniões com alguns líderes empresariais internacionais realmente de renome. Ficamos sabendo que não havia nenhum livro sobre o tema do crescimento empresarial global que tivesse de fato alcançado o *zeitgeist* empresarial e que existiam vários problemas que os líderes empresariais marcados pelas cicatrizes da luta cotidiana tinham de resolver por si próprios. Após essas entrevistas, nas quais escutamos atentamente, desenvolvemos, sintetizamos e voltamos para todas essas pessoas, compartilhando o que havíamos descoberto. A resposta foi extremamente positiva, com todos dizendo que um livro sobre o assunto era extremamente necessário (ou, como disse Abe Smith, head internacional do Zoom: "Este é o livro que eu gostaria de ter há 15 anos!").

Essa rodada inicial de entrevistas nos fez perceber a necessidade de ter um alcance bem mais amplo para garantir que as estruturas e os conceitos que estávamos desenvolvendo tivessem aplicabilidade global. Assim, passamos a universalizar nossos elementos estruturantes para que pudessem ser úteis a uma variedade maior de empresas.

Isso nos levou a falar com centenas de líderes empresariais de mais de 50 países, desde executivos de alto escalão responsáveis pela lucratividade de mais de US$100 bilhões investidos em seus negócios, até a primeira pessoa em mercados internacionais a expandir um empreendimento. Muitas empresas eram oriundas dos EUA, ao passo que outras tinham suas sedes na Europa, na Ásia, na América Latina, no Oriente Médio, na África e na Austrália. Deliberadamente, conversamos com empresas B2C e B2B,[***] empresas de software e produtos físicos e empresas de diversos setores de atividade. Conversamos com startups e companhias de rápido crescimento cuja presença global era madura. Descobrimos que, apesar dos diferentes contextos, muitos dos temas coincidiam.

***Empresas B2B são aquelas que têm como modelo de negócio vender produtos/serviços para outras empresas (pessoas jurídicas), enquanto as B2C vendem soluções diretamente para o cliente final (pessoas físicas) [N. da T.].

Depois de pesquisar, iteramos (pois acreditamos firmemente na agilidade do processo). Olhando em retrospectiva, Reid Hoffman gostaria muito de nos ouvir dizer que nossa versão inicial era constrangedora, mas, conforme aprendíamos, nos adaptávamos, decidindo em que *não* nos concentrar (aspectos altamente específicos da empresa, como a seleção do mercado, algo em que cada uma parece ter critérios personalizados) tanto quanto no que nos concentrar (elaborar um manual abrangente e estruturas fáceis de socializar dentro das organizações), até chegarmos ao livro que está em suas mãos agora.

Uma descoberta interessante que não esperávamos...

Em nossa pesquisa, os entrevistados mencionaram muitos temas e percepções em comum; porém, nunca foi pronunciada, nem sequer uma vez em centenas de horas de conversa, a palavra *estrangeiro.*

Talvez possa parecer óbvio quando você para e pensa a respeito (em especial para quem realmente lançou uma empresa em um mercado internacional), mas essa mentalidade tem nuanças deveras significativas.

A palavra *estrangeiro* está contaminada por conotações negativas. *Estrangeiro* dá margem a mal-entendidos; suscita diferenças, transpira medo e dúvida. Exala complexidade. Demonstra uma barreira mental entre você em "casa" e o que está além de suas fronteiras. Isso cria uma atitude desprovida de empatia em relação aos clientes que se está tentando alcançar e uma mente fechada às diferenças culturais. Na perspectiva de todas as pessoas que entrevistamos em nossa pesquisa, os mercados globais eram vistos não apenas como um quebra-cabeça a ser resolvido, mas também uma oportunidade de conexão, envolvimento e de agregar valor às pessoas.

Quando pressionada durante uma entrevista sobre o não uso de *estrangeiro,* Jennifer Yuen, ex-head de Marketing das Américas e Ásia-Pacífico do Airbnb, afirmou que basta dizer e pensar *estrangeiro* para que uma barreira seja levantada. "É mais eficaz procurar conexão e elementos em comum. Por exemplo, expandir [internacionalmente] pode ajudá-lo a melhorar seu produto em geral."

A título de reconhecimento da importância dessa mentalidade, aqui e em uma única referência no final do livro, você encontrará "a palavra que começa com E" sendo usada.

COMO LER *GLOBAL CLASS*

Percebemos que são numerosos os conceitos e as estruturas no livro e que, às vezes, pode haver muito para entender (negócios globais são um tema considerável), mas preferiríamos errar dando-lhe mais a deixar que este seja o tipo de livro de negócios com cem páginas que descreve o que poderia ser explicado em apenas cinco. Embora aplaudamos aqueles que conseguem ler um livro inteiro de cabo a rabo, entendemos que para alguns é melhor ler um capítulo de cada vez, deixando espaço para digerir no meio.

Para ajudar, incluímos um resumo no final de cada capítulo que destaca as principais conclusões, bem como "Perguntas para Reflexão e Ação" para auxiliar você a descobrir como aplicar os conceitos e as estruturas-chaves à sua situação atual. Também adicionamos, no final do livro, um glossário de termos comumente usados, com definições de conceitos básicos que você pode consultar rapidamente durante a leitura. Também existem recursos online disponíveis (como versões digitais das estruturas) em www.GlobalClassBook.com [conteúdo em inglês].

Coisas para Ficar Atento durante a Leitura

Algumas coisas importantes a serem consideradas durante a leitura:

1. Muitas das empresas descritas neste livro podem ser consideradas empresas internacionais maduras e estabelecidas, porém, conversamos com executivos que faziam parte de equipes que atuam nos estágios iniciais do crescimento internacional delas. A Apple, por exemplo, foi fundada no século passado, mas sua expansão varejista no Brasil, descrita no Capítulo 6, ocorreu há cerca de uma década. **As estruturas e os conceitos descritos neste livro podem ser usados por empresas de todos os tipos, portes e estágios.**
2. As empresas que vendem para empresas (B2B) e as empresas com foco no consumidor (B2C) pensam, agem e operam de forma muito diferente, portanto, adaptarão as estruturas do livro de maneiras diferentes. A mesma coisa acontece com as empresas que vendem produtos físicos em comparação com as que comercializam softwares ou prestam serviços. Uma empresa produtora de bens físicos com pretensão de se expandir para novos mercados internacionais considera um conjunto de elementos muito diverso de uma empresa de softwares cujas preocupações nada têm a ver com as mudanças na cadeia de abastecimento, no estoque e nas embalagens físicas. Nosso objetivo é oferecer um amplo repertório de princípios e ferramentas flexíveis aplicáveis a negócios de todos os tipos. Você notará que em determinadas situações não prescrevemos ações específicas e geralmente não fornecemos processos passo a passo para o crescimento global. As considerações de caráter único de uma empresa, quando combinadas com as culturas e as regulamentações típicas de cada um dos centenas de países em todo o mundo, podem quase impossibilitar um processo uniforme e eficaz. Em vez disso, dis-

ponibilizamos uma mentalidade, princípios e estruturas flexíveis que podem ser adaptados para atender a inúmeros negócios. Damos contexto para pensar sobre desafios em comum no intuito de ajudá-lo a chegar às melhores conclusões a serem aplicadas à situação específica de seu negócio.

» De maneira semelhante, cabe notar que há algumas áreas do processo de planejamento e implementação da iniciativa de crescimento global que não abordamos diretamente, que estão ligadas à seleção de mercado. Evitamos esse tópico porque descobrimos em nossa pesquisa que os critérios utilizados pelas empresas na escolha dos mercados nos quais entrar podem variar desde aqueles altamente personalizados de um setor específico, absolutamente relacionados a onde já há um crescimento orgânico, até aqueles fortuitos (com justificativas que vão de selecionar locais onde estão os investidores, até países escolhidos por executivos de empresas que estudaram no exterior durante a faculdade ou visitaram uma vez). Todas as empresas devem avaliar os principais indicadores econômicos, a dinâmica do mercado local e assim por diante, para se fixarem em uma pequena lista de mercados-alvo. Ao lado dos elementos fundamentais de mentalidade e estratégia, nossas ferramentas e estruturas são selecionadas tão logo for tomada a decisão de expansão para mercados internacionais e houver uma lista de mercados-alvo a serem explorados.

3. Reconhecemos que escrever um livro que busca apelo e aplicabilidade universais não é isento de riscos. Por favor, considere o seguinte ao ler: nosso propósito não é adotar uma abordagem centrada nos EUA e compreender que as empresas dos mercados nacionais menores veem os mercados globais de maneira muito diferente das empresas dos mercados maiores. Reconhecemos que há, no livro, alguns mercados e regiões super-representados, enquanto outros estão sub-representados. Conscientes disso, nos esforçamos para conversar com líderes empresariais de todos os continentes e cantos do mundo para validar que os insights aqui contidos sejam relevantes e adaptáveis a qualquer mercado global. Admitimos que em vários pontos fazemos declarações genéricas sobre determinado país e cultura de seu povo. Não temos a pretensão de afirmar que essas observações representam *todas* as pessoas de uma comunidade, nem é nosso desejo sedimentar quaisquer estereótipos ou generalizações imprecisas. Procuramos celebrar a cultura e a diversidade.

VAMOS CONECTAR

Embora a comunidade empresarial esteja muito bem conectada, descobrimos que isso não acontece com a comunidade de pessoas cujo foco é o crescimento internacional. Isso decorre em parte do fato de que, historicamente, instalar uma empresa em um novo país é um empreendimento solitário, muitas vezes envolvendo um representante da empresa que se desloca da sede para constituir a empresa no exterior. Empenhamo-nos para fazer com que a experiência de construir uma organização global seja uma tarefa compartilhada.

Nosso intento é ajudar pessoas, equipes e organizações a se conectarem melhor com comunidades internacionais ao redor do mundo. É nossa missão socializar as mentalidades de Global Class e de Interempreendedor entre os líderes empresariais atuais e postulantes em todos os países, auxiliando-os a se tornarem catalisadores de mudanças positivas, de economias em crescimento e de melhoria de vida, individual e socialmente.

Esperamos nos conectar com você também e dar as boas-vindas a qualquer mensagem que nos queira enviar — contate-nos pelo e-mail hello@globalclasscompany.com.

PARTE 1

EVOLUÇÃO

A Global Class

ESTÁ EM CURSO uma MUDANÇA nos negócios globais. Um novo tipo de empresa com nova mentalidade está assumindo a LIDERANÇA. Cultivada por essas empresas, também desponta uma nova concepção de líder, um PIONEIRO, catalisador de crescimento e escala globais. Juntos, tais empresas e seus líderes ALINHAM-SE em um conjunto-chave de compromissos que, muitas vezes, significam a diferença entre o sucesso e o fracasso das iniciativas de crescimento global.

1

MUDANÇA

O Mundo Não É Mais o Mesmo

O SEGREDO DO sucesso na Alemanha é a salsicha.

Após o êxito alcançado na conquista do mercado norte-americano, o gigante varejista Walmart voltou sua atenção para os mercados internacionais. Um debate entre lideranças e funcionários nos corredores da sede em Bentonville, Arkansas, apontou um novo caminho para o crescimento dos negócios. A experiência e o domínio no mercado interno, a confiança e a crença do Walmart em sua própria capacidade de replicar o sucesso local no sucesso global eram óbvios — quem não quer produtos a preços baixos, serviço de atendimento ao cliente impecável que incluía ser amigavelmente recebido ao entrar na loja, e (dito com toda a arrogância que outrora acompanhava essa mentalidade) quem não ama os EUA e os produtos norte-americanos?

A proposta de valor representada por preços baixos, embora tenha sido incrivelmente eficaz no mercado dos EUA, não repercutiu entre os alemães, que já usufruíam de alguns dos menores preços de mercadorias vendidas em supermercados da Europa. O Walmart havia obtido escala operacional nos EUA, porém, mesmo adquirindo duas das maiores redes varejistas da Alemanha (Wertkauf e Interspar), não conseguiu superar as sólidas relações com fornecedores que seus concorrentes tinham, impossibilitando qualquer tipo de vantagem.

O Walmart também foi negligente com relação à localização de seus produtos e à cultura empresarial para se adequar ao mercado. Apesar de suas carnes pré-embaladas serem um artigo campeão, de amplo consumo entre os norte-americanos, os alemães não as apreciavam, considerando-as de qualidade inerentemente inferior. Eles preferiam a carne fresca do açougue local. Os consumidores alemães também não gostavam dos produtos pouco familiares da marca Walmart que a empresa promovia nas lojas.

Na Alemanha, as pessoas estão mais habituadas a interagir com os atendentes das lojas somente ao precisar de algo, em vez de serem abordadas efusivamente por eles. Esse modo de ser significava que os recepcionistas sorridentes na entrada e os caixas amigáveis, formadores de um senso de comunidade do ponto de vista dos norte-americanos, exerciam um nível de amabilidade culturalmente desconfortável para os alemães.

O sucesso doméstico tão familiar — e a imodéstia que às vezes traz consigo — não implica necessariamente em sucesso fora de casa, e as estratégias que funcionam em um mercado nem sempre o fazem em outro. A entrada do Walmart na Alemanha se constitui em um exemplo clássico de como não abordar a construção de uma organização global.

Levar "o estilo norte-americano" a novos lugares mostrou ser um equívoco. O Walmart ignorou as nuanças da cultura alemã, o comportamento local no ato de comprar e a concorrência existente no mercado. Se o Walmart tivesse prestado atenção a esses elementos, a empresa teria encontrado formas de adaptar seu modelo de negócios ao mercado (ou possivelmente decidiria não entrar nele). Mas isso não foi feito, servindo como um exemplo perfeito de que os critérios de priorização podem levar ao fracasso. No caso do Walmart, levou a empresa a vender a preços de liquidação suas 85 lojas de varejo ao concorrente local, Metro, com prejuízo de cerca de US$1 bilhão.

No final das contas, o Walmart aprendeu ser uma necessidade absoluta a adaptação do negócio para se adequar ao mercado; como explicou Robyn Larsen, líder de Crescimento e Marketing Internacional da Shopify, citando um parceiro alemão: "Para ser bom o suficiente, é preciso ter a aparência, o sabor e o cheiro de uma salsicha *alemã*."

Em suma, muitos dos problemas com os quais o Walmart se deparou em sua expansão internacional derivaram de sua mentalidade insensível à cultura local, priorizando a maneira de agir do Walmart e impondo os valores de sua empresa aos funcionários e aos consumidores locais — um erro fatal. Em vez de fincar a bandeira norte-americana como sinal de vitória, a empresa teve que levantar a bandeira branca da derrota, admitindo não ter conseguido entrar com sucesso no mercado alemão. Deixou como legado uma perda enorme, menor confiança e questões sobre se o modelo do Walmart poderia funcionar e ser estendido para além dos EUA.

Desafios como os enfrentados pelo Walmart na Alemanha são relevantes, quer uma empresa tenha mais de 2 milhões de funcionários, quer apenas alguns. Incorrer em apenas *um* dos erros cometidos pelo Walmart teria significado o fracasso de muitas outras empresas.

O fato é que esperar que seu modelo funcione exatamente da mesma forma no mercado interno e no exterior é uma mentalidade perdedora.

Não se pode implementar a entrada em mercados de vários continentes e diferentes culturas com um mesmo procedimento. O crescimento global eficaz não provém de um processo padronizado que leva à dominação o mercado em todo lugar. É necessário compreender os mercados locais individuais e considerar as sutilezas locais.

Como disse Andy Bird, ex-presidente da Disney: "Não há voos internacionais." Os "mercados internacionais" não são um só lugar a ser agrupado, mas sim uma colcha de retalhos de diversas economias que funcionam em meio a culturas únicas que não podem ser abordadas com uma estratégia do tipo chave mestra.

Tornar-se global não é um destino, é uma jornada, daquelas trilhadas por muitas empresas e executivos que descobriram por conta própria o caminho para o sucesso. Interessante notar que nossa investigação constatou que essas empresas e seus líderes fizeram isso por acaso, compreenderam instintivamente ou desenvolveram meticulosamente modelos eficazes de crescimento internacional por intermédio de iteração e aprendizagem — tanto com êxitos quanto com fracassos —, muitas vezes gastando tempo e dinheiro demais no processo.

Como disse Reid Hoffman: "Começar uma empresa é pular de um penhasco e montar o avião na descida." A mesma analogia se aplica à construção de um negócio além das fronteiras nacionais. Como até hoje não foi escrito um manual definitivo para a próxima geração de estratégias de crescimento global, este livro e suas estruturas foram criados para servir de mapa, sistema de navegação e coordenadas no intuito de ajudá-lo a expandir seus negócios ao redor do mundo.

Para muitos líderes de empresas, uma presença global representa um objetivo futuro muito distante a ser cogitado após terem chegado à liderança de mercado em seu país. Outros entre eles consideram que a internacionalização é uma meta central desde o primeiro dia. Em ambos os casos, é nítido o reconhecimento de que nos dias atuais o sucesso não se restringe apenas às fronteiras onde a empresa foi fundada. Tal constatação, provavelmente, ganhou contornos ainda mais evidentes com a proliferação do uso da tecnologia e da melhoria das infraestruturas de apoio e distribuição em quase todos os países.

HÁ UMA MUDANÇA NOS NEGÓCIOS

A pandemia acelerou as tendências globais, abrindo novas oportunidades de extensão para mercados internacionais conforme as empresas vão aprendendo a interagir virtualmente com clientes e funcionários. A forma de construção e gestão que se mostrou bem-sucedida no passado em relação aos negócios internacionais será menos eficaz na economia global de hoje em virtude da aceleração do trabalho distribuído e da concorrência emergente dos mercados globais.

O mundo dos negócios passa por outro ponto de inflexão que desafiará os modelos existentes e levará a novas e melhores práticas. A aparência e o modo de funcionamento das empresas constituídas durante e após a pandemia serão diferentes daquelas cuja fundação aconteceu antes.

Da mesma forma, as empresas fundadas antes da bolha do pontocom operavam de maneiras muito diferentes das empresas criadas depois. O uso da internet como canal virtual de distribuição ajudou as novas empresas a transcender as lojas físicas e a mudar tanto a estrutura empresarial quanto as características e as competências desejáveis da força de trabalho. A rápida adoção da tecnologia móvel (e em particular dos celulares) e a adoção generalizada da nuvem e das redes sociais também mudaram o modo de funcionamento das empresas. Cada uma dessas tendências mudou o jogo; no entanto, muitas vezes, cada uma impactou somente um subconjunto de funções da empresa: no caso das redes sociais, os setores de marketing/vendas/atendimento ao cliente; quanto à nuvem, o desenvolvimento de produtos de software e serviços de TI empresariais; nos dispositivos móveis, o desenvolvimento de produtos; enquanto a bolha do pontocom afetou a distribuição dos produtos (web e físicos). Já a expansão global atinge todas as funções empresariais.

Tal e qual os líderes empresariais de hoje que olham em retrospectiva para o período que antecedeu a bolha do pontocom pensam quão absurdo seria administrar um negócio sem a internet, os líderes empresariais que virão em breve olharão com semelhante assombro para as empresas que não mantêm uma força de trabalho e clientes distribuídos e globais.

As empresas criadas mais recentemente podem ter vantagens inerentes em relação às que não se adaptam. Elas não só podem se valer do acesso a um conjunto maior e mais diversificado de talentos, mas também têm conhecimento local sobre como expandir o negócio em cada mercado único no qual residem seus funcionários.

Com o crescimento acelerado da força de trabalho virtual, todas as funções de uma organização são afetadas. A capacidade das empresas de se expandirem internacionalmente no início de seu desenvolvimento altera a forma como estão estruturadas, ao passo que o surgimento de um conjunto de novas e demandadas competências para dar sustentação a uma presença internacional afeta a empresa como um todo.

A velocidade ganha relevância conforme as curvas de adoção aceleram e novos integrantes (locais e internacionais) têm maior facilidade de deslanchar nos mercados locais. Se as empresas muito bem posicionadas no mercado doméstico não promoverem iniciativas visando crescer internacionalmente, deixarão um flanco aberto para que imitadores se instalem nesses mercados globais, o que comprometerá seu ritmo de penetração internacional.

De um jeito ou de outro, os mercados emergentes pulam as etapas que os mercados mais maduros haviam trilhado na construção de infraestruturas (muitos países na África, por exemplo, lançaram redes móveis sem estabelecer redes fixas robustas e saltaram direto para o comércio online). Em muitos lugares, um celular é o ponto de acesso à internet — não há necessidade de começar com desktops ou notebooks.

A Amazon, que é duas a três vezes mais antiga que a maioria das empresas descritas neste livro, está estruturada de modo bem distinto das empresas fundadas após a bolha do pontocom. Ela expandiu seu principal negócio de varejo online, país por país, devido à natureza física de sua linha de negócio (com a necessidade de considerações relativas a estoque e cadeia de suprimento), levando a muitos modelos operacionais locais exclusivos e a um acúmulo de complexidade (graças a diferenças locais em logística e conformidade). Isso deixou a empresa com uma infraestrutura operacional que dificultava a operação de serviços globais únicos (baseados em software) sem tanta necessidade de localização país por país.

A pandemia acelerou numerosas tendências já emergentes: redução das barreiras à entrada no mercado em face da diminuição dos custos para iniciar e expandir empresas; facilidade da distribuição de produtos de software (lojas de aplicativos); iniciativas de solução de problemas com a arcaica cadeia de abastecimento global de produtos físicos (agenciamento de carga e plataforma logística Flexport); acesso a comunidades de trabalhadores autônomos; softwares eficazes de colaboração e produtividade (Zoom e Slack); plataformas para administrar aspectos de negócios (desde gerais, como Amazon Web Services, até setoriais ou funcionalmente específicos, como Shopify para comércio eletrônico e Stripe para pagamentos).

Essa situação não afeta apenas as startups de tecnologia. Aplica-se a TODAS as empresas, desde grandes organizações com uma presença global consolidada até pequenas empresas recentemente fundadas, lançadas somente em um mercado inicial. Os modelos operacionais têm sido objeto de desafio, fazendo com que a Amazon, o Google e as pequenas empresas reconsiderassem a estratégia da força de trabalho, o planejamento imobiliário e as políticas trabalhistas. Também os obrigou a descobrir como alcançar uma base de clientes em rápida mudança.

As empresas detectam oportunidades globais mais cedo e aceleram mais rapidamente para enfrentar de peito aberto essa nova dinâmica. E já não vêm de uma parte do mundo — estão em todos os lugares. Não que isso elimine a possibilidade de riscos. Entrar em novos mercados é tão desafiador quanto deslanchar em um mercado inicial (senão mais). Ao mesmo tempo, em alguns países, o impulso necessário tem sido dificultado pelo nacionalismo em alta, o que requer um guia que oriente como lidar com tal situação de risco.

Apesar dos desafios, muitas dessas tendências tornam mais fácil para uma empresa expandir-se globalmente, abrindo caminho para novos tipos de estruturas empresariais e modelos operacionais.

É notável, também, o risco de inação diante dessa mudança nos negócios. Para os "negócios legados" [empresas tradicionais que são ícones comunitários de longa data], a pandemia abriu uma janela de oportunidade, pois os funcionários e os clientes são menos resistentes a explorar novas formas de fazer as coisas em face da sublevação da vida cotidiana, abrindo espaço para as empresas mudarem seus modelos operacionais e mentalidades para dar conta da nova dinâmica de mercado de negócios global de hoje. Quem não se adapta se expõe ao perigo.

Tecnologia, novas mentalidades ágeis e ampla disponibilização de capital para novas ideias desbarataram setores de atividade consolidados nas últimas décadas. A Uber, por exemplo, começou a avançar a passos largos em seu mercado inicial de São Francisco em 2013. No decorrer desse ano, as empresas de táxi da cidade perderam 65% de suas receitas em um único ano (não lucro, RECEITA). Para terem sucesso, as empresas devem agora levar em consideração não só a disrupção tecnológica e do modelo de negócio; devem também ter em conta as peculiaridades culturais locais de um mercado. A Uber viu o outro lado dessa moeda ao não conseguir ganhar uma cota de mercado dominante sobre a Didi no mercado chinês (mesmo com seus vastos recursos financeiros). A Didi conseguiu competir adotando uma estratégia e uma cultura que se encaixavam melhor nas facetas locais do mercado chinês.

TORNAR-SE GLOBAL NÃO É NOVO, MAS AGORA É DIFERENTE

Durante muito tempo, "tornar-se global" era uma abreviação de "terceirização". As ações envolviam encontrar um local com mão de obra qualificada e barata (para a manufatura ou o suporte de TI) ou onde os sotaques não fossem tão acentuados (para o atendimento ao cliente). Ou seja, procurava-se reduzir os custos, capitalizando principalmente as enormes diferenças nos salários de mercado. Hoje, como as economias de todo o mundo têm crescido de forma constante e rápida nas últimas décadas, existe uma oportunidade muito maior de desviar o foco nesses mercados de trabalho em potencial (especialmente em virtude da redução da disparidade salarial) para os clientes-alvo. Nas últimas quatro décadas, a China, por exemplo, revolucionou em larga escala toda a sua cadeia produtiva, passando de um país que em 1970 tinha cerca de metade do PIB per capita da África Subsaariana a um líder tecnológico e segunda maior economia do mundo (com sete vezes o PIB da África Subsaariana em 2020).

A escala da oportunidade é enorme. Por exemplo, a maioria dos mais de 1,2 bilhão de pessoas na África tem menos de 19 anos e a expectativa é que a população total ultrapasse 2 bilhões antes de 2040. Entre os líderes empresariais, quem compreender que o continente não é um lugar homogêneo, mas sim uma região na qual há 54 países e são faladas quase 2 mil línguas, estará bem posicionado para vender seus produtos e se beneficiar dos conjuntos de talentos de mais de 600 milhões de pessoas que ingressam no mercado de trabalho e que estão se tornando o futuro das economias da região em rápido crescimento.

Os líderes empresariais envolvidos nas atividades de expansão global também mudaram. O estereótipo de um empresário internacional era um expatriado que transitava, em meio a erros de tradução e disparidades culturais, entre o país de origem e o país de residência atual, estabelecendo parcerias para ter acesso a novos conjuntos de clientes. Não obstante os elogios dados ao estilo de vida de expatriado, muitas vezes sendo referido como um exercício solitário de alguém que agia como o representante solo em uma ilha metafórica (ou literalmente, se estivesse alocado em Hong Kong ou Singapura), nos últimos anos surgiram novos modelos disruptivos, proporcionando escala para iniciativas de crescimento global. Hoje, empresas culturalmente conscientes formam equipes locais e equilibram de forma eficiente as necessidades do QG e as do mercado local.

Além disso, a mentalidade também mudou. Há um reconhecimento de que a concorrência ficou mais acirrada com a ascensão dessas economias e a importância de compreender o contexto local (tal como a Uber aprendeu ao enfrentar a Didi). As empresas do Vale do Silício observam o surgimento de imitadores e novos modelos de negócio, reconhecendo que os novos participantes são capazes de competir de igual para igual com os atores mais estabelecidos. A internet nivelou o campo de jogo, tornando exequível um crescimento muito mais rápido das empresas do que outrora, há 20 ou 30 anos. Da mesma forma, o trabalho distribuído e o desenvolvimento das economias ao redor do mundo pavimentarão o acesso a esses mercados.

O que também ficou mais evidente é que os Estados Unidos deixaram de ser o mercado dominante, uma vez que muitas outras economias se destacam e permanecem crescendo em um ritmo mais rápido.

Vivemos em um mundo global onde mais pessoas recebem educação internacional e abrem negócios em seus países de origem, expandindo-os em seguida para o mundo lá fora. Há um grupo pequeno, mas crescente, com o objetivo central de levar suas empresas a uma escala global cujos componentes só recentemente estão se tornando mais conectados entre si. Sua mentalidade singular (discutida no Capítulo 3) é cada vez mais procurada por empresas que almejam ter escala global.

Empresas como Canva, Zendesk, LinkedIn e Flexport demonstraram que é possível se tornar global e adquirir escala rapidamente. Tais empresas, e muitas de suas contemporâneas, pavimentaram o caminho da expansão global para que outras o percorressem. Suas equipes internacionais foram bem-sucedidas, mas essas empresas também enfrentaram desafios formidáveis nos mercados internacionais, e o sucesso só veio após muitos erros. Este livro mostrará as vitórias, mas também destacará as armadilhas e as derrotas, explicando o que *não* fazer para ajudá-lo a não cometer os mesmos erros.

Vários aspectos dos negócios foram sendo virtualizados conforme as interações físicas davam lugar às digitais. Um passo gigantesco foi dado quando o trabalho remoto dos funcionários se espalhou pela cidade; hoje, seus colegas podem trabalhar remotamente em todo o mundo.

Jennifer Yuen, que estabeleceu a função de marketing da marca Airbnb na região Ásia-Pacífico (APAC) e liderou o marketing nas Américas, destaca como o papel (e até mesmo o conceito) de QG mudou. "O QG não é mais apenas um local físico singular, principalmente em relação a contratações e mobilidade. Você pode encontrar os melhores talentos em qualquer lugar agora. Existe a oportunidade de formar equipes com experiências das mais diversas. Quando se estabelece que o QG pode ser virtual, não só diminui o 'nós contra eles', mas também surge uma oportunidade de aproveitar melhor a experiência funcional e o conhecimento local para uma presença global."

O talento ficou mais amplamente disponível. As empresas inteligentes são capazes de aproveitar esse fato para estabelecer uma presença global. Elas não consideram as equipes remotas como centros de custo, mas como organizações criativas locais que têm condições de inovar.

As empresas também estão começando a ver bases de clientes potenciais em mercados mais globais além daqueles tradicionalmente prioritários para fins de expansão. Há menos de 10 anos, um país como a Indonésia não estaria incluído em uma lista de mercados-alvo preferenciais, mas isso está mudando à medida que o poder aquisitivo de sua população de mais de 270 milhões de pessoas continua a crescer a um ritmo rápido.

As oportunidades nos mercados globais aumentaram graças a quatro fatores principais:

1. Melhoria da infraestrutura nos mercados emergentes (velocidade da internet e mobilidade das pessoas). Países como a Indonésia são capazes de queimar etapas em relação a mercados mais maduros ao priorizarem os dispositivos móveis.
2. Maior acesso ao talento em razão do maior investimento no desenvolvimento da força de trabalho, possibilitando às empresas encontrarem o talento certo quando se expandem para novos mercados.
3. Governos investindo fortemente na promoção do empreendedorismo e na formação de empresas.
4. Crescimento da classe média e mercados de consumo mais desenvolvidos conforme as economias se estabilizam.

Isso abriu as portas de uma nova era para os negócios globais.

A ASCENSÃO DE UMA NOVA ERA DE NEGÓCIOS GLOBAIS (CULTURALMENTE CONSCIENTES)

Estamos em um ponto de inflexão importante para os negócios. A cidadania global e a conectividade têm a cada dia maior relevância, e, como Marc Benioff, cofundador e co-CEO da Salesforce, evangeliza, os negócios se revelam cada vez mais um catalisador de mudança. As empresas têm a oportunidade de se reajustar para melhor considerar não apenas os impactos ambientais, mas também os humanos. É enorme a repercussão dessa noção nas interações comerciais, no local de trabalho e na comunidade.

É preciso que as empresas se adaptem caso queiram prosperar e seguir com sucesso os modelos das empresas que operam eficazmente em escala global. Uma nova mentalidade não é apenas meritória; é imperativa.

Houve uma mudança de paradigma. Percebendo que em suas operações o trabalho envolvido será realizado remotamente em diferentes edifícios e cidades, expandir-se para os mercados internacionais será um salto menor do que antes. Ferramentas de colaboração virtual foram adotadas por necessidade, e seus benefícios (e desafios) ocasionaram mudanças fundamentais na maneira como as equipes funcionam, gerando maior flexibilidade organizacional e uma forma mais ágil de trabalhar.

Em algumas empresas a mudança foi permanente. Um pequeno número tornou-se completamente virtual, como o X (antes Twitter), mas muitas outras regressaram a algo mais próximo dos modelos de trabalho da pré-pandemia. Seja qual tenha sido o grau de mudança, as empresas sobreviventes perceberam que poderiam aproveitar a tecnologia para operar virtualmente, muitas vezes de forma mais eficiente do que antes.

Cada vez mais o QG está perdendo sua característica original de local físico único onde todo o poder e influência estão centralizados geograficamente. A pandemia mudou o estilo de vida dos profissionais de negócios, que não estão mais presos a um único complexo de escritórios. As empresas estão descobrindo como criar estruturas para apoiar essa nova dinâmica.

Para as empresas tradicionais, as bases de clientes mais viáveis estão nos países desenvolvidos, ao passo que a nova geração de empresas (a Global Class, descrita no próximo capítulo) vê oportunidades de mercado tanto nas nações em desenvolvimento quanto nos mercados maduros, atuando no desenvolvimento de ambos.

A fim de atrair os melhores talentos, as empresas devem pensar globalmente. Confinar a pesquisa à área geográfica ao redor do QG ou a um escritório importante é muito restritivo e colocará as empresas em desvantagem à medida que os concorrentes aprendem como explorar talentos em qualquer lugar.

Novos métodos de administrar negócios virtualmente foram testados até que os mais eficazes fossem comprovados. Enquanto cobrir fisicamente uma presença global significava, tradicionalmente, que um executivo viveria em um avião, agora as visitas virtuais podem ser feitas diariamente, de certa forma equilibrando a disputa entre funcionários próximos ao QG e aqueles que estão além-mar.

As plataformas também facilitam o rápido crescimento internacional e permitem que as empresas gerenciem seus negócios mundo afora. As empresas de um número cada vez maior de setores de atividade não precisam localizar todos os aspectos de seus negócios para contatar milhões de clientes ao redor do planeta. Em vez disso, só precisam se conectar a plataformas com alcance global. A tecnologia não se limita a reduzir barreiras, mas também acelera a disrupção.

Cruza fronteiras e aproxima as pessoas. Plataformas como Shopify e Amazon tornam-se o mercado "doméstico" multinacional para empresas emergentes que podem usá-las para acessar mais facilmente os mercados globais.

Zoom Video Communications (Zoom), a mais recente empresa a se tornar sinônimo do que faz (pense em Durex e Bombril; não temos uma "videoconferência", temos um "Zoom"), teve um crescimento incrível conforme a pandemia atingia o ápice. Em janeiro de 2020, o Zoom contava com 10 milhões de participantes diários e 100 milhões de minutos de reunião por mês. Apenas 3 meses depois, em abril, a empresa tinha 300 milhões de participantes diários e estava a caminho de realizar 3 trilhões de reuniões por ano, um crescimento de 30 vezes e 2.500 vezes, respectivamente.

Interessante notar que grande parte desse crescimento do Zoom veio de fora das fronteiras de seu país de origem. Cabe salientar, ainda, que, embora a pandemia tenha acelerado a adoção e aumentado a globalização, não foi ela que as *iniciou*. As bases do sucesso já estavam presentes.

ESTUDO DE CASO

COLABORAÇÃO VIRTUAL MULTINACIONAL — HEWLETT-PACKARD

Ferramentas que viabilizaram forças de trabalho virtuais e diminuíram as barreiras à construção de uma presença global ajudaram a resolver os problemas causados pela pandemia. Um médico em Barcelona lamentava com um amigo que trabalhava na Hewlett-Packard (HP) a grande dificuldade do hospital em conseguir equipamentos de proteção individual (EPI); o hospital tinha de esperar que fábricas em outro continente produzissem suportes para máscaras e protetores faciais, que depois precisavam percorrer dezenas de elos de uma cadeia de abastecimento global. O amigo da HP formou uma equipe, e juntos eles criaram um design capaz de alimentar uma impressora 3D, realizando diversas iterações para o médico testar no hospital. Depois de quase dez iterações em uma única semana, um design eficaz de proteção facial foi criado. A equipe da HP, então, compartilhou o arquivo de impressão 3D com sua comunidade mundial para que qualquer pessoa com uma impressora 3D pudesse produzir esse tipo de EPI para atender às necessidades de sua área local, criando uma rede distribuída e localizada de produção.

É um exemplo empolgante do potencial dessa nova fase dos negócios globais, na qual a colaboração transnacional e o trabalho para o bem maior da humanidade podem exercer, mais do que nunca, um papel proeminente na promoção da inovação.

Em vez de entoar o mantra de comando e controle do passado, as empresas estão se dando conta dos benefícios de tomar decisões capazes de ser mais vantajosas, especialmente empresas com presença em diversos mercados locais. Isso anda de mãos dadas com a inovação descentralizada: as melhores práticas de qualquer lugar podem ser implementadas globalmente, em vez de apenas de cima para baixo, a partir do QG.

De acordo com um relatório recente da Accenture Business Futures, "71% dos executivos já descentralizaram ou planejam descentralizar em parte a tomada de decisões em seus negócios", e 82% disseram que veem seus negócios operando mais como uma "ampla federação de empresas", devido ao ambiente de negócios estar "cada dia mais fragmentado". Em outras palavras, isso significa que o foco das operações de negócios está mudando de um modelo de QG centralizado e de cima para baixo para um modelo baseado no sucesso distribuído e em equipes com missões e foco localizados.

Os mercados são diferentes, os clientes são diferentes, as empresas, seus produtos e serviços são inerentemente diferentes; e não existe uma solução única ou um guia passo a passo exato que todas as empresas possam seguir. Em vários países asiáticos, as pessoas tendem a trabalhar mais horas em comparação à Europa, onde o expediente geralmente é mais curto e se dá prioridade a um maior equilíbrio entre trabalho e vida pessoal. Essa diferença cultural permeia a cultura empresarial local, os costumes, os comportamentos, os critérios de compra e muito mais. O papel do trabalho e a existência de uma rede de seguridade social colocam a segurança no emprego em um contexto diferente, resultante da cultura local.

A mentalidade relacionada a uma expansão internacional mudou. Antes, o processo de avaliação de um novo mercado e a elaboração de uma estratégia de "go-to-market" eram terceirizados para consultores de gestão. Agora, há uma classe crescente de profissionais de negócios cujas habilidades e mentalidade global para empresas estão sendo levadas para empresas que procuram aumentar sua escala. Os mercados internacionais são vistos não só como potenciais clientes, mas também como tubos de ensaio para novas ideias e produtos que requerem validação antes de serem introduzidos no mercado inicial. Foi esse o procedimento do Slack quando testou a adição de um botão Enviar à sua plataforma nos mercados asiáticos antes de lançá-lo mundialmente. O aumento da concorrência dos participantes locais significa que são necessárias considerações culturais e de localização para envolver os clientes locais. Dado o infinito volume de informações que disputam a atenção dos clientes, é preciso se destacar e se diferenciar.

A cultura está presente em todos os aspectos de um negócio internacional. Haverá divergências culturais no modo como os clientes tomam decisões, como os negócios são conduzidos localmente e como transmitir e manter a cultura corporativa e seus valores fundamentais em um novo mercado. Existem inúmeras distinções a serem compreendidas e adaptadas ao entrar em um novo mercado, além de maneiras valiosas de comemorar e aproveitar a diversidade que uma base distribuída de funcionários proporciona para toda a empresa.

Essas mudanças todas merecem a introdução de um novo manual sobre como ser bem-sucedido nesse novo mundo empresarial global.

POR QUE AS INICIATIVAS DE EXPANSÃO GLOBAL FRACASSAM?

As razões pelas quais as iniciativas de crescimento empresarial internacional não dão certo são quase tão numerosas como as histórias de fracasso. No entanto, merecem destaque dez erros que fazem com que isso aconteça (ou que, ao menos, custam mais tempo e dinheiro às empresas):

1. **Tentar ser um "Nativo Global".** Buscar o crescimento nos mercados internacionais NÃO é uma solução viável ou um expediente por não ser capaz de encontrar o mercado do produto em casa. As empresas não podem ter êxito quando tentam se envolver em muitos mercados ao mesmo tempo, antes mesmo de encontrar o mercado do produto em um mercado inicial. Para ter sucesso nos mercados globais, é preciso ter uma base em um mercado inicial, no qual todos os pressupostos sobre quem são os clientes certos, o que eles querem, por que compram e a viabilidade de sua solução foram validados e a escalabilidade é comprovada.
2. **Não obter a adesão da liderança.** Todos na organização devem estar no mesmo barco do crescimento global. Se não houver apoio do alto escalão da empresa e não adesão à multifuncionalidade, as iniciativas para escalar globalmente estarão condenadas ao fracasso.
3. **Errar na formação da equipe.** Durante nossa pesquisa, os executivos com quem conversamos destacaram quão importante, mas também muito difícil, era encontrar as pessoas certas na construção de um negócio global. Que mentalidade e habilidades você deve procurar? Dica: encontre *Interempreendedores* (mais no Capítulo 3) e uma sobreposição de conhecimentos locais e da empresa (mais no Capítulo 8).
4. **Manter uma mentalidade "nós contra eles" entre o QG e as equipes locais.** As empresas que não pretendem integrar uma equipe distribuída não aproveitam ao máximo o talento da organização e raramente se

deparam com um impulso forte em novos mercados. Favorecer um em detrimento do outro cria uma divisão entre o QG e as equipes locais.

5. **Não rever o desenvolvimento do cliente e a metodologia ágil no processo de localização.** Empresas que não se dispõem a adotar uma metodologia ágil globalmente consciente, iterando suas atuais hipóteses de modelos de negócio e operacionais em um novo mercado, não obterão uma participação de mercado significativa a nível global. A localização é necessária, e o processo não se restringe somente à tradução de idiomas; os líderes empresariais precisam reavaliar todos os aspectos da empresa e seu modelo operacional. Conforme ilustrado pela experiência do Walmart na Alemanha, presumir que o "jeito da empresa" terá sucesso em outros mercados ao redor do mundo é fracassar na certa.
6. **Não gerenciar a complexidade.** Empresas eficazes trabalham rápida e decisivamente, mas têm que compreender e planejar as complexidades que invariavelmente surgem nos diversos mercados internacionais; quem as ignora o faz por sua conta e risco (mais no Capítulo 6).
7. **Não adaptar a comunicação para se adequar a uma força de trabalho distribuída.** Os ciclos de respostas facilitadores da comunicação recorrente são essenciais para o intercâmbio de conhecimento entre o mercado local e os valores centrais da empresa. As empresas que não estabelecerem linhas de comunicação eficazes e não aproveitarem a inovação de mão dupla que pode vir dos mercados locais enfrentarão problemas ao tentar envolver uma força de trabalho cada vez mais distribuída (e virtual).
8. **Não investir tempo e recursos adequados no crescimento global.** Assim como em outros investimentos empresariais rentáveis, estabelecer uma presença internacional requer tempo e dinheiro. Muitas empresas fracassam nisso porque desistem muito facilmente; não alocam recursos suficientes; não dão tempo bastante para a equipe local impulsionar o mercado; ou fazem o lançamento e depois se dedicam a novos mercados ou outras iniciativas. Seis a doze meses raramente é tempo suficiente para fazer um novo mercado deslanchar — muitas vezes são necessários de dois a três anos.
9. **Não construir estruturas para gerar impulso.** Definir a direção não basta. As empresas que não desenvolvem as estruturas e processos certos para apoiar o aumento de escala não podem manter uma presença global próspera (mais no Capítulo 7).
10. **Não universalizar os valores centrais e a cultura da empresa.** A cultura empresarial de cada país é única e exige uma abordagem personalizada. Tentar promover valores centrais que apenas refletem a cultura empresarial do mercado onde se situa o QG ou que entram em conflito com a cultura local não envolverá nem capacitará os funcionários (ou

clientes) em outros mercados locais. Valores centrais comuns precisam ser identificados (mais no Capítulo 10).

Esses dez erros podem caracterizar o porquê de as empresas fracassarem frequentemente, mas como é possível ser bem-sucedido ao gerir um negócio cuja escala é global? O ingrediente secreto é a mentalidade Global Class (descrita no próximo capítulo).

À FRENTE, A JORNADA GLOBAL CLASS

Nenhum livro anterior a este reuniu as melhores práticas para a entrada e o crescimento no mercado internacional de mais de cinquenta países.

Muito embora setores de atividade, produtos, clientes-alvo e principais impulsionadores de negócios sejam diferentes no rol de empresas que conseguem construir negócios globais, há entre eles certos pontos em comum. Para caracterizá-los, criamos o conceito de *Empresa Global Class*.

Este livro o ajudará a responder às principais questões que sua empresa tem ao crescer globalmente:

- QUEM são as melhores pessoas para construir uma organização global?
- O QUE é preciso mudar em nossos negócios para nos adaptarmos a novos mercados?
- COMO implementamos estratégias Global Class e ampliamos nossos negócios?

As percepções e as ferramentas aqui apresentadas não pretendem ser um guia passo a passo cujas prescrições devem ser obrigatoriamente seguidas. Elas se tratam, na verdade, de uma mentalidade e um conjunto de estruturas adaptáveis e aplicáveis a uma ampla variedade de negócios. Os insights aqui contidos reduzem os riscos associados à expansão nos mercados internacionais e fornecem um léxico comum em torno da próxima geração de negócios internacionais.

Cabe notar que as empresas com perfis descritos no livro são representativas de algumas das que apresentaram crescimento mais rápido no mundo e conseguiram expandir seus negócios globalmente sem abrir mão de suas características intrínsecas, utilizando uma pequena fração dos conselhos contidos neste livro.

Embora a aplicação dos conceitos-chave possa variar, a leitura deste livro lhe proporcionará estes benefícios:

- Uma compreensão mais profunda do que é necessário para desenvolver e gerenciar uma organização global.
- Um vocabulário comum relacionado ao crescimento global capaz de ajudar a comunicar aspectos importantes de sua estratégia e destacar as principais áreas de interesse.
- Um conjunto de estruturas práticas que podem ser usadas não só para indicar um caminho para a expansão, mas também como ferramenta de solução de problemas caso algo dê errado nos mercados existentes.
- Uma biblioteca abrangente de conceitos e fatores a serem considerados em todo o processo de crescimento global.
- Estudos de caso, cenários e histórias oriundas das experiências das principais empresas durante a expansão global, que você pode usar para fundamentar seu planejamento e tomada de decisões.

O planejamento é crucial para evitar erros comuns. Ao longo deste livro, você encontrará insights sobre como evitar erros por intermédio de histórias de expansão (fracassos e êxitos), estruturas práticas e etapas táticas para guiá-lo em seu caminho para o sucesso.

Seja qual for o cenário que melhor se adapte à sua situação atual, este livro foi elaborado para fornecer insights valiosos e práticos aplicáveis ao seu negócio.

A fim de dotá-lo do conhecimento exigido para expandir seu negócio globalmente com sucesso, começaremos investigando a mentalidade das empresas mais bem-sucedidas do mundo, decodificando o que faz com que sejam Global Class.

CAPÍTULO 1 — RESUMO

- O mundo não é mais o mesmo. Entramos em uma nova era de negócios globais que merece uma nova abordagem (culturalmente consciente) para construir uma organização de escala global.
- Ao expandir globalmente, há erros importantes a serem evitados, que desperdiçam tempo e dinheiro.
- As empresas que se expandiram globalmente tiveram que reinventar a roda. Até o momento não existe nenhum manual para orientar as empresas na *entrada* e no *crescimento do mercado*.

CAPÍTULO 1 — PERGUNTAS DE REFLEXÃO E AÇÃO

- De que modo sua visão sobre internacionalização mudou recentemente?
- Como você adaptou suas práticas de gestão para transitar em meio à aceleração do trabalho distribuído?
- Qual das dez razões pelas quais as iniciativas de expansão internacional fracassam é a mais culpada segundo a sua organização?

2

LIDERANÇA

A Empresa Global Class

EM ALGUM MOMENTO entre as várias e prolongadas viagens ao Vale do Silício para persuadir investidores enquanto montava uma equipe de engenheiros e se mudava de Perth, na Austrália Ocidental, para Sidney, Melanie Perkins sentiu firmeza em seu objetivo de construir um produto e uma empresa verdadeiramente globais. Na condição de CEO e cofundadora da plataforma australiana de design gráfico Canva, ela orientou a empresa a assumir como missão "capacitar todas as pessoas no mundo para o design". Isso se concretizou em uma plataforma que pessoas em qualquer lugar do planeta poderiam utilizar com facilidade para transmitir ideias universalmente.

Essa mentalidade global era natural para Melanie em face de sua ascendência eclética; ela é filha de uma professora australiana e um engenheiro malaio de origem cingalesa e filipina. Essa mentalidade pode ser observada claramente na cultura, na equipe, no produto e nas operações da empresa.

Para algumas empresas, tornar-se global requer uma mudança difícil em sua forma atual de transacionar. Outras empresas, com frequência criadas mais recentemente, constroem essa mentalidade desde o início.

É o caso da Canva. A empresa foi criada deliberadamente com o crescimento internacional em vista, e o propósito de alcançar escala global esteve presente em todos os aspectos da condução dos negócios. De comunicações e recrutamento ao produto, toda a empresa pensou globalmente desde o primeiro dia.

A Canva construiu uma organização distribuída, ou seja, não agrupada para que equipes específicas ocupem o mesmo local físico (como a equipe inteira de engenharia reunida em um escritório), mas dispersa de modo que os membros da mesma equipe estejam em regiões geográficas distintas. Em especial, há um esforço da empresa no sentido de promover interações e colaborações globais para semear ideias e melhores práticas.

Mentalidade global e consciência cultural caracterizaram a equipe desde o início. Mais de setenta idiomas são falados no QG da empresa em Sidney, dando-lhe alcance e foco globais. Sua liderança acredita que contratar internacionalmente no primeiro dia resulta em uma menor probabilidade de haver conflitos de valores essenciais ao entrar em novos mercados.

O produto da empresa foi projetado de maneira que o processo de localização fosse facilitado, em parte fornecendo um conjunto personalizado de modelos e imagens que se adequariam a cada mercado local. Naturalmente, a plataforma também foi construída em escala global.

A Canva se valeu da expertise do mercado local, garantindo que a tradução e a criação de conteúdo fossem feitas ali mesmo. A empresa também agiu no desenvolvimento e na promoção de líderes de dentro dos próprios mercados locais, depois que as tentativas de trazer liderança de fora não deram certo. Esse esforço de promoção interna foi fundamental para o sucesso da Canva na formação de sua equipe nas Filipinas.

A expansão da empresa ocorreu em uma velocidade espantosa. A Canva estabeleceu uma meta ousada: traduzir seu produto e plataforma (bem como os modelos personalizados) em cem idiomas, em um único ano. Embora tenha levado pouco menos de dois anos para isso, o âmbito global da iniciativa e o trabalho da empresa em prol de uma plataforma multilíngue lhe trouxeram dividendos na forma de uma base global de clientes e na manutenção do foco da equipe em gerir uma empresa com mentalidade global.

Para manter o arranque, a empresa administrou eficazmente a complexidade, conseguindo um equilíbrio entre velocidade (forças descentralizadas) e eficiência (forças centralizadas), encontrando, em última análise, um meio de reduzir a complexidade sem diminuir o ritmo do progresso.

E, por fim, a Canva desenvolveu uma nova definição de "QG" [Quartel General ou sede] e um modelo de interação ímpar entre o QG e a presença no mercado local, com um esforço pactuado para romper barreiras. Por exemplo, a empresa costumava ter "QG" no nome de vários de seus canais no Slack; como demonstrou não ser um elemento a favor da cultura inclusiva da empresa, a sigla foi removida, especialmente quando o crescimento do trabalho virtual aumentou a distribuição das equipes. Além disso, devido às funções essenciais estarem espalhadas por múltiplas fronteiras nacionais (por exemplo, o marketing está em Sidney e São Francisco, entre outros membros distribuídos por todo o mundo), a empresa cunhou um novo conceito ao qual se refere como "hub". Embora o desenvolvimento do modelo esteja em curso, ainda que rapidamente, e a empresa continue abrindo escritórios em todo o mundo, os membros da equipe estão vinculados a grupos (muitas vezes virtuais) para promover a inclusão e estabelecer Ciclos de Respostas (linhas multidirecionais de comunicação em toda a organização que facilitam o compartilhamento de melhores práticas e inovação).

A missão da Canva de capacitar todas as pessoas no mundo para o design repercutiu em si mesma, habilitando funcionários, clientes e outras partes envolvidas.

Empresas como a Canva estão surgindo no mundo inteiro à medida que o acesso ao capital se torna mais generalizado. O talento está acessível em qualquer lugar, e, graças a uma força de trabalho cada vez mais diversificada, o movimento rumo à internacionalização ganhará ainda mais rapidez. Melanie e seus cofundadores Cliff Obrecht e Cameron Adams transformaram a Canva em um exemplo perfeito disso.

A Canva conseguiu pôr em prática uma forte *visão* global, aproveitando um conjunto diversificado de *talentos*, mudando o *papel do QG*, que agora capacita equipes distribuídas e implementa uma *estratégia* que busca o jeito local de deslanchar e aumentar a escala.

O QUE É EMPRESA GLOBAL CLASS?

A Canva não é a única empresa que utiliza essa abordagem para construir uma organização global. Está surgindo uma nova classe de empresas globais líderes. Elas identificam as oportunidades existentes nos mercados internacionais e compreendem a necessidade de localizar todos os aspectos de seu negócio para escalar nesses novos mercados. Algumas dessas empresas são startups de rápido crescimento que entram pela primeira vez em novos mercados internacionais, enquanto outras são empresas já estabelecidas em muitos mercados que descobriram esse modo de proceder por meio de tentativa e erro.

Não importa onde essas empresas nasçam, seus setores de atividade ou os clientes que atendem, todas são Global Class. Definimos uma Empresa Global

Class como *uma organização que busca e alcança escala global, equilibrando localização e complexidade; formando uma equipe ágil culturalmente consciente; estabelecendo as estruturas e o modelo de gestão para apoiar uma organização distribuída; e equilibrando a empresa e as culturas locais.*

O que Faz uma Empresa Ser Global Class?

Há muitas maneiras de explicar. É uma ação. Para o executivo da Shopify, Daniel Sullivan, "O internacional está entremeado em tudo e em todos." É um reconhecimento da nova era de negócios globais em que vivemos. "Os produtos não têm fronteiras; as pessoas procurarão em qualquer lugar" a solução certa, afirma Tomas Kandl, head do Vale do Silício na Business Sweden. Definitivamente, é uma mentalidade e uma maneira de fazer negócios.

Embora as particularidades de cada setor de atividade e do tipo de produto (físico ou software) levem a diversas versões de global class, os princípios básicos — QUEM, O QUE e COMO — são muito semelhantes.

QUEM as Empresas Global Class Empregam?

As Empresas Global Class empregam pessoas (em todos os níveis) que cultivam uma mentalidade global e uma consciência cultural. Experiência de vida e empatia tornam as pessoas sensíveis às diferenças culturais, abrem a mente ao novo e ainda ao não compreendido.

A Empresa Global Class canaliza esse tipo de talento, recompensando o conhecimento do mercado local e incutindo em todos os membros da equipe local a cultura e os valores fundamentais da empresa. Há um conjunto diferenciado de habilidades (construídas com base em uma mentalidade ágil) que a Global Class procura e incentiva.

Nos últimos anos, a procura das empresas de rápido crescimento por candidatos com características relacionadas à agilidade tem sido cada vez mais acentuada. As Empresas Global Class, entretanto, vão um passo além, buscando candidatos com curiosidade cultural. Conforme as empresas, em seus processos de crescimento, começam a cogitar a entrada o quanto antes nos mercados internacionais, a sensibilidade cultural e a mentalidade global serão características fundamentais em todos os níveis da organização.

Com a continuidade dessa nova era de negócios globais, tais competências se tornarão parte do processo de triagem durante o recrutamento à medida que mais funções vão sendo ampliadas para cobrir uma presença internacional. Com o tempo, essa mentalidade se disseminará a tal ponto que, no futuro, esses "nativos globais" (os chamados "Interempreendedores" e cuja descrição detalhada está no próximo capítulo) serão o equivalente aos nativos digitais de hoje, aqueles que não conheceram um mundo sem internet e tecnologia móvel.

Vemos também que profissionais com mentalidade cultural que já construíram (ou aspiram construir) carreiras globais formarão uma rede mais compacta do que a existente hoje.

Essas pessoas encontrarão meios de conexão entre si e servirão de exemplo para a importância da curiosidade global e das considerações culturais na construção de um negócio. Tudo isso insere ainda mais essa mentalidade no DNA das principais empresas globais (mais no Capítulo 4).

O QUE as Empresas Global Class Fazem?

O que fazem as Empresas Global Class fazem para deslanchar em novos mercados e alcançar escala global? Respondendo com o mínimo possível de palavras: elas localizam. Na visão delas, a localização não se restringe à tradução de idiomas ou a campanhas de marketing culturalmente adaptadas; ela permeia todas as instâncias do negócio. Localização é um modo de vida.

Tendências e tecnologia crescentes são catalisadores para tais ações de localização.

No processo de localização, além de plataformas facilitadoras, estão surgindo novas abordagens. A tecnologia ajuda a conectar empresas e clientes em todo o planeta, em tempo real. A personalização é uma ferramenta da Global Class, portanto, experiências personalizadas que auxiliam no envolvimento de clientes ao redor do mundo continuam a surgir.

Mais importante ainda, as Empresas Global Class administram a complexidade no processo de localização, em particular no planejamento estratégico e no apoio ao aumento de escala em uma presença global diversificada. As Empresas Global Class não esperam as complexidades acontecerem para corrigi-las, mas planeja e prioriza atenuá-las logo de início. Elas compreendem que a adaptação a seus modelos operacionais, necessária para alcançar a adequação do produto ao mercado (e mais além) em um mercado singular, pode ser dimensionada para vários países.

As Empresas Global Class reputam como central o equilíbrio entre localização e complexidade. Elas não se eximem de agir nesse sentido nem das conversas e decisões difíceis envolvidas na questão (mais no Capítulo 5).

NOTA IMPORTANTE: ADEQUAÇÃO EMPRESA/MERCADO

A adequação do produto ao mercado é, com frequência, o principal marco e a medida do sucesso da ação de entrada de uma empresa em um novo mercado. Embora o conceito de adequação produto/mercado tenha ampla compreensão (ainda que existam definições variadas), acreditamos que ele não capta totalmente a adequação que as empresas necessitam para ter êxito ao entrar em novos mercados globais. Como discutiremos ao longo do livro, muitos aspectos da empresa, além do produto, têm que se adaptar para obter impulso e escala em um novo mercado; o produto é apenas uma pequena parte disso.

Definimos **adequação empresa/mercado** como *os modelos certos de "go-to-market", operacionais, organizacionais e culturais necessários para atender os requisitos de um mercado local.* Assim, as empresas obtêm a adequação empresa/mercado ao realizar o procedimento de localização desses aspectos de seus negócios e, ao mesmo tempo, gerenciar com sucesso as complexidades que acompanham essas mudanças. Como veremos, é uma tarefa difícil, mas necessária, que se torna ainda mais complicada ao considerar os elementos ímpares de cada mercado individual e o desafio exponencial de gerir esse processo em muitos países diferentes.

Adequação Produto/Mercado e Adequação Empresa/Mercado

O rótulo adequação produto/mercado, frequentemente usado, concentra-se em identificar de que o cliente necessita e confirmar que o produto ou o serviço atende a essa necessidade de maneira escalável e lucrativa. Não obstante a adequação produto/mercado seja um marco importante no processo, as empresas têm que dar um passo à frente nos mercados internacionais, construindo as capacidades organizacionais certas e a adequação cultural para obter escala. Ao longo do livro, nos referiremos tanto à adequação produto/mercado quanto à adequação empresa/mercado. Quando usamos o termo *adequação produto/mercado* estamos nos referindo à validação do negócio no mercado inicial de uma empresa e ao primeiro estágio logo após o lançamento em um novo mercado, conforme a empresa busca seu impulso inaugural. A *adequação empresa/mercado*, por outro lado, é uma meta de longo prazo, e usamos esse termo como marco da validação dos modelos operacionais e de entrada no mercado em um novo país. Além disso, a *adequação empresa/mercado* inclui a formação de estruturas organizacionais para apoiar a escala em novos mercados, ao mesmo tempo que encontra o equilíbrio correto entre a empresa e as culturas locais.

O livro inteiro está concentrado em detalhar o que é necessário para obter a adequação empresa/mercado e coloca à disposição estruturas e ferramentas para ajudar as empresas a alcançar esse objetivo.

COMO as Empresas Global Class Fazem Isso?

Não basta capacitar a equipe e a estratégia de localização certas. As Empresas Global Class aproveitam um conjunto de táticas e melhores práticas para construir um negócio em escala global. Elas utilizam uma metodologia ágil internacionalizada para estruturar o processo de localização e encontrar o modelo certo para um novo mercado.

Tais empresas implementam um processo de vários estágios tanto no lançamento inicial quanto como mecanismo de resolução de problemas a fim de superar obstáculos durante a expansão. Sua mentalidade é um músculo que se forma ao longo do tempo e é constantemente exercitada.

Neste livro, parte substancial é dedicada à descrição de ferramentas, estruturas e processos ágeis que as Empresas Global Class usam para que a estratégia utilizada resulte em sucesso comercial internacional e dê apoio a um negócio de escala global ao longo do caminho. A abordagem Global Class — do planejamento apropriado à remoção de obstáculos; da entrada ao crescimento do mercado; e das considerações culturais a um estilo diferenciado de gestão organizacional — é geral e abrangente, mas também flexível, de modo que se adequa às realidades únicas de seu negócio.

Onde começa? Assim como desenvolver qualquer nova habilidade ou tomar qualquer iniciativa, tudo começa com a mentalidade certa.

A MENTALIDADE GLOBAL CLASS

Como diz Tiffany Stevenson, diretora de RH do Patreon, “há uma diferença entre ser internacional e ser global; global é uma mentalidade”.

Embora ter ambições globais seja um aspecto importante da construção de um negócio internacional, isso não é suficiente. Poucas empresas alcançaram uma verdadeira inserção global sem enfrentar o perigo da concorrência local. Apesar de seu produto sofisticado e da escala, a Zendesk foi incapaz de conquistar um espaço na mente [em inglês, *mindshare*] dos clientes locais na Índia do Freshdesk devido à vantagem de “jogar em casa” deste último e ao reconhecimento da marca local. Apesar dos recursos aparentemente infinitos, a Uber não conseguiu vencer a Didi na China (ainda que a Uber tenha feito um acordo para adquirir 20% da Didi, o que foi uma grande vitória financeira para os acionistas da Uber). Amplos recursos, uma equipe talentosa e a capacidade de colocar em ação uma estratégia forte são elementos importantes, mas o diferencial está na mentalidade Global Class. A equipe da Uber reconheceu a importância da perspectiva local com sua experiência na China. Adotaram uma abordagem diferente para a expansão da empresa no Oriente Médio, adquirindo a Careem e mantendo a marca, o que lhe permitiu operar como uma entidade separada e dominar a região. Enfrentar desafios assim e ter sucesso requer das empresas um novo modelo e mentalidade de liderança.

Essa mentalidade distinta se constitui em um guia para o planejamento e a execução. Baseia-se na noção de que todos devem ser líderes na expansão global, e não apenas aqueles que estão no QG. Este mostra liderança ao confiar e capacitar as equipes locais, manifestando essa mentalidade por meio de um modelo de gestão abrangente elaborado para funcionar com uma equipe distribuída globalmente (detalhes no Capítulo 9). O aspecto global precisa estar constantemente nas conversas. Como destaca o CEO e cofundador da Hotmart, João Pedro Resende: "Não é fácil converter a mentalidade da empresa em mentalidade global. Não há visibilidade ou movimentação suficiente acontecendo no início. A empresa não parece global. Então, se você não insistir, pressionar, falar sobre globalidade o tempo todo, não será bem-sucedido." Não importa se a expansão da empresa ocorre em um país ou em cem; a questão é ter a abordagem certa para o crescimento global. Os componentes da mentalidade são muitos, mas se encaixam em quatro categorias:

- Visão
- Talento e Cultura
- Papel do QG
- Estratégia

	Mentalidade *Global Class*	**Mentalidade Legada**
Visão	*Pensar* Global no Primeiro Dia	Viés do Mercado Doméstico
Talento	Estratégia Distribuída	Estratégia Centralizada/Agrupada
Papel do QG	Capacitar e Dar Apoio	Comandar e Controlar
Estratégia	Modo Local	Modo da Empresa

Visão

As Empresas Global Class desenvolvem uma visão focada. Como afirma Giancarlo Cozzi, ex-líder da Microsoft, as Empresas Global Class "escolhem tanto o que NÃO fazer quanto o que fazer". As Empresas Global Class reconhecem que os recursos são comumente limitados, razão pela qual mantêm o foco, não se deixando distrair por novidades que vêm e vão. Com recursos limitados, essas empresas sabem que não podem alcançar um público mundial de uma vez só. Elas são configuradas de uma maneira específica de modo a gerar impulso ao entrar em novos mercados. Uma Empresa Global Class tem consciência da extensão do impacto que causa ao entrar em um mercado e da estratégia certa para deslanchar e obter escala.

Empresas Global Class Pensam Globalmente no Primeiro Dia

A parte mais importante (e sutil) dessa mentalidade fica evidente na palavra *pensar*. Em nossa pesquisa, houve ocasiões em que ouvimos a expressão "nativo global", e, embora muitas empresas de países de menor extensão geográfica abordem mercados além de suas fronteiras no início das operações comerciais, ficou nítido para nós que nenhuma empresa com escala global foi assim desde o início. Uma empresa "nativa global" é um mito. Os recursos são limitados demais, e a cultura, os regulamentos e as preferências do mercado local são diferentes demais e fragmentados para que uma empresa esteja imediatamente pronta para a escala global no primeiro dia. A expansão bem-sucedida é mais do que apenas disponibilizar um produto em um novo mercado. Além disso, obter validação em um mercado inicial é um primeiro passo importante para ter a base certa para mais tarde alcançar escala em mercados internacionais.

Em vez disso, as Empresas Global Class *pensam* globalmente a partir do primeiro dia, alinhavando todos os elementos de seu negócio (produto, equipe, cultura, operações) para proceder à localização de vários mercados. Seus planos de expansão para mercados internacionais são feitos desde o início. As Empresas Global Class adotam personalizações em um produto ou um serviço como apelo à cultura local. Eles formam uma equipe multinacional diversificada de talentos distribuídos e estabelecem estruturas de apoio distribuídas para capacitar as equipes locais.

A escala global é um processo deliberado que precisa ser trabalhado. Mikkel Brun, cofundador da Tradeshift e vice-presidente sênior da APAC, avisa: "Quando você já postula ser global, a expansão irracional pode acontecer. A mentalidade Global Class retoma a racionalidade, mesmo que você já tenha a mentalidade cultural certa dentro da equipe."

As Empresas Global Class percebem a importância da adesão da liderança desde o início e trabalham duro para obter alinhamento, recursos adequados e defensores no alto escalão para as iniciativas de crescimento internacional. Seus líderes percebem que se tornar global é um "tudo ou nada" para o futuro do negócio, equivalente a encontrar a adequação produto/mercado em um mercado inicial. Obter validação em um mercado inicial é um pré-requisito indispensável.

Hoje, parece tola a ideia de construir um novo negócio sem uma presença online. Aconteceria a mesma coisa se uma Empresa Global Class decidisse que deveria "tornar-se global"; por certo, quase todas as empresas farão negócios em mais de um país. O que outrora era a mentalidade dos empreendedores vindos de mercados menores, pensar globalmente desde o primeiro dia será mais comum para empresas nascidas até mesmo nos maiores mercados do mundo.

A Uber pensou global desde o início. O Slack (empresa nascida no Canadá) esteve presente em Vancouver, Dublin, São Francisco e Nova York logo cedo. A Zendesk cruzou as fronteiras da Dinamarca ainda em sua infância. Esta empresa, ao contrário de outras, como a Roku, que levaram anos para preparar o produto certo antes de executar suas estratégias de expansão, teve uma visão global desde o início, adotando uma perspectiva de longo prazo durante a implementação.

O Mercado "Inicial"

Conforme essa nova era de negócios globais prolifera, continua havendo uma convergência entre a forma de pensar das empresas dos mercados maiores e a dos mercados menores a respeito dos negócios globais.

As empresas nascidas em mercados de menor porte passam a considerar outros mercados globais muito mais cedo no processo de criação, por necessidade. Os líderes empresariais de Israel, por exemplo, sabem que seu mercado inicial é insuficiente para um negócio enorme e escalável devido ao seu tamanho restrito.

As empresas de grandes mercados como os EUA, China ou Brasil começam a pensar em uma expansão internacional muito adiante, dadas as vastas oportunidades dentro de suas próprias fronteiras. Em tais mercados vivem centenas de milhões de pessoas (ou, no caso da China, mais de um bilhão) que têm um dos maiores poderes de compra do mundo — locais em que é possível manter um negócio multibilionário sem olhar para novos mercados.

Para se contrapor a essa dinâmica, as empresas de mercados menores procuram um mercado maior para validar o negócio e escalar. A Zendesk, por exemplo, escolheu os EUA como mercado inicial em vez da Dinamarca, seu país natal, com a finalidade de validar seu modelo de negócios e provar a escala de uma forma que não seria possível em seu país de origem.

Isso é algo que já observamos repetidas vezes em empresas provenientes de mercados menores, tanto que passamos a acreditar que é um padrão de sucesso. Portanto, achamos que cabe uma nova e merecida denominação para o primeiro mercado em que uma empresa é validada. Em vez de nos referirmos a ele como "mercado doméstico", de agora em diante nos referiremos a ele como "mercado *inicial*", pois o primeiro mercado em que a Global Class se expande pode estar longe de casa.

Essa faceta da mentalidade Global Class pode, ao mesmo tempo, ser uma força poderosa para empresas nascidas em mercados maiores. Dividir o mundo em "nacional" e "internacional" leva a uma situação "nós contra eles" (mencionada no último capítulo como uma das principais causas do fracasso nas expansões) e a uma tendência em direção ao primeiro modelo que obtém impulso para deslanchar. As empresas constituídas para o mercado "doméstico" não levam em consideração as flexibilidades para os efeitos de localização. A Global Class não pensa em termos de mercado "doméstico", mas sim de mercado "inicial", cujo modelo será localizado quando escalar internacionalmente.

Com o decorrer do tempo, as Empresas Global Class de mercados maiores passarão a entrar mais cedo em novos mercados em suas jornadas de crescimento global, graças à oportunidade proporcionada pela noção mais ágil de um mercado "inicial" (é assim que as coisas começam e mudarão com o tempo) em comparação a um mercado "doméstico" (é assim que as coisas são feitas no QG).

As Empresas Global Class também compreendem que o *melhor* mercado inicial não necessariamente é o *maior*. Niklas Lundsberg, head de Novos Mercados do Spotify, explicou que, apesar de todos os seus concorrentes no início da indústria de streaming de música terem escolhido os EUA como mercado inicial, o Spotify optou intencionalmente por não entrar primeiro nele, e isso levou, em parte, ao seu sucesso no longo prazo. A Suécia, país natal do Spotify, era um mercado inicial perfeito por uma série de razões, notadamente em face da cultura local com relação à pirataria de música. O iTunes só se expandiu na Suécia muitos anos após seu lançamento nos EUA, e por isso todos pirateavam música, estabelecendo uma norma cultural segundo a qual a música deveria ser gratuita. Isso estava tão entranhado culturalmente que a Suécia chegou a ter um partido político, o Partido Pirata, cuja luta principal era a reforma das leis de propriedade intelectual. Tal situação lançou as bases para o sucesso de um serviço gratuito de streaming de música. Em vez de batalhar por uma cota de mercado nos EUA, onde, na época, era difícil obter direitos de streaming de música, o Spotify deixou os concorrentes se esgotarem e validou seu modelo na Suécia antes de se expandir pelo mundo.

O mesmo conceito é aplicável a inúmeras startups emergentes. Empresas como a Zipline, que entrega suprimentos médicos utilizando drones, e a Yoco, uma fintech que, entre outros, presta serviços de pagamentos online, escolheram mercados iniciais na África, onde havia mais liberdade de implementação de novos sistemas com menor rigor nas infraestruturas existentes (controle de tráfego aéreo e sistema financeiro, respectivamente) para validar seus modelos. No caso da Zipline, o QG da empresa fica no Vale do Silício, mas ela entende a vantagem de primeiro validar o negócio em países africanos.

ESTUDO DE CASO

CONSTRUÇÃO PARA DOIS MERCADOS — BLABLACAR

Embora o conceito "mercado inicial" da mentalidade Global Class possa parecer abstrato, há uma maneira muito concreta e direta para o pulo do gato: construir seu negócio para dois mercados.

Ao criar um negócio com um mercado único em mente, cria-se ao mesmo tempo preconceitos. Quando, deliberadamente, você constrói pensando em mais de um mercado, entram nessa consideração as idiossincrasias da localização, e você concebe seu produto, procedimentos e cultura com um pendor mais universal. Ainda que sutil, essa mentalidade é poderosa. Ao construir com dois mercados em mente, você toma decisões que não ficam presas aos preconceitos e às circunstâncias singulares de um só mercado. Além disso, consegue escalar mais rapidamente à medida que entra em novos mercados, já que o processo de localização é menos dificultoso, pois seu negócio está menos atrelado a uma única maneira de agir.

Veja que isso não significa *lançar* em dois mercados ao mesmo tempo, mas *construir* a empresa pensando em mais de um mercado.

Na vanguarda da concepção "construído para dois", estava o fundador e presidente da BlaBlaCar (a maior plataforma de carona solidária do mundo), Frédéric Mazzella, cujo mercado inicial foi a França. Desde o início, todas os aspectos do negócio foram criados tendo em vista dois mercados: França e Espanha.

A equipe era formada por pessoas com mentalidade cultural, vindas de vários países, todas elas com proficiência na língua inglesa, ajudando a superar possíveis problemas de comunicação. Houve, ademais, um foco deliberado na contratação de pessoas de mercados em que a empresa tinha planos de ingressar no futuro, com a intenção de que a equipe se aprofundasse na compreensão do mercado muito antes do lançamento.

Originalmente, a marca da empresa era *Covoiturage*, que significa "carona solidária" em francês, cuja finalidade era estabelecer uma referência direta para o tipo de prestação de serviço da empresa. Esse teria sido um nome ideal caso o objetivo de Frédéric fosse construir um negócio apenas para atuar no mercado francês. No entanto, ao mudar desde o início para o foco de dois mercados, Frédéric se deu conta de que o nome não se conectaria com o público consumidor do lado de lá das fronteiras da França, então, o mais universal BlaBlaCar, que transita melhor entre os idiomas, foi adotado.

Talento e Cultura

Não é apenas um produto sólido e uma estratégia eficaz que levam à escala global. A Global Class dá a devida importância às pessoas e à cultura, bem como às populações além das fronteiras. O papel desses elementos mais humanos é ainda mais primordial e deve ser deliberadamente abordado, em decorrência do aumento do trabalho distribuído.

Uma Nova Visão sobre o Talento – Distribuído e Diversificado

A Global Class crê que são as competências que exteriorizam o talento, e não a localização. Para empresas tradicionais, a seleção de talentos costumava levar em consideração tanto a localização quanto o conjunto de habilidades. Já as Empresas Global Class concentram-se diretamente neste último. Com isso, a adequação à cultura é um critério de seleção ainda mais proeminente.

A capacidade de administrar uma organização distribuída é um fator essencial presente em todas as Empresas Global Class. Elas contratam onde há talento, entendendo que fazê-lo somente em sua área local é limitante. Na verdade, às vezes elas contratam intencionalmente membros da equipe externa.

As empresas tradicionais formam grupos de talentos principalmente contratando escritórios inteiros de pessoas em áreas geográficas específicas. Se a empresa necessita de conhecimentos especializados em cibersegurança, por exemplo, a estratégia é construir um centro de cibersegurança em Israel, país no qual esse conjunto de competências é notório. As Empresas Global Class, por sua vez, contratam indivíduos talentosos onde eles estiverem (e obtêm deles conhecimento do mercado local, além da experiência que adquiriram).

Para as empresas tradicionais, se as equipes não estiverem no mesmo espaço físico, não poderão ter química. As equipes Global Class sabem que química e camaradagem da equipe podem ser desenvolvidas virtualmente.

Elas percebem que contratar pessoas em todos os lugares tem a vantagem da mentalidade global e alertam para o risco de não adaptação quando novos mercados e obstáculos se antepõem ao modelo existente. Sabem que ter experiência local em muitos mercados ajudará a acelerar a entrada no mercado e a evitar os perigos imprevistos quando chegar a hora certa de expandir. A Global Class percebe que ter pessoas com perspectivas diversas pode atender melhor às necessidades e às sutilezas do mercado local.

As empresas tradicionais contratam pessoas cujo estilo é mais similar ao delas; a Global Class constrói uma força de trabalho diversificada. As empresas tradicionais valorizam os candidatos das universidades mais renomadas ou outras indicações com pedigree. As Empresas Global Class sabem que o talento não está vinculado a um diploma. Elas olham para comunidades carentes em busca de talentos, buscando diversidade de conhecimentos e vivências. E começam cedo a contratar funcionários em mercados globais, entendendo o impacto positivo que as perspectivas dessas pessoas podem ter na mentalidade e na estratégia da organização.

Tal como descrito no caso BlaBlaCar anteriormente neste capítulo, as Empresas Global Class começam a pensar em construir um banco diversificado de talentos desde o início e a considerar em quais mercados poderiam pensar em entrar no futuro. Até mesmo a integração dos funcionários enfatiza o papel da organização na sociedade e sua contribuição como cidadã global. Elas também consideram o treinamento como crucial para unir os valores fundamentais da empresa e o contexto peculiar local — algo necessário para que os funcionários locais façam vir à tona tais peculiaridades. As Empresas Global Class estabelecem processos formalizados para novas contratações em mercados internacionais no intuito de desenvolver um conhecimento mais profundo da empresa, muitas vezes fazendo esses contratados estagiarem algum tempo no QG.

Essa diversidade é fundamental, mesmo quando grandes grupos de colaboradores estão geograficamente próximos. Dos 200 funcionários da Prezi alocados no QG da empresa em Budapeste, 42 são de países diferentes. A Global Class forma intencionalmente equipes multiculturais, e tal diversidade decorre de uma abordagem baseada em dados.

Hoje, ter uma equipe "distribuída" ganhou um significado totalmente novo. Em anos recentes, um executivo de uma empresa tradicional poderia ter dito algo como: "Temos uma equipe de desenvolvimento na Estônia." No caso, uma equipe distribuída significava ter grupos de funcionários geograficamente próximos com base em departamentos/funções (muitas vezes em virtude da reputação que certas regiões tinham quanto a determinados conhecimentos). Não é o caso da Global Class.

As Empresas Global Class têm uma força de trabalho verdadeiramente distribuída: os membros da equipe de todas as funções podem estar em qualquer região, e nem sempre geograficamente colocados lá por função. Elas proporcionam a seus funcionários mais liberdade para escolherem seus próprios horários — uma oportunidade de adaptar o trabalho ao estilo de vida local. Essas empresas são capazes de atrair os melhores talentos, não importa onde estejam, e enfrentar os desafios das interações puramente virtuais. Uma força de trabalho verdadeiramente transnacional liquida de vez a ideia já muito debilitada de um dia de trabalho de 9h às 17h à medida que a colaboração funde os fusos horários e a *integração* entre as vidas profissional e pessoal se tornará mais predominante do que o *equilíbrio* entre elas.

Elas implementam ferramentas que permitem a colaboração assíncrona e geram oportunidades para que os membros da equipe que estão em diferentes fusos horários se conectem. Ao operar em escala global, pode ser fácil para os funcionários sentirem que estão trabalhando 24 horas por dia, 7 dias por semana, colaborando com colegas do mundo inteiro. Empresas Global Class envolvem sua força de trabalho distribuída e previnem o "burnout" [Síndrome do Esgotamento Profissional] para evitar que os membros da equipe sintam que estão trabalhando ininterruptamente.

Encontrar talentos com mentalidade global é primordial para as Empresas Global Class, uma vez que elas priorizam talentos que tenham potencial de adquirir novas e importantes habilidades funcionais. Como percebem que aprendizagem é igual a envolvimento, criam mais oportunidades de aprendizagem, especialmente interculturais. Elas oferecem aos funcionários oportunidades de mobilidade geográfica, ensinando-os sobre novas culturas e conectando-os com colegas de todo o mundo. E reconhecem que isso cria um entendimento pessoal e cultural, melhorando a produtividade e a localização da equipe.

MUITAS VEZES NEGLIGENCIADO

O Espaço Físico de uma Empresa Ainda É Importante

Como assinala Gabriel Engel, cofundador e CEO da Rocket.Chat, mesmo quando a equipe é virtual e distribuída, a noção de ter um espaço físico ainda é importante. Em vez de ocupar espaço em um espigão, o "QG" da empresa em Porto Alegre, Brasil, está situado em uma casa com piscina, área externa para churrascos semanais e uma grande cozinha interna que serve de local de reunião para os funcionários da empresa. Há, inclusive, alguns quartos intactos para servir de aposento privado, semelhante ao Airbnb para pessoas de fora da cidade. Como diz Gabriel: "Mesmo com uma empresa trabalhando remotamente, ainda existe a noção de que a empresa tem um lar, uma expressão dos valores da empresa. Nem todos precisam ir lá o tempo todo, mas se trata de uma representação importante daquilo com que a empresa se preocupa. Nosso QG tem mais a ver com encontrar interação e construir relacionamentos do que ser projetado apenas para que as pessoas façam seu trabalho."

Cultura da Empresa e Valores Centrais

As Empresas Global Class universalizam os valores fundamentais, como fez a Canva ao adotar seu valor central de "tornar simples o complexo", em face do desejo universal de simplicidade baseado na ciência cognitiva e na psicologia.

Elas encontram meios de adaptar a cultura da empresa às particularidades locais, mantendo-se fiéis àqueles valores centrais. De certa forma, levam o desenvolvimento de tais valores, que podem ecoar apenas em uma região específica, a um patamar mais elevado de "virtudes universais", cujo apelo é mais global. As empresas tradicionais, dado seu viés de mercado inicial, têm mais dificuldade em promover essa universalização, ao passo que as Empresas Global Class estão cientes da importância de ter valores que possam se alinhar tanto com funcionários quanto com clientes em todo o mundo.

Os valores fundamentais são levados em conta na seleção de mercado para a Global Class. No caso da Uber, quando considerou entrar no mercado da Arábia Saudita, as restrições à permissão de trabalho das mulheres entravam em conflito com seus valores fundamentais; assim, trabalhou para influenciar o governo saudita a mudar suas políticas e conceder às mulheres o direito de dirigir. Com o LinkedIn houve uma situação semelhante. Uma entidade governamental internacional solicitou que a empresa adicionasse um filtro de gênero aos resultados de pesquisa como parte de uma iniciativa para incluir mais mulheres no mercado de trabalho. Percebendo que isso também poderia ser utilizado para discriminar as mulheres, a empresa recusou-se a fazer a mudança.

Ao entrar em um novo mercado e formar uma equipe, pode ocorrer um conflito entre a empresa e a cultura empresarial local, o qual precisa ser superado. Quando as empresas não dão a devida e específica atenção à capacidade de transferir seus valores fundamentais, há um desalinhamento nas equipes em novos mercados. As Empresas Global Class estão conscientes de que sua cultura e os valores centrais têm que ecoar globalmente. Ao construir equipes internacionais desde o início, o desencontro entre os valores fundamentais é menos provável, pois os primeiros membros da organização moldarão a cultura da empresa de modo a ter apelo universal.

As Empresas Global Class que cresceram mundialmente de forma eficaz têm culturas empresariais fortes e valores fundamentais que servem como guia para contratação, tomada de decisões cotidianas e resolução de conflitos. Validaram seus valores centrais desenvolvendo aqueles de apelo universal, testando sua ressonância em novos mercados e formando equipes de pessoas que internalizam tais valores e as apoiam na maneira de operar. Acolhem os costumes do mercado local e enaltecem a presença global da diversidade, encontrando pequenas maneiras de melhorar sua cultura com a singularidade de diferentes locais. Um modo de fazer isso é dedicar um tempo para comemorar os marcos globais — por exemplo, a abertura de um novo escritório internacional, o lançamento de localizações de produtos ou o reconhecimento de feriados culturais — como meio de promover a diversidade e a inclusão.

MUITAS VEZES NEGLIGENCIADO

Comemorando Marcos Globais

Considere a entrada em seu primeiro mercado global como um marco para comemorar. Kathryn Hymes, ex-head de Expansão Internacional de Produtos do Slack, trabalhou em diversas empresas, do início até a Oferta Pública Inicial [IPO, na sigla em inglês]. Ela disse que, em retrospectiva, o primeiro lançamento em um mercado global foi um divisor de águas que merece destaque, muitas vezes um dos poucos momentos lembrados após o IPO. Comemorar esse momento dá propósito tanto às pessoas que trabalham em iniciativas internacionais quanto à empresa, de forma mais ampla. Não negligencie e não perca um momento histórico da vida da empresa.

Valorize o Lado Humano de Tudo

As Empresas Global Class concentram-se no lado humano da cultura da empresa, no desenvolvimento de produtos e no modelo operacional. Elas se esforçam para construir pontes entre as fronteiras culturais e se conectar à condição humana de modo a adotar soluções que contribuem para a melhoria da comunidade e dos indivíduos que sensibilizam.

Como as Empresas Global Class pensam nos mercados internacionais logo de início, reduzirão as barreiras culturais e promoverão a interconectividade mediante ações de localização e da formação intencional de uma equipe diversificada. Como disse Mark Twain: "Viajar é fatal para o preconceito, a intolerância e a estreiteza de espírito... as coisas não podem ser adquiridas vegetando em um cantinho da terra durante a vida toda." Ao expor a equipe a outras culturas, os isolamentos e a falta de compreensão se desfazem ante pontos em comum reconhecidos e a humanidade compartilhada.

Necessidades semelhantes dos clientes (com algumas ressalvas) existem além das fronteiras. Tal como o Airbnb notou durante sua rápida expansão para dezenas de países, os consumidores anseiam por novas ideias, produtos e serviços. Consumidores assim sabem que não têm, internacionalmente, o mesmo acesso como nos Estados Unidos, mas, quando de fato lhes é disponibilizado algo inovador, ficam ansiosos para se envolver e experienciar.

Embora isso se constitua em uma oportunidade de acesso a clientes internacionais, especialmente para empresas B2C e de software, também é importante compreender que tais clientes têm experiência suficiente para perceber se uma empresa realmente se preocupa com eles. As Empresas Global Class se adaptam para atender às necessidades dos clientes locais. Elas deixam claro para os clientes-alvo em novos mercados que não apenas os "conquistaram", mas que também localizaram seus negócios para lhes dar apoio e que continuarão a inovar e agregar valor no futuro. Isso igualmente se estende às comunidades em quais as Empresas Global Class participam, pois priorizam um impacto positivo na sociedade em vez de uma disrupção sem limites.

A Global Class ocupa-se com o lado humano da seleção de mercado. Em nossa pesquisa, descobrimos que as empresas normalmente avaliam novos mercados baseando-se em três fatores principais:

1. Indicadores econômicos/populacionais e dinâmica de mercado favorável.
2. Base de clientes já existente estabelecida mediante crescimento orgânico.
3. Localização do talento com competências relevantes (para pessoas).

As Empresas Global Class estabelecem um quarto fator — as considerações mais humanas e culturais, com frequência não aparentes, que não vêm à tona até que haja conhecimento do mercado local. Negligenciar esses aspectos pode ser prejudicial para encontrar escala, mas estar atento a eles pode revelar novos critérios para se levar em conta em iniciativas subsequentes de expansão do mercado.

- A BlaBlaCar ganhou impulso rapidamente após ser lançada na Rússia porque pedir carona faz parte da cultura do país. Esse não era um critério essencial antes da entrada, mas se tornou um elemento importante no futuro, depois da constatação de que isso levou a um rápido aumento de escala no mercado russo.
- O Airbnb alavancou seu crescimento ao identificar pessoas que têm interesses comuns ou crenças partilhadas que transcendiam as fronteiras.
- Evernote e Prezi alcançaram acentuada penetração no mercado da Coreia do Sul por intermédio de iniciativas que consideraram o lado humano para se conectar com os clientes. A Evernote se valeu do desejo dos jovens profissionais locais de mostrar seu status em uma sociedade focada na ascensão social, dando aos usuários premium um bóton para ser exibido publicamente. Quanto à Prezi, sua ação para se conectar com os consumidores sul-coreanos foi levar dois dos três candidatos a presidente a usar a plataforma de apresentação em uma recente eleição.

Papel do QG

Visão, equipe e cultura coesas e certas não bastam para expandir uma empresa globalmente com sucesso. A Global Class entende que o QG, com uma presença global e uma força de trabalho diversificada, precisa assumir um papel diferente para capacitar uma equipe distribuída a agir, em vez de ser o gargalo nas tomadas de decisão. Elas também percebem que o QG não tem de ser a gênese de ideias inovadoras, e, de fato, muitas vezes ele está bem distante dos clientes nos mercados locais para ser o promotor da inovação.

Inovação em Mão Dupla

As empresas que obtêm sucesso em alcançar a escala global promovem um ambiente de diálogo cadenciado, compatível com muitos dos ingredientes da mentalidade Global Class discutidos anteriormente (como a noção de mercado "inicial" versus mercado "doméstico").

Para a Global Class, a inovação não é um fluxo unidirecional transmitido do QG para mercados locais de segunda linha. Ao contrário, nessas empresas a inovação é uma via de mão dupla na qual há um vai e vem de conhecimentos sobre as melhores práticas implementadas em cada mercado local e aquelas presentes no QG. As Empresas Global Class utilizam sua presença mundial para detectar as melhores práticas de um mercado aplicáveis em outros mercados (mesmo aqueles nos quais a presença local está mais consolidada).

A iniciativa Seller Flex Space da Amazon, por exemplo, nasceu na Índia, não em Seattle. Como explicou Jose Chapa, ex-diretor de Produto do Programa de Inovação Doméstica da Amazon na Europa, a cadeia de suprimento na Índia não era tão desenvolvida como em vários outros países. Lá, estabelecer o mesmo tipo de presença massiva de centros de distribuição não funcionaria em razão da dinâmica diferente das entregas no último trecho até o consumidor. Então, a equipe da Amazon na Índia, para obter cobertura total do país, utilizou pequenas lojas, que muitas vezes têm espaço para estocagem adicional. A iniciativa transformou essas pequenas lojas em microcentros de distribuição da Amazon. A partir daí, tal estratégia foi implementada em muitas outras regiões com cadeias de suprimento semelhantes.

As Empresas Global Class entendem que as melhores ideias nem sempre vêm do QG; assim, elas estabelecem uma cultura de compartilhamento de melhores práticas e mecanismos para identificar as nuanças locais que podem ter um grande impacto global.

O Novo Papel Principal do QG

Em comparação com as empresas tradicionais, o QG nas Empresas Global Class desempenha uma função muito diferente na gestão de uma organização global. Nas Empresas Global Class, o papel principal do QG é apoiar e capacitar as equipes locais, não comandá-las e controlá-las, como ocorre em muitas empresas tradicionais.

Como a Global Class não se apega à noção de mercado "doméstico", minimiza a situação "nós contra eles" existente em muitas empresas, o que coloca o QG e as equipes locais em campos opostos. Elas não mantêm as práticas presentes no QG nem favorecem seu mercado inicial, o que pode criar problemas durante a expansão internacional. Esse mercado inicial é apenas a primeira de muitas etapas na trajetória da escala global.

A área de mudança mais interessante para a Global Class está, provavelmente, nas estruturas organizacionais, em particular no relacionamento entre o QG e as equipes locais. Em que pese existirem diferenças pronunciadas dependendo do setor, do produto (físico ou digital) e do cliente-alvo (B2B/B2C/B2B2C), entre outros fatores, as organizações de Global Class que operam (ao menos em parte) com uma estrutura distribuída obterão vantagem competitiva em relação à concorrência tradicional.

Quais funções serão centralizadas ou localizadas dependerá da empresa e do estágio de expansão, mas o conceito de QG será semelhante. O QG não será mais apenas um local físico. As Empresas Global Class atuam no sentido de desassociar o QG das operações do mercado inicial da empresa, colocando esse mercado em igualdade de condições com o restante da presença internacional da empresa (referenciada mais adiante no Capítulo 7). As Empresas Global Class ainda têm escritórios dedicados (ou ao menos espaços de coworking), a não ser que estejam totalmente comprometidas com o trabalho remoto, mas o QG deixará de estar fisicamente em um local geográfico ou um edifício para se constituir em um centro de poder virtual no qual é definida a visão e estabelecidos e mantidos os processos e a estrutura para dar suporte à localização. Em todo o mundo, a influência do QG, as tomadas de decisão, o apoio e a capacitação estão começando a ser distribuídos conforme as equipes de liderança se estabelecem em vários locais. As reuniões, antes presenciais, passam a se tornar interações por meio de ferramentas digitais que adquirem a confiança da empresa. As plataformas que criam um hub digital no lugar de um QG físico estão começando a proliferar. Todas essas mudanças merecem uma nova abordagem.

O novo papel do QG nas Empresas Global Class é:

- Apoiar o aumento de escala por meio da implementação de mecanismos e da dedicação de recursos que promovam o crescimento, gerando canais de comunicação fortes e desenvolvendo a confiança mediante a concessão de autonomia.
- Capacitar o processo de localização enquanto gerencia a complexidade.
- Formar uma equipe forte com conhecimento da empresa e do mercado local.

- Facilitar a inovação em mão dupla para implantar as melhores práticas locais no mundo todo.
- Equilibrar as culturas da empresa e locais para capacitar uma equipe global.
- Contribuir com as comunidades com as quais a empresa se envolve, ao mesmo tempo que toma decisões alinhadas com os valores fundamentais.

Além de estabelecer estruturas de apoio e orientação, o QG precisa criar processos que facilitem o itinerário nos estágios de crescimento internacional, bem como métricas claras (mas personalizáveis) para concentrar os esforços da equipe.

Algumas empresas estão até procurando eliminar por completo o termo "Quartel General" [ou sede]. Como explica Tiffany Stevenson, diretora de RH do Patreon, a empresa agora usa o termo "hub" em seu arcabouço organizacional, explicando como essa mudança proporciona uma nova dinâmica entre as equipes locais e as funções. Diz ela: "Os hubs estão por toda parte. Eles têm uma missão específica, e diferentes hubs podem trabalhar juntos para resolver um problema. Nesse modelo, as equipes se tornam o centro das tomadas de decisão, amenizando a pressão da mentalidade de QG e capacitando a equipe como um todo."

Eximindo-se da Responsabilidade: Definindo QG

À medida que o QG se transforma no recurso distribuído cujo propósito é viabilizar a presença da empresa nos mercados locais, o papel tradicional de comando e controle do QG fica em segundo plano. Isso significa que a maneira como as empresas são organizadas também pode estar começando a mudar, com algumas desenvolvendo sistemas de hubs ou redes de equipes cuja configuração pode parecer mais um mapa de rede social do que um organograma hierárquico tradicional. Independentemente disso, são necessários mecanismos centralizados de capacitação e apoio para serem os supervisores dos objetivos e da cultura da empresa e facilitadores das tomadas de decisão.

Dito isso, ao utilizarmos "QG" ao longo do livro, estamos nos referindo mais a essa nova versão (focada na capacitação) do que ao tradicional conceito monolítico de QG (comando e controle); no entanto, fazemos a escolha deliberada de usar a sigla "QG" em vez de inventar um novo termo, pois o conceito que ela representa é compreendido globalmente, e essa nova iteração de QG ainda está em curso.

Estratégia

Embora o jeito como a empresa faz as coisas possa levar ao sucesso em um mercado inicial, essa mentalidade enfrenta desafios nos mercados globais. É necessário um novo tipo de estratégia que considere o mercado local, esteja consciente do lado negativo da disrupção e permita que as equipes locais transformem ideias em iniciativas. Tais elementos permitem que a Global Class seja lançada com êxito e alcance escala global.

O Jeito Local

Mencionamos anteriormente que o "jeito americano" de fazer as coisas já se foi e que os dias estão contados para as empresas que persistem no "jeito da empresa" de operar. Em vez disso, as Empresas Global Class se propõem a encontrar um equilíbrio, fazendo as coisas "à maneira local", ou seja, localizar o negócio para se adequar ao mercado local, mantendo-se fiéis aos princípios da empresa.

Essa faceta da mentalidade pode ser particularmente difícil para muitas empresas em rápido crescimento, pois, como ouvimos muitas vezes em nossa pesquisa, a cultura é soberana. Uma cultura empresarial forte conduz a um aumento de escala, mas, imersa nas peculiaridades da cultura local em vários mercados internacionais, pode levar a empresa a enfrentar problemas. Uma vez que as culturas empresariais diferem em cada mercado internacional, como se pode esperar que os valores fundamentais de uma empresa repercutam universalmente se construídos apenas tendo em mente seu mercado inicial?

Ágil Global

A adoção de princípios ágeis é crucial para o sucesso internacional. As Empresas Global Class usam essas metodologias para determinar as mudanças que necessitam fazer em seu negócio principal e modelo operacional para deslanchar em um novo mercado.

Em vez de utilizar a metodologia "waterfall"* com um lançamento formal no mercado, as Empresas Global Class adotam uma abordagem mais iterativa, usando a mesma metodologia das startups para validar um novo negócio. Elas revisitam todos os aspectos do negócio e consideram seu modo atual de fazer negócios como hipóteses a serem testadas (fazendo mudanças baseadas no que é verificado ao pesquisar um novo mercado potencial). Aplicando princípios

---

* Também conhecida como "em cascata", essa metodologia é uma forma de gestão de projetos que utiliza fases sequenciais, longo planejamento, projetos com custos, escopo e cronograma fixos [N. da T.].

ágeis aos mercados globais, elas localizam sem criar muitas maneiras distintas em cada mercado, algo complicado de administrar. A Global Class sabe que isso requer o tipo certo de talento — funcionários que entendam perfeitamente o ágil e o mercado local e detenham um alto nível de curiosidade cultural.

Uma Visão Diferente de Disrupção

Disrupção e mudança são apostas para as Empresas Global Class. Essas empresas se dispõem a descartar os modelos atuais para se adaptar a um novo mercado internacional e transitar pelas mudanças em seu setor de atividade, prontas para rever profundamente sua forma de negociar com a finalidade de manter sua posição no mercado e atender melhor seus clientes. Ao mesmo tempo, mantêm valores fundamentais e um senso de cultura da empresa.

Muitas empresas tradicionais que adotaram a mentalidade empresarial acreditam que seu produto (ou os empregos que trazem para um novo mercado) seja o bastante. Elas se julgam merecedoras de elogios e reconhecimento por entrar no mercado, ignorando todas as disrupções negativas que esse ato traz consigo.

As empresas que têm esse pensamento estão se dando conta rapidamente que o estilo "pedir perdão em vez de permissão" de entrada e disrupção no mercado ficou para trás. De certa forma, o subproduto do êxito global da Uber, que provocou conflitos nos sistemas de transporte existentes em cidades e países de todo o mundo, marcou o fim da eficácia de uma mentalidade "jeito da empresa". O forte impacto nos governos locais causado por essa forma rude de hiperexpansão deixou-os agora mais preparados e resistentes a esse estilo de crescimento.

Por exemplo, há alguns anos, os moradores de São Francisco testemunharam uma explosão repentina de scooters elétricas. Equipes de empresas como Lime e Bird estavam usando o manual de hiperexpansão da Uber. Em questão de dias, esses veículos estavam espalhados por calçadas, entradas de lojas e esquinas. Após algumas semanas, desapareceram também de forma repentina, voltando lentamente nos meses seguintes.

O que aconteceu foi que a cidade e a região de São Francisco deixaram claro que não permitiriam o funcionamento de nenhuma empresa de scooters elétricas que tentasse contornar as leis locais atuais ou operar sem antes debater a questão e chegar a um acordo. Caso essas empresas não seguissem as regras e não estabelecessem negociações com o governo local antes de começarem a operar, a licença delas seria cassada. Isso representou uma mudança radical em relação ao ambiente em que a Uber operava na época do lançamento.

Diferentemente dos proponentes do "jeito da empresa", a Global Class encara a disrupção de outra forma. Elas não presumem apenas que seu produto será um remédio para todos os males. Percebem que, ao ingressarem no mercado, vários aspectos de uma sociedade local serão muito afetados, desde a forma como as pessoas interagem entre si até as implicações de ordem tributária local. A Global Class inclui as partes atingidas e constrói uma coligação de apoio para, em conjunto, tratar de quaisquer alterações de regulamentação necessárias.

Ao avaliar as condições de mercado e as políticas/prioridades governamentais, as Empresas Global Class compreendem ser importante reconhecer os efeitos positivos e negativos de sua entrada no mercado. Como salienta Thomas Kristensen, ex-diretor geral de Assuntos Europeus do Facebook, é comum pensarmos no valor que nosso produto traz aos clientes, mas não reconhecermos a disrupção que provocamos em outros países (ele observa que isso é particularmente verdadeiro para produtos da internet).

Kristensen exorta as empresas a se darem conta do impacto que estão provocando nas comunidades locais e encontrarem maneiras de estabelecer parcerias com as principais partes interessadas na busca de soluções. Por exemplo, foi eficaz para o Facebook a criação de programas de aprendizagem publicitária para ajudar esse setor a utilizar plataformas tecnológicas e a adaptar seu modelo de negócio. Thomas ressalta que é melhor ser proativo nessa questão, pois, caso haja problemas, juntar os cacos depois tende ser mais caro. O ramo editorial tem influência política em vários países, razão pela qual o Facebook teve que pensar em ajudar os participantes do mercado que a empresa desalojou quando entrou em novos mercados.

Ele também sugeriu que as empresas delineassem seus objetivos de política pública. Será que o principal impulsionador é pura e tão somente a entrada no mercado, ou é alterar a regulamentação ou mesmo reforçar a reputação da empresa, de modo que se considere que ela está do lado correto nas iniciativas políticas locais? Os objetivos apontarão a melhor estratégia. Além disso, ele sugere que você não tente ser discreto e passar despercebido. Seja proativo; caso contrário, a conversa começará e, se a narrativa já estiver definida, haverá dificuldade para revertê-la. Desenvolva defesas para os pontos fracos e esteja um passo à frente.

Durante décadas, o jeito norte-americano de fazer negócios não era apenas um mantra de gestão, mas também um motivo de orgulho para as empresas (tradicionais) nascidas nos Estados Unidos. Os dias de tal mentalidade ficaram no passado, mas o êxito de empresas com culturas fortes (mesmo as tóxicas) deu origem ao "jeito da empresa" de fazer as coisas. Nessa nova era de negócios globais culturalmente conscientes, o mantra em ascensão apoia o modo de vida local, e as empresas que terão sucesso aderirão a essa mentalidade e deixarão que ela permeie todos os níveis da organização.

Um bom exemplo de disrupção malsucedida foi a tentativa dos proprietários de clubes de futebol profissionais em toda a Europa de criar sua própria "Superliga". Um pequeno grupo de proprietários não europeus (principalmente norte-americanos) liderou o movimento; em seus planos, a Superliga seria exclusividade dos times de maior desempenho de várias ligas em todo o continente. Sem levar em conta as reações de seus torcedores, esses proprietários anunciaram seus planos de impor um modelo esportivo norte-americano na Europa. A revolta foi imediata, e, para evitar uma sublevação internacional, a iniciativa foi cancelada (em menos de 48 horas). Se nesses proprietários prevalecesse a mentalidade Global Class, a maior consideração por seus clientes (os fãs) os levaria a perceber a imprudência de forçar o estilo norte-americano.

As empresas tradicionais acreditam que os novos locais adorarão suas ideias e seu impacto no mercado (a disrupção é boa), enquanto as Empresas Global Class sabem que a localização é essencial e que a entrada em um novo mercado pode levar a disrupções com reflexos em toda a sociedade local.

Colocando todas essas noções de outra maneira, as Empresas Global Class são formadas *para* o ambiente local, não apenas para lucrar *com* ele.

David Rodriguez, executivo do serviço de entrega por robôs Kiwibot, explica como a empresa "se estabelece com o ambiente local em mente", pedindo, antes de mais nada, permissão (e não perdão, como fizeram os disruptores de mercado, como a Uber, durante seu crescimento hiperglobal).

Na Kiwibot há sensibilidade e respeito pela cultura local; ela se envolve de forma deliberada na construção de relacionamentos de longo prazo com as partes interessadas. A empresa trabalha com governos locais para garantir que suas soluções de entrega autônoma respeitem a legislação em vigor. Sua tecnologia é desenvolvida com a intenção de ser utilizada por qualquer pessoa, com acessibilidade não somente para pessoas ricas, algo não captado pela visão míope de muitas startups emergentes sediadas nos EUA.

Para agrupar essa mentalidade em uma única declaração, a Global Class *pratica a disrupção consciente do mercado local.*

Uma Visão Diferente da Cidadania Corporativa (e Global)

As Empresas Global Class visam contribuir para as sociedades das quais fazem parte. Seu objetivo primário não é a evasão fiscal. Na verdade, elas se esforçam para ter um impacto positivo nos mercados em que atuam, para além de apenas entregar sua proposta de valor.

Como afirma o cofundador e presidente executivo Peter Arvai, a Prezi sabe que é importante que essa mentalidade de colaborador "permeie toda a empresa".

Ele ressalta que causar um impacto significativo vai muito além da localização de um produto e que cabe às Empresas Global Class investir localmente.

Além de abordar problemas exclusivos dos mercados locais em que operam, as Empresas Global Class defendem questões mais universais, como a igualdade de remuneração para as mulheres. Um grande exemplo disso é dado pela política de igualdade salarial da Salesforce em suas tentativas de eliminar qualquer discriminação baseada em gênero ou raça na forma como sua força de trabalho é remunerada.

Conforme você começa a entender a mentalidade Global Class, vem a pergunta: se minha empresa tem uma mentalidade tradicional, como fazer a transição para a Global Class? As principais etapas incluem: revisitar os valores e a cultura centrais de sua empresa; avaliar seus critérios para aquisição e desenvolvimento de talentos; verificar a quantas anda a questão da diversidade; construir canais para uma comunicação eficaz; e criar processos de apoio à escala global. E tudo isso deve começar assegurando a adesão e a dedicação da liderança à tarefa de alcançar escala global. Os próximos capítulos criam uma estrutura e um vocabulário comum sobre como se tornar uma Global Class de modo que você possa se transformar em um catalisador de mudanças em sua organização.

Não resta dúvidas de que a Global Class pensa, planeja, constrói e age de forma diferente das empresas tradicionais. **Para a Global Class, a cultura é uma trajetória (e eixo central), os processos são ferramentas (requisitos para criar impulso) e as pessoas são catalisadores (impulsionadas por uma cultura empresarial intencional e de repercussão universal). Em essência, a mentalidade Global Class é uma questão de equilíbrio: equilíbrio entre o QG e as equipes locais, equilíbrio entre velocidade e gestão da complexidade.** É por esse motivo que o equilíbrio é um tema recorrente em todo o livro, e os capítulos restantes são dedicados a minimizar problemas no processo de alcançar esse equilíbrio.

Ao longo deste livro, examinaremos ainda mais profundamente os aspectos QUEM, O QUE e COMO das Empresas Global Class, sua mentalidade ímpar e os métodos utilizados para traduzi-la em sucesso empresarial global, com o objetivo de ajudar empresas de todos os setores e estágios a obter o status de Global Class. Considerando que uma equipe forte é o catalisador de qualquer iniciativa de crescimento global bem-sucedida, começaremos analisando *quem*, ou seja, as pessoas que compõem as Empresas Global Class: os Interempreendedores.

CAPÍTULO 2 — RESUMO

- Nesta nova era de negócios globais, surgiu um novo tipo de empresa que está alcançando uma escala global como nunca antes: a Empresa Global Class.
- O "jeito da empresa" morreu, dando lugar a uma nova mentalidade: o "jeito local", que requer a adoção de uma nova *Visão*, um olhar concentrado no *Talento*, o *Papel do QG* e a *Estratégia* geral.
- Para vencer a concorrência local e, ao mesmo tempo, obter escala e aceitação nos mercados internacionais, é necessário abordar de uma maneira nova a questão da disrupção.

CAPÍTULO 2 — PERGUNTAS DE REFLEXÃO E AÇÃO

1. Sua equipe de liderança *pensa* globalmente desde o primeiro dia?
2. Em que ponto está seu QG no espectro entre comando e controle, capacitação e suporte?
3. Em qual aspecto (visão, talento, papel do QG e estratégia) da mentalidade Global Class sua organização é melhor? Em qual há mais espaço para crescimento?

3

PIONEIRISMO

O Interempreendedor

HÁ QUASE 30 anos, o norte-americano Abe Smith se arriscou a ensinar inglês em uma pequena vila de pescadores próxima do extremo sul de Kyushu, no Japão, na província de Nagasaki. A ligação com os habitantes locais de um vilarejo rural cuja população não chegava a 3 mil habitantes deu a Abe uma nova perspectiva sobre a vida e uma apreciação das complexidades de um mundo para além de seu país natal. Neste, tudo acontecia incessantemente rápido, mas, lá no Japão, tradições centenárias, como cerimônias de chá e refeições deliberadamente lentas de peixe local, vegetais tradicionais e algas marinhas, preparadas por famílias do lugar, abriram a mente de Abe para outro modo de vida, com mais propósito. Essa experiência gerou uma curiosidade cultural nele, plantando uma semente que consolidou a importância da mentalidade cultural, incitando-o a desenvolver uma carreira global.

A lição seguinte para Abe veio na forma de um mentor que foi pioneiro na venda de bagels e outros produtos alimentícios no Japão. Constatando a existência de oportunidades no mercado japonês, Abe e seu mentor montaram um negócio, o qual iteravam constantemente à medida que as barreiras culturais e a nuanças do mercado local impunham novos desafios à empresa (que, por fim, foi vendida para a Quaker Oats). As intermináveis mudanças de estratégia renderam a Abe um senso de coragem e uma sólida crença na importância da mentalidade ágil no crescimento dos negócios nos mercados globais.

Em busca de uma carreira mais corporativa, Abe trabalhou em empresas da Webex na América Latina e Ásia-Pacífico nas quais assumiu funções de liderança e conheceu um jovem engenheiro chamado Eric Yuan. Trabalhando em diversas empresas, Abe foi incorporando uma mentalidade empresarial, a capacidade de promover mudanças e inovar na burocracia e na complexidade das organizações estabelecidas mediante a construção de coalizões e da colaboração, levando a equipe a se concentrar nos principais impulsionadores do crescimento global.

Outras oportunidades de carreira levaram Abe a se mudar, com a família, para Londres, onde liderou a expansão internacional de uma empresa em rápido crescimento. Voltando aos EUA, foi escolhido por Eric, hoje CEO e fundador do Zoom, para ser o head internacional. A característica de Abe como cidadão global, bem como sua filosofia de liderança, deram-lhe paciência, empatia e propósito, virtudes que não teria desenvolvido se tivesse ficado no território continental dos EUA. Essas qualidades foram a força motriz por trás da decisão de Eric de pedir a Abe para liderar uma das equipes mais importantes do Zoom.

Ao longo de sua jornada profissional, Abe adquiriu a combinação de mentalidade empreendedora, empresarial e cultural que é a marca registrada de líderes empresariais globais de sucesso que administram Empresas Global Class.

Quase todos os executivos com quem conversamos enfatizaram que as pessoas são um dos diferenciais mais importantes no êxito de suas iniciativas de expansão. Como disse Jorn Lyseggen, fundador e presidente-executivo da Meltwater: “Não é tanto *o que* fazer em cada mercado, mas *quem* você contrata para fazer.”

Líderes como Abe Smith e outros em papéis semelhantes de crescimento global não procuram os holofotes. É comum trabalharem sem ser notados, mas é a capacidade que têm de transpor modelos de negócios bem-sucedidos para mercados globais o segredo de uma empresa para alcançar escala internacional.

Agora que você sabe como as Empresas Global Class pensam e se comportam, é hora de entender melhor o tipo específico de pessoa a que essas empresas de primeira linha recorrem para liderar e apoiar suas iniciativas de crescimento internacional. Chegaríamos a ponto de dizer que o arquétipo descrito neste capítulo é o modelo do empresário global de sucesso do futuro.

A título de simplificação, achamos melhor dar um nome a esses líderes empresariais que tem mentalidade internacional. Ao fazê-lo, convocamos todas as características que os tornam eficazes na expansão internacional dos negócios, conforme descrito no restante deste livro. O rótulo que escolhemos foi "Interempreendedor" — "inter", como em internacional, e "empreendedor" para evocar a mentalidade dos inovadores empresariais de hoje.

Reconhecemos a natureza banal desse rótulo, mas prosseguimos conscientemente devido à sobreposição de mentalidades entre os Interempreendedores e os outros "empreendedores" que hoje são objeto de canonização ou crítica nos negócios. De certa forma, os Interempreendedores são uma evolução dos atuais inovadores ágeis, que agora precisam operar em um local de trabalho distribuído que está se tornando cada vez mais global.

O QUE É UM INTEREMPREENDEDOR?

Funcionalmente, Interempreendedor é um profissional de negócios que detecta oportunidades de negócios globais, une a equipe em prol da expansão internacional e contribui para que a organização adote e mantenha uma mentalidade Global Class.

Na verdade, os Interempreendedores são uma fusão de empreendedores e intraempreendedores, com alguns adendos.

Interempreendedores são *empreendedores* porque são ágeis, rápidos em se adaptar e dispostos não somente a enfrentar, mas também aceitar ativamente o desconhecido. Depositários de uma mentalidade de crescimento, sabem que a aplicação da metodologia ágil em novos mercados é vital e acreditam na importância do aprendizado constante, ainda que em meio ao fracasso.

Interempreendedores também são *intraempreendedores* porque seus papéis exigem que transitem pelas complexidades de uma organização estabelecida com políticas definidas, vários níveis de burocracia e política interna, enquanto constroem coligação para apoiar seus objetivos de mentalidade internacional, os quais muitas vezes não passam de um pequeno subconjunto do foco maior da organização. Como diz Christina Lee, vice-presidente de expansão internacional da Chegg, é preciso ser capaz de "inovar algo desde o início".

Uma empresa que está se expandindo para novos mercados internacionais logo se depara com o enorme desafio de obter os recursos e a atenção da equipe de liderança necessários para encontrar a adequação produto/mercado (e, em última análise, a adequação empresa/mercado) em outros países. Para enfrentar com sucesso tais desafios são requeridas habilidades intraempreendedoras para trabalhar dentro das regras organizacionais existentes.

Também é importante observar que os Interempreendedores não são apenas as pessoas que organizam suas vidas e se mudam para um novo país para abrir um novo escritório. Os Interempreendedores podem estar localizados no QG em qualquer nível do organograma, do CEO ao primeiro escalão. Eles não limitam suas conexões às próprias fronteiras. Como Mads Faurholt, ex-diretor administrativo global e sócio da incubadora e construtora de empresas Rocket Internet, destaca sobre os profissionais de negócios globais bem-sucedidos, "muitas vezes eles se conectam mais com outras pessoas em vários países do que com aqueles na mesma localização; 'transnacional' é a palavra que os define", uma mentalidade adequada ao trabalho distribuído.

Os Interempreendedores são capazes de se encarregar e ver positivamente o que é com frequência um processo complexo e desafiador de expansão internacional, informando qual será o retorno do investimento ["ROI", na sigla em inglês] e obtendo adesão enquanto defendem rubricas orçamentais competitivas. Os Interempreendedores são facilitadores extremamente eficazes em ouvir e aprender. Para ecoar um mantra de Marc Benioff, cofundador e co-CEO da Salesforce, eles mantêm uma "mentalidade de iniciante" e são capazes de ouvir *atentamente* aquilo que vai além do que confirmam seus preconceitos.

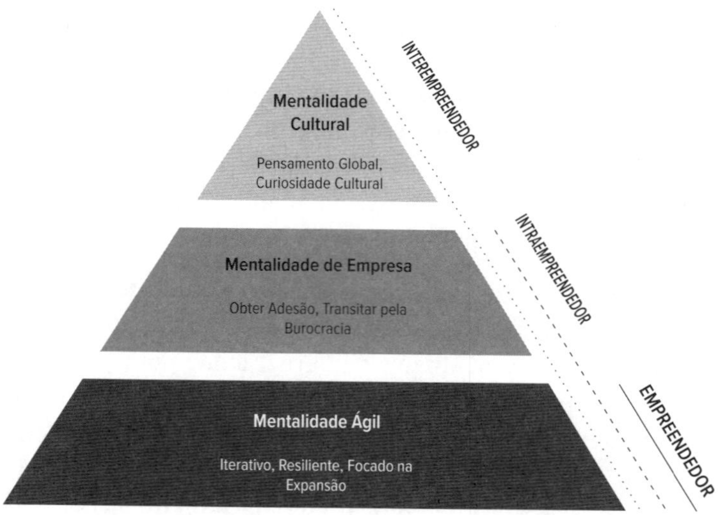

Por fim, e mais importante, os Interempreendedores têm uma mentalidade cultural, uma combinação de consciência cultural, curiosidade cultural, sensibilidade cultural e QE Cultural [Quociente Emocional Cultural] — este último acontece quando a inteligência cultural e a inteligência emocional dão as mãos, garantindo a capacidade de compreensão e empatia com outras culturas. Esse aspecto da mentalidade inclui a capacidade de desenvolver a compreensão e a empatia necessárias para localizar uma empresa em um novo mercado. A mentalidade cultural é o ingrediente basilar que as Empresas Global Class usam para expandir globalmente. É também uma mentalidade que os governos desejam promover, desenvolvendo e atraindo Interempreendedores, pois estão cientes de que construir ecossistemas de Interempreendedores pode ter um impacto social positivo, tornando-se catalisadores do desenvolvimento econômico e social.

Em outras palavras, os Interempreendedores colocam uma camada global sobre os empreendedores e os intraempreendedores.

Uma pirâmide pode ilustrar a combinação dessas mentalidades: uma mentalidade ágil (empreendedora) como fundamento, uma mentalidade empresarial (intraempreendedora) interposta em camadas até o topo, ocupado pela mentalidade cultural, que sintetiza e constrói tendo por base os outros dois. Essas três mentalidades combinadas formam a mentalidade interempreendedora.

Simplificando, um Interempreendedor é alguém cuja mentalidade é *global* para interpretar a cultura, *ágil* para superar os obstáculos de forma resiliente com soluções criativas e *empresarial* para defender o apoio e a adesão para fazer as coisas. Os Interempreendedores pegam uma visão (sua ou de outra pessoa) e a trazem para o mundo.

POR QUE O INTEREMPREENDEDOR É IMPORTANTE?

Conforme descrito no Capítulo 1, a pandemia mudou a maneira como as empresas funcionam, acelerando muitas tendências emergentes, obrigando as empresas a ativar forças de trabalho distribuídas e a repensar os modelos operacionais, as tomadas de decisão e a estratégia.

Todas as estratégias e processos corretos não levarão ao sucesso sem que as pessoas certas os implementem. Dito de outra forma, as tentativas de adotar uma mentalidade Global Class em uma empresa fracassarão caso os indivíduos envolvidos não sejam Interempreendedores (ou ao menos se não estiverem se valendo da mentalidade interempreendedora). A mentalidade Global Class se manifesta no nível *individual* por meio da mentalidade interempreendedora, tal como a proliferação de uma mentalidade interempreendedora entre os indivíduos de uma organização impulsiona a mentalidade Global Class no nível *empresarial*.

Como existem economias desenvolvidas em tantos lugares e uma importância cada vez maior da localização para alcançar os clientes nesses mercados, uma mentalidade baseada na consciência cultural é tão importante quanto a qualidade do produto ou a rapidez com que é feito o lançamento no mercado.

Também é preciso ter a mentalidade certa para identificar as oportunidades. Maximilian Bittner, Mads Faurholt, Stefan Bruun e Raphael Strauch, os cofundadores da Lazada, decidiram não iniciar o negócio em sua Europa natal, mas sim no Sudeste Asiático, para que pudessem ter acesso aos mercados de comércio eletrônico em rápido crescimento. Interempreendedores não estão automaticamente convencidos de que seu mercado interno seja a primeira escolha para um lançamento. Eles, de fato, não pensam em termos de casa versus internacional.

Acreditamos que, no que diz respeito à força de trabalho, essa mentalidade interempreendedora, as características e as habilidades correspondentes serão os ativos mais procurados pelas empresas nos próximos 10 anos, tal como o desejo por uma mentalidade ágil e competências empreendedoras aumentou rapidamente ao longo da última década.

Atualmente, pode ser difícil encontrar habilidades interempreendedoras, e a comunidade desses profissionais com pensamento global tem sido desconectada e dispersada por todo o mundo. Com a rápida adoção do trabalho virtual e distribuído, haverá demanda por Interempreendedores, e a comunidade de líderes empresariais ficará mais conectada. Nas organizações distribuídas, os Interempreendedores são necessários para, mesmo de longe, influenciar outras pessoas na organização e colaborar entre as diversas culturas na realização das tarefas.

Isso tudo acontece na hora certa, à medida que as Empresas Global Class se dão conta da importância dessa mentalidade e começam a utilizá-la para formar um banco de talentos. Em nossa pesquisa, era comum ouvirmos sobre a importância crescente de tal mentalidade (embora sem o uso do termo Interempreendedor). Executivos de empresas como Amazon e Shopify começam, agora, a incluir experiência internacional em suas conversas sobre promoção de líderes seniores e na constituição de um banco de talentos. Várias Empresas Global Class já estão colocando experiência internacional como pré-requisito para cargos executivos; elas se veem como organizações globais e percebem a importância de uma mentalidade internacional como parte da psique coletiva.

Até mesmo ouvimos de altos funcionários de um governo asiático que essa mentalidade será particularmente vital para seus ecossistemas em face do envelhecimento populacional e da relativa diminuição do talento local. O incremento da mentalidade interempreendedora na força de trabalho emergente pode ser um meio eficaz para o desenvolvimento tecnológico, apoiando programas de redes de segurança social e mantendo seu país relevante no ecossistema global.

Em um mundo mais distribuído, as organizações precisam de Interempreendedores que sejam pensadores ágeis, possam aprender em tempo real e, ao mesmo tempo, tenham a capacidade de influenciar a organização de dentro e de longe, todos com uma mentalidade cultural capaz de compreender como localizar o negócio.

As Empresas Global Class, cientes de tais tendências, acreditam que a mentalidade do Interempreendedor é uma estrela-guia, orientando-os na formação de equipes, bem como na construção de cultura e mentalidade.

CARACTERÍSTICAS DOS INTEREMPREENDEDORES EFICAZES

Ao interagir com Interempreendedores de sucesso, verificamos que eles não se sentiam atraídos por negócios globais apenas pela experiência cultural ou as frequentes milhas de voo. Abe Smith chamou de "vocação" seu foco na construção de empresas internacionais — não algo temporário ou para dedicar tempo parcial, mas uma paixão e um trabalho feito com amor que envolve resiliência para caminhar no que chamou de "jornada difícil".

Muitos dos Interempreendedores que entrevistamos fizeram carreira expandindo empresas internacionalmente, demonstrando as habilidades que construíram nesse nicho funcional nascente (mas cada vez mais importante), tal como um executivo que tem experiência em fusões iria de empresa em empresa, guiando-as por meio de um aspecto central do processo de M&A ["Fusões e Aquisições", na sigla em inglês].

A mentalidade global do Interempreendedor lhe possibilita transitar por novos ambientes culturais. Sua consciência cultural ("QE Cultural") os habilita a se conectar e compreender as convenções locais, esmiuçando as diferenças e, ao mesmo tempo, encontrando pontos em comum. Eles entendem, ademais, a relevância da comunidade e trabalham para encontrar maneiras pelas quais sua empresa pode melhorar a sociedade nos novos mercados em que entra.

Imre Hild, executivo experiente e embaixador do ecossistema de startups húngaro, também enfatiza o papel mais amplo que os Interempreendedores desempenham. "Os Interempreendedores são, muitas vezes, também pioneiros que impulsionam os ecossistemas, além de promover a internacionalização." Eles são os impulsionadores de novas ideias e inovações.

Os Interempreendedores têm a mente aberta, são culturalmente conscientes e ágeis, capazes de se adaptar a novas situações e de formar relacionamentos sólidos com pessoas fora do ambiente doméstico. Klaus, por exemplo, desenvolveu uma paixão pelos mercados internacionais ao se arriscar nas selvas da Bolívia, estudar língua e a cultura no Chile, elaborar estratégias e apoiar o lançamento de mercados no norte do Vietnã, e se mudar da Dinamarca para São Francisco. Para ilustrar isso ainda mais, Klaus intencionalmente escolheu exercer um cargo no Vale do Silício focado em ajudar empreendedores no mundo todo (embora não em seu país natal, a Dinamarca). A jornada internacional de Aaron por três continentes entre a faculdade e o início de sua carreira, ensinando estudantes ao redor do planeta por intermédio da experiência do Programa de Acesso Global Berkeley Haas e viajando para quase quarenta países, contribuiu para sua mentalidade global.

Além das características próprias das mentalidades ágil e de crescimento, os Interempreendedores precisam:

- ter uma mentalidade global e detectar oportunidades.
- valorizar a diversidade e a inclusão.
- assumir riscos calculados.
- ser receptivo, compartilhar e nunca deixar de aprender.
- demonstrar curiosidade cultural e criatividade.
- procurar compreender e ser sensível à cultura.
- ter a mentalidade de um construtor.
- pensar em termos de foco.
- comprometer-se a longo prazo.
- ser um cidadão global.

Mentalidade Global, Detectar Oportunidades

Scott Coleman, ex-head de Crescimento e Produto Internacional do Pinterest, destaca como os Interempreendedores reconhecem as perspectivas únicas nas culturas e apreciam a diversidade. Eles veem cada mercado como distinto e diferente. Não colocam uma região inteira em uma só caçamba, mas consideram as peculiaridades de cada país e suas cidades. Os Interempreendedores se aventuram plenamente e pensam com otimismo em termos de oportunidade. Isso não significa negligenciar as questões de risco, mas sim planejar e executar para identificar e aproveitar as oportunidades.

Valorizar a Diversidade e a Inclusão

Na mente dos Interempreendedores, diversidade e inclusão são investimentos, não apenas uma tendência empresarial. Os Interempreendedores valorizam a diversidade de pensamento, a experiência e os antecedentes. Eles buscam opiniões diferentes e procuram trazer pessoas com perspectivas as mais diversas para debates, desenvolvimento de estratégias e tomadas de decisão.

Assumir Riscos Calculados

Os Interempreendedores não se furtam em deixar suas zonas de conforto. Quando fazem parte de uma equipe local, isso significa não só desenraizar suas vidas (e famílias) para se mudarem para um novo lugar, mas também se afastar da influência exercida no QG, o epicentro corporativo e político da empresa. Participar da equipe do QG significa ser um evangelizador de iniciativas de expansão internacional, construindo uma coligação de apoio e assegurando os recursos necessários.

Os Interempreendedores entendem o tamanho da oportunidade. Jennifer Yuen, do Airbnb, destacou que muitas vezes desenvolvemos preconceitos em relação às coisas próximas. Logo fazemos suposições, especialmente se viemos de um grande mercado. Esse viés dificulta compreender outros mercados internacionais. Torna-se difícil compreender a velocidade potencial. Não é algo fácil entender a escala de países como a China, por exemplo, cuja população é muito maior que a dos Estados Unidos. Os Interempreendedores olham além disso, ansiosos para ir aonde houver oportunidade.

Ser Receptivo, Compartilhar e Nunca Deixar de Aprender

Quando pedimos a todos os Interempreendedores que entrevistamos que dessem sua contribuição para este livro, o sim foi imediato e unânime. Houve pouca resistência e um entusiasmo geral em aprender com seus colegas Interempreendedores. Aprendizes ávidos, os Interempreendedores sempre incorporam insights e melhorias adicionais em tempo real. A clássica mentalidade "é sempre o primeiro dia", cunhada por Jeff Bezos, da Amazon, é regra entre os Interempreendedores entrevistados para este livro. Elise Rubin, head global de Gestão de Programas, Internacionalização e Lançamento de Produto do Google Nest, coloca-se em situações de aprendizado e experimentação de novidades, hospedando-se em acomodações compartilhadas em vez de hotéis nas viagens de negócios internacionais e, quando fica em hotéis, escolhe várias cidades menores, não apenas nas principais áreas metropolitanas para realmente ver como é a vida dos clientes-alvo.

Demonstrar Curiosidade Cultural e Criatividade

Nas palavras de Jennifer Yuen, "Os Interempreendedores deixam o preconceito de lado e exploram a curiosidade, uma mentalidade que os leva a procurar entender as pessoas (colegas e clientes). Um Interempreendedor é capaz de realizar as coisas devido à sua paixão e determinação, muitas vezes com orientação e recursos limitados".

Como diz Dan Himelstein, professor de negócios globais e ex-diretor executivo do programa de graduação da Haas School of Business da UC Berkeley: "No mundo dos negócios de hoje, a relação direta entre dólares e qualidade entre as empresas é tão pequena que a curiosidade cultural faz com que você se destaque. É um diferencial." Ele continua: "A curiosidade genuína é muito mais importante do que a capacidade de elaborar uma projeção financeira. Não há nem um milhão de pessoas no mundo que sejam Interempreendedores, mas muitas podem administrar as próprias finanças. O difícil é encontrar alguém que consiga fazer um planejamento em uma sessão de karaokê às 2h da manhã."

Procurar Compreender e Ser Sensível à Cultura

Os Interempreendedores buscam os aspectos em comum. Eles *se envolvem* com as diferenças e consideram quaisquer desafios como oportunidades. São capazes de encontrar "pertencimento" em lugares desconhecidos e não se incomodam com situações pouco familiares. Eles podem traduzir costumes e crenças de um mercado diferente em agudas percepções sobre a cultura local, unindo-os a valores compartilhados e criando um terreno comum.

A inclinação a um modo de pensar internacional e a sensibilidade cultural tornam os Interempreendedores conscientes das semelhanças e das diferenças culturais entre as pessoas; eles se abstêm de atribuir valor a essas diferenças — positivo ou negativo, melhor ou pior, certo ou errado. Troy Malone, que exerceu o cargo de diretor geral de Expansão Internacional em empresas como Evernote, Weebly e mmhmm, classificou esse posicionamento como não sendo "presunçoso", mas consciente. Ele ressalta que tal abordagem é mais eficaz para obter resultados de longo prazo do que gastar quantias infinitas de dinheiro tentando fazer com que o mercado se adapte à forma como o QG faz as coisas.

Isso pode funcionar em todos os níveis. Quando Troy estava na Evernote, a imprensa local frequentemente lhe perguntava sobre a simbologia do logotipo da empresa, um elefante. Antecipando-se a isso, ele pesquisou sobre a natureza simbólica dos elefantes na cultura local. Em vez de dar uma resposta centrada nos EUA — o logotipo remete ao ditado norte-americano "um elefante nunca esquece"* (sugerindo que a Evernote se lembra de todas as notas e pensamentos registrados) —, ele localizou sua resposta para o país em que estava presente, recorrendo à mitologia local em torno dos elefantes. Ser perspicaz e agir no sentido de se adaptar à cultura local é fundamental para ter relacionamentos de alta qualidade.

Ao mesmo tempo, os Interempreendedores estão cientes de outro tipo importante de cultura, essencial para se expandir globalmente: a cultura empresarial. Eles são capazes de transmitir adequadamente os valores fundamentais da empresa para os funcionários e os clientes no mercado local.

---

* Em inglês, "An elephant never forgets". No Brasil, há o dito popular "memória de elefante". Ambos se baseiam na capacidade desses animais de armazenar informações vitais para sua sobrevivência [N. da T.].

Ter a Mentalidade de um Construtor

Os Interempreendedores são construtores. Ajudam a construir a presença da empresa nos mercados locais (quando fazem parte das equipes de mercado local). Ajudam a construir um lar para as pessoas da organização que vêm de fora do país (quando fazem parte do QG). São versados em construir relacionamentos.

Os Interempreendedores têm forte interesse na construção de laços de longo prazo com as partes interessadas do mercado local. Eles têm habilidades interpessoais para transmitir sua consciência cultural e a capacidade de angariar a confiança das pessoas. São comunicadores eficazes, peritos na arte de conectar pessoas e detentores de outras habilidades comportamentais que ajudam a consolidar relacionamentos na velocidade da luz. Eles não são transacionais, participando ativamente do jogo a longo prazo, usando com eficácia uma abordagem positiva para construir uma coalizão interna que aceite seus planos.

Pensar em Termos de Foco

Os Interempreendedores têm foco. Eles são capazes de identificar aquilo que realmente importa e não se distraem com minúcias. Como destaca Paul Williamson, head de Receitas da Plaid: "Eles são verdadeiros quanto ao alinhamento com os valores." E usam esses princípios como guia sobre em que investir tempo, atenção e recursos.

Comprometer-se a Longo Prazo

Os Interempreendedores miram o longo prazo. Isso se revela não só em sua proficiência na construção de relacionamentos, mas também na forma como tomam decisões estratégicas de negócios. Eles procuram o parceiro, a contratação ou o cliente *certo*, não o primeiro que aparece.

Christina Lee, da Chegg, aponta com precisão que "as coisas que você construiu ontem não são boas o bastante amanhã". Ao adotar uma visão de longo prazo, os Interempreendedores se concentram em iterar e aprimorar constantemente todos os aspectos de como seus negócios são administrados para aumentar as chances de êxito no longo prazo.

Os Interempreendedores também estão comprometidos com o crescimento global. Os cofundadores da Gympass, Cesar Carvalho e João Barbosa, passaram a viver nos mercados para os quais a empresa estava se expandindo; Cesar foi para os EUA, e João, para o México. Ambos estavam tão empenhados em crescer fora do Brasil que foram a mercados-chave para garantir o êxito da empresa lá.

Ser um Cidadão Global

Os Interempreendedores são verdadeiros cidadãos globais. Enxergam humanidade antes da nacionalidade. Não pensam nas coisas em termos de "meu país natal" versus "país lá de fora". Eles se conectam com pessoas em qualquer região geográfica e preenchem lacunas culturais por meio de sua empatia.

Uma derradeira observação, interessante, mas não necessariamente universal entre os empreendedores, é que muitos com quem conversamos tinham antecedentes ou experiências únicas que afetaram suas perspectivas sobre o mundo. Tal fato por diversas vezes estabeleceu um caminho não linear para os negócios internacionais, em outras palavras, esses Interempreendedores não seguiram uma trajetória predeterminada trabalhando como banqueiro ou consultor, indo para a escola de negócios e depois ingressando no mundo corporativo.

Para um executivo, foi começar como um fotógrafo apaixonado; para outro, foi uma missão eclesiástica que mudou vidas na Coreia do Sul. Muitos tinham curiosidade pelas artes ou eram formados em ciências sociais; todos, porém, tinham alguma forma de experiência imersiva fora de seu país de origem.

ESTUDO DE CASO

COMO OS INTEREMPREENDEDORES TRANSITAM PELAS CULTURAS LOCAIS

Elise Rubin viu em primeira mão as diferenças nas culturas empresariais fora dos EUA. Não obstante sua vasta experiência, sua aparência jovem e a condição de mulher a colocaram em situações nas quais seu papel fugia às normas culturais locais. Atuando como head global de Gestão de Programas, Internacionalização e Lançamento de Produto no Google Nest, Elise viaja a negócios e leva consigo dispositivos Google Nest para apresentá-los a possíveis parceiros. Em vários países, uma mulher de aparência jovem carregando dispositivos domésticos inteligentes não compatibiliza com as normas locais de gênero e aciona o alarme nos postos de controle de segurança dos aeroportos, ocasionando longas buscas e checagem de antecedentes. Um homem portando as mesmas coisas muitas vezes seria autorizado a passar sem maiores preocupações ou embaraços.

Em encontros com líderes empresariais de certos países, e no Japão, especificamente, Elise teve que adotar a prática de participar de reuniões nesses mercados com um colega do sexo masculino. Durante as reuniões, os líderes empresariais locais procuravam seu colega, e não ela, para obter respostas às perguntas. Consciente dessas nuanças culturais, Elise tinha, com frequência, que instruir seu colega masculino, menos preparado que ela, sobre como responder àquelas perguntas. Com o tempo, valendo-se de pura determinação, força de vontade e capacidade de comunicação, Elise conseguiu conquistar líderes masculinos céticos no exterior, acostumados a colocar as opiniões dos homens acima das mulheres.

Ainda que essa seja uma realidade para as mulheres Interempreendedoras e se enquadre nos típicos papéis de gênero vigentes em algumas sociedades, esperamos que nesta nova era de negócios globais e com o surgimento de Interempreendedoras, tais obstáculos sejam removidos, levando os habitantes locais a respeitar a cultura e as liberdades de indivíduos de outras sociedades que são convidados em seu país e, em particular, defender princípios de diversidade e inclusão para mulheres, minorias étnicas e pessoas de comunidades menos favorecidas.

COMO SER INTEREMPREENDEDOR

Além de trabalhar duro para aprimorar a mentalidade e os atributos destacados na seção anterior, há algumas outras maneiras de desenvolver sua veia interempreendedora. Tal como as empresas não "nascem" globais, as pessoas não "nascem" Interempreendedoras; elas evoluem e ganham experiência e perspectiva no decorrer do tempo. Trata-se de uma mentalidade aprendida e praticada.

Os líderes com quem conversamos descobriram seu Interempreendedor interior ao longo do caminho, às vezes por obra do acaso. As experiências que levam à sua mentalidade global e curiosidade cultural importam menos do que o fato de você estar desenvolvendo o QE Cultural.

Os Interempreendedores adotam a metodologia ágil e buscam comunidades mais empreendedoras, optando por ambientes viabilizadores do desenvolvimento profissional. Eles viajam e vivenciam outras culturas, valorizando a diversidade e a colaboração, e com isso ganham credibilidade para influenciar suas organizações no caminho para a escala global.

Para ser mais Interempreendedor, você deve, em primeiro lugar e acima de tudo, ir atrás de experiências e oportunidades internacionais para interagir com pessoas no exterior. Essa é a maneira mais direta e elementar. Deixe sua zona de conforto. Trabalhe em outro país, conecte-se com outras pessoas de diferentes países com mentalidade global, siga fontes de mídia internacionais e acompanhe as tendências globais. Embora viagens de lazer sejam úteis em alguns aspectos, não são um substituto. É difícil compreender as diferenças de mentalidade e de cultura se você não viveu ou trabalhou fora do país.

Em seguida, entre no modo "mente aberta e suspensão do julgamento". Os Interempreendedores não usam seu país natal como parâmetro para certo/errado ou normal/diferente. Para eles, não existe nós contra eles; existe apenas uma humanidade partilhada e um desejo de encontrar pontos em comum.

Por fim, avalie sinceramente sua aptidão conforme os dez atributos listados antes. Onde houver lacunas, trabalhe com atenção para eliminá-las.

ESTUDO DE CASO

A GÊNESE DO INTEREMPREENDEDORISMO

As experiências formativas que levam os Interempreendedores a carreiras internacionais são tão distintas quanto eles próprios.

Whitney Bouck, ex-COO do software HelloSign, do Dropbox, encontrou o Interempreendedor dentro de si desde cedo. Os avós de Whitney desenvolveram sistemas de esgoto modernos para governos internacionais, levando sua família a morar na Indonésia e no Sudão quando sua mãe ainda era criança. Quando retornaram aos EUA, os avós de Whitney trouxeram um "chef" para morar com eles, apresentando a Whitney novas culinárias. A mentalidade global de sua família os fez apoiar Whitney, que viveu na Europa por algum tempo quando era adolescente.

Da mesma forma, Troy Malone, ex-diretor geral de Expansão Internacional da Evernote, é um líder empresarial altamente curioso, com excepcional consciência e sensibilidade cultural. Ele esteve à frente de iniciativas de crescimento internacional tanto na América Latina quanto na região Ásia-Pacífico, personificando claramente os princípios interempreendedores. Troy morou no exterior como estudante na Universidade Brigham Young após completar uma missão eclesiástica de 2 anos em Seul, na Coreia do Sul. Essas primeiras experiências internacionais criam líderes empresariais do futuro, formando Interempreendedores que são a cada dia mais procurados pelas empresas que procuram entrar nos mercados globais.

A experiência de HyunBin Kang, vice-presidente executivo sênior de Desenvolvimento de Negócios Globais da Line, foi igualmente diversificada. No início de sua carreira, trabalhou para uma empresa norte-americana e teve a oportunidade de interagir com muitos colegas e partes interessadas em todos os continentes enquanto participava de projetos na China, no Japão, na Coreia do Sul, no Sudeste Asiático e na Europa. Em seu emprego na Naver, a principal empresa de portal de pesquisa da Coreia do Sul, adquiriu mais experiência internacional, obtendo a mentalidade global certa para ser bem-sucedido em sua função na Line.

A mentalidade e as capacidades dos Interempreendedores alinham-se muito bem em todo o mundo, apesar da singularidade de suas carreiras e vivências.

COMO AS EMPRESAS GLOBAL CLASS CULTIVAM OS INTEREMPREENDEDORES

É comum o medo que os executivos de empresas tradicionais têm dos Interempreendedores porque eles trazem uma nova forma de pensar e desafiam o "jeito da empresa". As Empresas Global Class, por outro lado, não só adotam essa mentalidade, mas também a buscam ativamente e se esforçam para desenvolvê-la. Essas empresas são adeptas da curiosidade cultural, da mentalidade global e da sensibilidade cultural em vez do pedigree educacional e profissional.

Levar em conta essa mentalidade interempreendedora afeta como essas empresas contratam (procuram diversidade de antecedentes e experiências), criam seus produtos e até como constroem seus valores fundamentais e sua cultura.

Em seu processo de recrutamento, as Empresas Global Class incluem propositalmente os atributos interempreendedores mencionados neste capítulo. A Zendesk recruta intencionalmente funcionários de comunidades carentes, não somente para dar oportunidade a essas pessoas talentosas (muitas das quais têm uma resiliência inerente advinda da superação de obstáculos que aqueles de origens privilegiadas não enfrentam), mas também para assegurar que suas soluções não sejam feitas sob medida para a elite. Formar equipes de Interempreendedores e pessoas com experiências as mais diversas ajuda a integrar empatia ao produto e ao modelo operacional.

MUITAS VEZES NEGLIGENCIADO

As Políticas e As Estruturas da Empresa Podem Cultivar os Interempreendedores

Além de construir culturas empresariais que valorizam o interempreendedorismo, as Empresas Global Class também desenvolvem estruturas e processos para promover talentos interempreendedores.

Chris Murphy, CEO da Thoughtworks, América do Norte, uma consultoria de software com 48 escritórios em 17 países, destaca que as empresas aumentam suas chances de sucesso internacional quando as equipes são intencionalmente globais e multiculturais. As empresas bem-sucedidas lembram-se de monitorar a combinação da equipe de liderança global, conhecer os impulsionadores e o modelo de expansão global da empresa e, com esses elementos em mente, configurar a estratégia de crescimento.

A Thoughtworks procura estabelecer um sistema de rodízio dos membros de sua equipe em vários mercados internacionais para que todos tenham mentalidade empreendedora. Além disso, nos primeiros dias de expansão para um novo país ou território, a empresa normalmente faz com que parte da equipe local seja constituída por pessoas de fora das fronteiras desse país para garantir que uma mentalidade global seja aplicada a todo o trabalho realizado internamente.

Até mesmo as viagens de permanência temporária, de alguns meses, dos funcionários em escritórios internacionais são frutíferas.

Os Interempreendedores são um tipo emergente de líderes empresariais que tem mentalidade global e curiosidade cultural, mantêm uma visão de crescimento nos mercados internacionais e têm habilidades ágeis e intraempreendedoras para tornar realidade as estratégias de expansão.

Agora que demos destaque a *quem* as Empresas Global Class empregam, veremos *o que* elas fazem para escalar com sucesso nos mercados globais.

CAPÍTULO 3 — RESUMO

- Interempreendedores têm mentalidade *global* para interpretar a cultura e a empatia para compreender novos mercados a fim de localizar eficazmente um negócio, uma vantagem fundamental das Empresas Global Class para ter sucesso em mercados internacionais.
- Interempreendedores também têm mentalidade *ágil* para transpor obstáculos de forma resiliente com soluções criativas e mentalidade *empresarial* para manter o apoio e a adesão em organizações complexas e burocráticas na realização de suas tarefas.
- Interempreendedores são catalisadores cuja ação ajuda as empresas a alcançar escala global. Reconhecendo isso, as Empresas Global Class adotam medidas específicas para cultivar os Interempreendedores em suas organizações.

CAPÍTULO 3 — PERGUNTAS DE REFLEXÃO E AÇÃO

1. Quais ações você tomou para desenvolver sua própria mentalidade interempreendedora? Quais são, na prática, as três etapas que você pode seguir agora?
2. Quão preponderante é a mentalidade interempreendedora em sua organização? De que maneira sua organização promove essa mentalidade?
3. De que modo você contrata e cultiva uma equipe (distribuída) de Interempreendedores?

PARTE 2

ESCALA

Crescimento Internacional Eficaz

DADA A NATUREZA diversificada dos negócios globais, há uma maior necessidade de personalização para se conectar com clientes em mercados internacionais. Para lidar com essa situação são necessários elementos estruturantes. As Empresas Global Class passam por um processo de LOCALIZAÇÃO, interpondo uma camada global na metodologia de inovação amplamente utilizada. Para manter o equilíbrio, administram a COMPLEXIDADE e, simultaneamente, constroem elementos estruturantes que operam na entrada e no crescimento do mercado, gerando IMPULSO e escala.

4

ALINHAMENTO

Quatro Compromissos para um Crescimento Global de Sucesso

JOHN BRANDON, COMO vice-presidente Internacional da Apple, correu mundo, enfrentando muitos desafios enquanto reunia equipes em todos os continentes e fusos horários para defender os valores centrais da Apple e trabalhar a favor dos grandes objetivos da empresa de ampliar seu alcance e escala globais. Embora muito bem-sucedida em manter unificados uma marca, uma experiência do cliente e um rol de produtos em todo o mundo, a Apple teve que transitar pelas inúmeras diferenças de cada região em que atua.

Era comum John se deparar com algumas dessas diferenças quando gerenciava suas equipes. Algumas eram mais fáceis de aceitar, como um costume local ou crenças políticas conflitantes, mas outras se chocavam diretamente com os valores da empresa e precisavam ser encaradas de frente.

Ao analisar os resultados financeiros das operações da República Popular da China, John e a equipe do QG descobriram algumas discrepâncias. Uma investigação mostrou que os números haviam sido adulterados para esconder erros decorrentes do mau julgamento do gerente geral local. Este não admitiu a culpa, e sua equipe o apoiou, alegando que os números estavam corretos. Foi um exemplo perfeito de como, na cultura empresarial da China, prioriza-se o respeito pela hierarquia, a preservação da aparência e, em vez da facilidade de acesso, a boa aparência do chefe.

Essa postura ultrapassava os limites tanto em escala como em significado, pois entrava claramente em conflito com a cultura da Apple, que valorizava a integridade e a proteção da empresa e da marca. No final, os valores fundamentais da empresa prevaleceram. Os esforços da Apple para escalar na China quase foram perdidos, e John teve que demitir 75% da equipe local, reformulando-a com pessoas (e em particular contratando um novo gerente geral) que tinham valores que se alinhavam mais à empresa do que às normas locais.

Essa experiência foi útil para John, que decidiu juntar, no futuro, gerentes gerais do mercado local com membros da equipe financeira de outros mercados. Isso criou um Ciclo de Feedback, proporcionando maior visibilidade dentro das operações locais a alguém (com menor inclinação para as normas empresariais locais) de uma cultura empresarial diferente.

Se você não se alinha com os princípios fundamentais (como integridade), corre o risco de fracassar em escala global.

Desenvolver a mentalidade Global Class certa e formar equipes de empreendedores é algo vital para um crescimento global eficaz — porém, ter a equipe e a mentalidade certas não basta.

Para aumentar suas chances de sucesso, as equipes Global Class dedicadas a iniciativas de expansão global precisam se unir em torno de um conjunto de compromissos relacionados à cultura, à formação de equipes, e concentrar a atenção no alinhamento da empresa com seus Interempreendedores.

Alinhar a cultura da empresa e colaborar com o QG na definição de metas permitem que as equipes locais incrementem os negócios em seus mercados. Para apoiar as iniciativas de crescimento global, é imprescindível que a liderança da empresa se comprometa a apoiar as equipes locais. Um rol de promessas acordadas serve de estrela-guia para as tomadas de decisão da equipe local/QG, conforme as ações voltadas ao crescimento internacional enfrentam obstáculos.

O cofundador e CEO do EBANX, João Del Valle, afirmou que tal compromisso deve ser de longo prazo, e não apenas da liderança, mas também do Conselho de Administração. "Tudo tem que ser global", diz ele. "Se você simplesmente enviar alguém para um mercado internacional e o global for a sétima prioridade, será realmente desafiador. Global tem que ser um projeto estratégico de longo prazo." Ele continua: em seu setor "há uma tendência de olhar para o nosso país e perguntar 'como o regulador brasileiro faz isso?', mas lembramos a nós mesmos, a todo momento, de não fazer isso. Somos globais e não nos vemos como uma empresa brasileira se globalizando."

A entrada em mercados globais é um elemento-chave: é nesse ponto que a organização prova se funciona melhor em um mercado único ou se existe aplicabilidade e oportunidade verdadeiramente globais.

De fato, entrar em um mercado global é mais complicado do que a maior parte da expansão doméstica em razão de uma variável extra que as empresas são dispensadas de considerar no processo de entrada e crescimento em um mercado inicial — a cultura. Em seu primeiro lançamento, as empresas são livres para operar de maneira flexível, procurando o modelo certo de maximizar a rentabilidade em um único mercado; não há uma base a partir da qual é necessária uma adaptação, nenhum antecedente ou viés inicial de mercado. Ao se lançar e crescer em novos mercados, as empresas estabelecidas têm seu modelo inicial bem-sucedido ("go-to-market", modelo operacional, cultura e normas) como referência à qual tudo é comparado e que tem o apoio de toda a empresa até agora. A entrada em novos mercados leva as empresas a se afastarem do modelo corrente, exigindo que façam verdadeiros malabarismos com múltiplas formas de fazer as coisas; não existe mais apenas uma maneira *certa* para isso.

Dispor de um conjunto de compromissos dá uma base às Empresas Global Class e direciona a equipe para uma pauta específica de prioridades realmente importantes para um aumento de escala bem-sucedido, ajudando-as a evitar o desperdício de energia em outras possibilidades com taxas de retorno mais baixas. Tais compromissos tornam-se lembretes importantes e o fundamento para uma série de princípios operacionais que delineiam o que ambos, o QG e a equipe de mercado local, precisam para escalar internacionalmente de forma eficaz.

Por terem mentalidades muito diferentes, as equipes locais e do QG podem definir maneiras de agir que correspondam à cultura da empresa, para as equipes do QG, e à cultura local, para aqueles no mercado; podem, também, estabelecer prioridades ocasionais que concorrem entre si. Portanto, um conjunto comum de compromissos e promessas gera a expectativa de que todos os envolvidos nas iniciativas de crescimento global se concentrem em atuar eficazmente para entrar no mercado, localizar e promover o aumento de escala.

Um dos motivos pelos quais esses pactos internos têm que ser feitos é que as equipes locais necessitarão, sem dúvidas, de apoio conforme enfrentam novos e complexos desafios. Elas precisam funcionar como uma startup em um novo mercado (empreendedor); transitar pelos interesses concorrentes no QG (intraempreendedor); e, lógico, adaptar-se para se adequar ao novo mercado e à cultura local (Interempreendedor).

Os compromissos necessitam ser flexíveis o bastante para incentivar a entrada no mercado e, ao mesmo tempo, servir de motor para o crescimento do mercado, em alinhamento com os princípios ágeis.

QUATRO COMPROMISSOS PARA UM CRESCIMENTO GLOBAL DE SUCESSO

Segundo nossa pesquisa, verificamos que há padrões nos compromissos que as empresas de sucesso assumem para garantir um crescimento global eficaz.

Nesses compromissos estava implícita uma priorização fundamental. Ao procurarem crescer, as empresas tendem a olhar três indutores de crescimento: novos produtos, novos canais e novos mercados. Descobrimos que, para realmente ter sucesso no crescimento global, era preciso uma prioridade zero destes últimos, os novos mercados. O foco em novos produtos retira recursos dos novos mercados, e os novos canais se concentram inerentemente no crescimento no mercado inicial.

Além de selecionar novos mercados como principal indutor de crescimento, as Empresas Global Class assumem estes Quatro Compromissos para um Crescimento Global de Sucesso que orientam o seu sucesso:

1. **Alinhamento de Recursos** — Financiamento e membros da equipe do QG focados em apoiar iniciativas de crescimento global
2. **Confiança e Autonomia** — Liberdade para as equipes locais procurarem a adequação empresa/mercado e reconhecer a complexidade adicional
3. **Comunicação e Clareza** — Canais eficazes de comunicação estabelecidos e mantidos entre o QG e as equipes locais
4. **Metodologia Ágil Global** — Aplicação contínua de princípios ágeis pelas equipes locais e pelo QG (em parceria) que adapta o negócio em função das diferenças nos mercados locais

Esses Quatro Compromissos devem ser respeitados, para entrar eficazmente no mercado ou expandi-lo. Eles oxigenam os esforços de crescimento global; sem eles, as iniciativas têm uma probabilidade muito maior de fracassar.

Alinhamento de Recursos

Para obterem êxito, as empresas devem dedicar recursos a iniciativas de crescimento global. Nisso estão incluídos o financiamento para formar pessoal e a abundância de capital para as estratégias de marketing. Também seria possível incluir o foco da equipe executiva, os recursos funcionais do QG ou o apoio para uma parceria em particular. De novo: a adesão da liderança ao crescimento internacional é vital para o sucesso, e a manifestação dessa adesão são os recursos comprometidos com aquelas iniciativas.

Muitas histórias de fracassos no crescimento internacional têm como denominador comum a inadequação de recursos e foco. As empresas podem enviar um executivo do QG ou fazer novas contratações na esperança de ver resultados em 6 a 9 meses, mas apenas descobrem que, a essa altura, há mais perguntas do que respostas. A equipe executiva, então, analisa o atual comportamento do negócio nos mercados existentes, percebe como mais investimento terá resultados lucrativos mais previsíveis e decide que aquilo "não era para ser assim".

O QG tem que se comprometer por inteiro com o crescimento global (antes e depois da validação de um novo mercado) para ter sucesso. Precisa estar disposto a se sentir desconfortável (e a perder dinheiro) por 2 ou 3 anos antes de ver até mesmo uma leve taxa de retorno ou sinal de deslanche. É essencial manter o rumo e dedicar recursos e foco suficientes para levar a iniciativa do princípio ao fim.

MUITAS VEZES NEGLIGENCIADO

Alocação de Recursos Eficaz

A chave para o alinhamento dos recursos da expansão internacional é muitas vezes mal compreendida. Em vez de se ater ao montante total destinado às iniciativas de crescimento global, a consideração mais importante é a maneira como os recursos são alocados ao longo do tempo. O importante é que a tais iniciativas sejam disponibilizados recursos para um período plurianual, e não somente para alguns meses antes e depois do lançamento. Ramsey Pryor, ex-head de Expansão Internacional e Vendas da Branch Metrics e fundador da Port of Entry Partners, sugere que desbloquear recursos quando as equipes locais alcançam marcos pode ser uma estratégia eficaz para capacitá-las. Ele assinala que, além dos marcos de receita, a formação de um banco de prospectos [consumidores com real interesse em comprar] forte, a garantia da aprovação do governo local ou o estabelecimento de parcerias locais importantes poderiam servir como marcos que liberam recursos adicionais.

Para auxiliar na estimativa do nível de compromisso financeiro necessário para uma nova iniciativa, desenvolvemos uma Fórmula do Custo Total de Entrada [TCE, na sigla em inglês], semelhante à equação do "custo total de propriedade" que muitas empresas utilizam na venda de seus produtos. A Fórmula TCE será mais detalhada no Capítulo 6.

Entretanto, convém ressaltar que essas estimativas podem ser mais arte do que ciência. Pode ser preciso dobrar ou até triplicar (em tempo e dinheiro) o custo para entrar em um mercado, alcançar o ponto de equilíbrio e reembolsar os investimentos originais; as incógnitas são muitas.

Kathryn Hymes, ex-head de Expansão Internacional de Produtos, explica: "É realmente tentador, com o crescimento internacional, pensar que você pode obter cálculos exatos para tudo, atribuindo um número ao impacto potencial de um investimento. Sem contar a imprecisão, isso cria uma falsa sensação de segurança. Os números podem enganar. Não deixe de conversar sobre dados. O mais importante é determinar se as coisas estão certas do ponto de vista estratégico. Os dados informam, mas não podem resolver."

Na questão dos recursos comprometidos, um complemento importante é definir métricas de desempenho claras que sejam aplicadas nas coisas certas. Métricas assim representam uma forte determinação de quais são os objetivos e o foco da equipe local e de que maneira os resultados serão mensurados. Além disso, a resposta não é que o QG forneça às equipes locais tudo o que elas solicitam. Ao contrário, os recursos adicionais necessitam estar diretamente vinculados a marcos.

Chang Wen Lai, cofundador e CEO da Ninja Van, o maior provedor de logística expressa com tecnologia do Sudeste Asiático, vale-se de uma analogia com o alpinismo para articular sua visão a respeito do compromisso de recursos do QG. Ele explica que o QG tem a responsabilidade de indicar à equipe local a montanha certa para escalar, mas lhe deixa o livre-arbítrio de seguir o caminho que ela desejar. Ao mesmo tempo, supre a equipe com a quantidade certa de alimento (financiamento) para a jornada — não demais, para evitar que ela comece a escalar outras montanhas (perder o foco), mas o suficiente para escalar a montanha que o QG determina como fundamental.

MUITAS VEZES NEGLIGENCIADO

Não Lance e Largue da Mão; Construa Modelos Sustentáveis

A expansão global de um negócio não consiste apenas em entrar em um país e esperar pelo melhor. Isso requer um compromisso de longo prazo. Como explica Kathryn Hymes, as empresas são naturalmente tentadas a deixar o lançamento por conta própria tão logo o fazem, diminuindo seu foco. Antes de encontrarem um modelo de crescimento sustentável, passam a procurar novos mercados atrás de oportunidades de crescimento adicionais. Embora esse apetite seja saudável para qualquer empresa que tenha aspirações globais, é importante que o QG permaneça atento à crescente presença local para garantir que ela se compatibilize com as características daquele mercado. Na estratégia de entrada, é necessário que estejam contempladas a sustentabilidade e a escalabilidade, e a alocação de recursos deve proporcionar um investimento sustentado em uma nova região; do contrário, estará aberto o caminho para o fracasso.

Por que esse compromisso é importante: os recursos que você gasta são uma manifestação de seu compromisso e foco em iniciativas de crescimento global. Em vez de se fixar em um montante, concentre-se no alinhamento e em como os recursos podem ser liberados ao longo do tempo, à medida que as equipes locais alcançam as metas e satisfazem as principais métricas. Sem recursos amplos e uma forte adesão à expansão internacional, as chances de fracasso são maiores. Não é tarefa fácil lançar-se em um novo mercado tal como está (em alguns aspectos, assemelha-se a iniciar uma empresa inteiramente nova). E fica exponencialmente *mais* difícil sem o envolvimento da equipe executiva, o comprometimento das pessoas no local, o amplo financiamento ou a dedicação do QG para remover os obstáculos.

A Oracle, por exemplo, não conseguiu que um de seus produtos de marketing deslanchasse de modo generalizado na China porque a liderança não se comprometeu a destinar recursos amplos nem definiu o nível certo de foco para o mercado. Embora crucial, a equipe não investiu em tradução de idiomas, nem a Oracle se integrou ao WeChat, plataforma essencial e amplamente utilizada por clientes no mercado chinês.

Em relação às métricas, todas as partes precisam concordar com as regras do jogo e em como medir o desempenho. Isso não significa que o QG dita tudo de um pedestal lá no alto; em vez disso, trata-se de um esforço coletivo no qual a equipe do mercado local também determina o que está sendo medido.

As métricas de desempenho variam conforme a empresa, mas, no início, durante a entrada no mercado, as métricas corretas não estão meramente relacionadas à receita e à lucratividade. Encontrar a adequação produto/mercado, estabelecer parcerias importantes e formar relações governamentais, por exemplo, são mais relevantes e aplicáveis para estabelecer as bases para aumentar a escala. Ao longo do crescimento do mercado, isso faz a transição para métricas de lucratividade mais tradicionais e para obter a adequação empresa/mercado.

No decorrer deste capítulo apresentamos os "Caminhos para o Sucesso", considerações vitais para a adoção de cada compromisso.

Para ter êxito no alinhamento entre o QG e a equipe de liderança do mercado local na questão dos recursos necessários, eis uma série de etapas para colocá-lo no caminho do sucesso:

Caminhos para o Sucesso

- Determine o tempo necessário para explorar o mercado e começar a deslanchar. Comprometa-se a longo prazo, 2 a 3 anos ou mais. Sempre leva mais tempo do que você pensa.
- Estime os recursos necessários para ser bem-sucedido. Isso se aplica tanto ao QG quanto ao mercado.
- Calcule o custo total de entrada e vincule-o à taxa de retorno futura. Crie um "buffer" [área temporária de memória] e lembre-se sempre de considerar o custo como investimento, definindo a taxa de retorno estimada.
- Garanta visibilidade executiva e check-ins/status/atualizações para mostrar o processo e assegurar a dedicação contínua de recursos.
- Defina métricas realistas e simples. Selecione no máximo três métricas principais, estabelecidas em conjunto pelo QG e pela equipe local.

Quando ambos os lados estão envolvidos, ficam mais engajados e comprometidos.

- Mantenha-se iterativo e ágil conforme aprende mais sobre o mercado e os negócios no escritório local amadurecem. No início, as métricas são mais qualitativas, alinhadas com a adequação empresa/mercado, depois, em estágios posteriores, ocupam-se com a lucratividade. À medida que os fatos mudam, as métricas da empresa devem adequar-se a eles.
- Personalize as metas e as métricas de cada mercado para ir ao encontro das oportunidades e das complexidades típicas dele.

Confiança e Autonomia

Entre outros maiores desafios que suas equipes enfrentarão no processo de expansão, um deles é equilibrar o desejo de replicar a magia que levou ao crescimento no mercado inicial e à necessidade de permitir que as equipes locais tracem sua própria trajetória e personalizem o negócio para o novo mercado.

Esse compromisso envolve dar apoio fundamental e criar um sentimento mútuo de confiança entre o QG e a equipe local, mantendo ao mesmo tempo o nível de autonomia adequado. As equipes locais precisam dispor de autonomia para adaptar o negócio e encontrar a adequação empresa/mercado do novo país, e o QG necessita confiar no comprometimento delas à tal tarefa. Ao mesmo tempo, a equipe local necessita confiar na presença do QG para apoiá-la, ajudá-la a resolver problemas e dar orientação nos desafios.

Por que esse compromisso é importante: Tiffany Stevenson, diretora de RH do Patreon e ex-diretora de Talentos e Inclusão da Officer at Box, colocou essa questão: "A autonomia permite que a escala aconteça." Há muitas pesquisas que mostram as virtudes da confiança dentro das organizações, por isso não nos estenderemos muito no assunto, mas a autonomia é igualmente vital.

Não é possível que o QG tome todas as decisões de longe, nem é possível que tais decisões estejam sempre corretas sem conhecer em primeira mão o que ocorre no mercado local. É aqui que entra a confiança. O QG revela confiança ao conceder autonomia à equipe local, e esta a utiliza para tomar as decisões corretas que aumentarão a probabilidade de sucesso em elevar a escala do novo mercado. Confiança e autonomia devem permear todos os aspectos das operações locais, desde a localização do negócio para o novo mercado até a contratação e assim por diante. Note que a confiança vem em primeiro lugar, pois a equipe local precisa conquistar e manter a confiança do QG para manter a autonomia.

Os valores fundamentais são um fator importante para focar a equipe e canalizar esforços, não desconsiderar a cultura local e fazer com que não seja adotado como único caminho o "jeito da empresa". Foi o que a equipe Rakuten descobriu ao se expandir para o exterior. Seguindo uma estratégia de aquisição, a Rakuten, uma empresa de comércio eletrônico com sede no Japão, comprou uma empresa na Europa e iniciou as operações insistindo que o estilo Rakuten era o melhor e único caminho para o sucesso. Não houve, vindo dela, nenhum aceno ao propósito de construir confiança ou buscar meios de capitalizar o conhecimento do mercado local da equipe adquirida a fim de impulsionar os negócios no país. O QG não abriu canais para a equipe local influenciar a estratégia local de entrada no mercado compartilhando insights importantes; em vez disso, concentrou a equipe na rapidez e na execução do plano preestabelecido. Tal postura prejudicou o crescimento até que a empresa se adaptou, passando a tirar aprendizados importantes de clientes e funcionários locais para se localizar no mercado.

No processo de adaptação, Seichu Masatada Kobayashi, cofundador da Rakuten e head regional na época (agora diretor de Bem-estar), reuniu-se pessoalmente com a equipe local e lhes pediu que anotassem todos os valores fundamentais da antiga empresa; ele, por sua vez, colocou os valores fundamentais da Rakuten em um pôster. Comparando as duas relações, eles discutiram as semelhanças entre os valores, mostrando como estavam interligados. A comunicação do cruzamento entre a cultura empresarial local e a cultura empresarial da Rakuten propiciou melhores resultados e levou à melhoria do moral no escritório. A equipe local começou a ganhar impulso e alcançar maior penetração no mercado quando o QG construiu confiança com ela após garantir o alinhamento dos valores centrais.

Encontrar o nível certo de autonomia das equipes locais ajuda o QG a administrar uma presença global crescente, pois amplia os esforços de expansão, desde a fase de entrada no mercado até a do crescimento do mercado. Se uma equipe local tiver liberdade para adaptar o negócio e encontrar o modelo certo para o mercado, terá mais sucesso e mais rápido. Scott Coleman, ex-Pinterest e Google, ressalta que há um grande porém: as equipes locais não precisam reinventar a roda. As ferramentas que acompanham o *alinhamento de recursos*, como um Manual de Crescimento Global e vários processos (mais no Capítulo 7), podem ajudar a orientar a equipe no sentido de evitar a complexidade desnecessária ou gastar um tempo precioso em atividades cujo impacto na busca de impulso e dimensionamento seja menor.

Ao mesmo tempo, Scott é o primeiro a salientar que as equipes locais devem ser capazes de implementar iniciativas de pequena escala com rapidez. O QG deve encontrar um meio equilibrado de proporcionar as ferramentas para que as equipes locais implementem as melhores práticas previamente aprendidas, enquanto concede autonomia e instila um senso de capacitação nelas para que tomem medidas rápidas para adaptar o negócio e ter sucesso no novo mercado.

O outro lado da autonomia é a burocracia, que pode ser frustrante para as equipes locais. É difícil permanecer tão flexível quanto uma startup enquanto se busca o modelo certo, e adicionar a essa situação processos demorados não ajuda em nada a chegar lá. Vimos esse desafio organizacional burocrático ao trabalhar com os escritórios locais de clientes japoneses sobrecarregados pela lentidão de procedimentos administrativos, de modo que tivessem pouco tempo para se envolver e interagir com o mercado que lhes pediram para liderar. A burocracia organizacional impede que qualquer equipe focada no crescimento global seja bem-sucedida, e a microgestão muitas vezes pode levar as equipes a se concentrar nas coisas erradas.

Capacitar as pessoas é da maior importância. A confiança e a autonomia cultivam o empoderamento que leva os novos mercados a deslanchar. As equipes do mercado local precisam da capacidade (e dos recursos) para tomar decisões sem precisar obter aprovação para cada pequena coisa (nem o QG quer tomar essas decisões menores). O QG precisa confiar nessas decisões. Promover a confiança começa pela contratação das pessoas certas no mercado local e no QG (Interempreendedores).

A Curva de Autonomia

Um elemento estruturante útil para gerir o equilíbrio entre autonomia e controle em cada fase do processo é a Curva de Autonomia. Embora existam nuanças que afetarão o grau de autonomia, a curva, dependendo do setor e da cultura da empresa (entre outros fatores), pode orientar direcionalmente o quanto de autonomia conceder às equipes locais em cada estágio da expansão global. A Curva de Autonomia divide a escala global em três níveis: entrada no mercado, crescimento no mercado e maturidade do mercado, cada um tendo seu próprio grau de autonomia. Cada mercado local percorre a Curva de Autonomia de forma independente, pois é provável que cada um esteja em um ponto diferente de entrada ou crescimento. Portanto, múltiplas regiões não são necessariamente avaliadas em conjunto, ainda que o QG possa considerar, provavelmente, a escalabilidade de seus esforços entre as regiões durante o crescimento do mercado pelas razões descritas a seguir.

Estágios de Expansão Definidos

Há três estágios distintos na entrada em mercados internacionais, cada um marcado por seu objetivo central.

- **Entrada no Mercado** — Esta fase inclui o planejamento pré-lançamento e o lançamento no novo mercado até que a adequação produto/

mercado seja obtida, na qual a equipe valida a versão localizada de como operar o negócio no país e o "go-to-market", provando que o modelo de negócios é lucrativo e escalável.

- **Crescimento de Mercado** — Esta fase se concentra na geração de impulso e escala para formar uma presença global e operar o negócio sem criar demasiada complexidade na maneira como o negócio funciona além-fronteiras. Durante esse período, as empresas se esforçam para alcançar, e alcançam, a adequação empresa/mercado.
- **Maturidade de Mercado** — Nesta fase, o foco das empresas está em penetrar ainda mais em um mercado local existente. Muitas vezes, durante os estágios de entrada e crescimento no mercado, a empresa não consegue uma participação mais significativa nem captura todo o potencial do mercado. O objetivo é obter uma participação de mercado mais dominante por intermédio de maior localização e expansão das melhores práticas para outros mercados.

Ao longo do processo de entrada no mercado, a autonomia é o oxigênio que permite que a equipe local concentre seu fôlego na descoberta do modelo certo para encontrar a adequação mercado/produto localmente. É neste ponto que a autonomia deve atingir seu nível mais elevado (embora nunca a 100%, em virtude da necessidade de alinhamento). Se o QG não se sente confortável em conceder essa autonomia, é provável que isso seja um indicador de que falta confiança na equipe local, que a organização não está pronta para a expansão ou, ainda, que a mentalidade Global Class não foi internalizada.

No período de crescimento do mercado, a autonomia diminui (mas note que nunca desce para um nível completo de comando e controle porque o QG ainda quer aproveitar o conhecimento do mercado da equipe local).

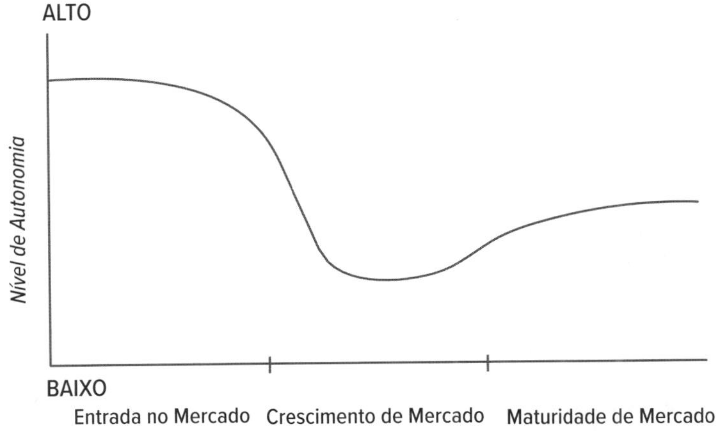

Essa redução na autonomia deve-se mais a uma presença global em vários países do que a um mercado individual. O foco da organização durante esse estágio é gerenciar a complexidade e controlar a quantidade de localização que está sendo feita. A essa altura, a organização tem de considerar a dinâmica e a escala multinacionais, e não a adequação individual ao mercado, motivo pelo qual é aqui que processos e estruturas adicionais podem ser aplicados para promover tal dinâmica. Por sua própria natureza, esses processos criarão barreiras de proteção e reduzirão a autonomia.

Durante a maturidade do mercado, a autonomia volta a aumentar. Provavelmente não atinge o mesmo nível do período de entrada porque as equipes estão utilizando as estruturas e as padronizações adotadas quando o mercado está crescendo, mas deve ser concedida autonomia adicional para que a equipe local possa obter ainda maior penetração no mercado. Na fase de entrada no mercado, as empresas normalmente penetram apenas nas camadas iniciais do potencial de mercado; quando atingem a maturidade de mercado, a organização pode lograr uma posição mais dominante mediante um trabalho de localização mais profundo (como a personalização do produto).

Ainda que de forma não intencional, a Gympass percorreu a Curva de Autonomia em sua jornada de crescimento global. A empresa concedeu grande autonomia às equipes locais ao longo da entrada no mercado, porém, conforme se expandia para mais países, surgiram problemas, pois a empresa se comportava de formas muito diferentes em cada mercado. A liderança se deu conta de que a empresa não poderia escalar se mantivesse aquele nível de autonomia em cada mercado local; então, centralizaram uma série de funções, facilitando a escala global e obtendo sucesso suficiente nos mercados locais para que a empresa tivesse recursos para penetrar ainda mais em cada mercado na fase de maturidade. Ter a Curva de Autonomia em mente e planejar com intenção dará maior rapidez ao crescimento e o ajudará a gerenciar proativamente o processo de expansão, em vez de aprender da maneira mais difícil, como fez a Gympass.

Paralelamente, a estratégia e os principais indicadores de desempenho (KPIs) seguem um caminho semelhante. Durante a entrada no mercado, os KPIs e a estratégia precisam ser bastante personalizados para a área, e não comparados com mercados maduros, pois as peculiaridades do mercado local, as localizações necessárias e o caminho para a adequação empresa/mercado podem variar. No estágio de crescimento, os KPIs e a estratégia tornam-se mais alinhados com o QG e outras regiões em estágio similar (tal como a estratégia, embora em menor grau). Finalmente, na maturidade de mercado, alguns KPIs e estratégias ficam mais localizados para se alinharem com o objetivo de uma penetração mais profunda no mercado, todos apoiados pelos processos organizacionais que cultivam o impulso construídos durante o crescimento de mercado.

Caminhos para o Sucesso

- Construa relacionamentos fortes entre o QG e a equipe local.
- Dê autonomia à equipe local para descobrir o modelo exclusivo de sucesso para aquele mercado.
- Obtenha uma cultura de confiança por meio da comunicação aberta. Compartilhe sucessos e fracassos, com as respectivas lições aprendidas.
- Estabeleça processos que deem ao QG algum nível de visibilidade e influência nas operações locais, sem impedir a busca pelo desenvolvimento da empresa no mercado e pela localização necessária.
- Garanta que as equipes locais internalizem a cultura e os valores fundamentais da empresa e que o QG compreenda a cultura ímpar e a dinâmica do mercado local.
- Equilibre as prioridades, permitindo que o nível de autonomia mude ao longo do tempo. Deixe a equipe local definir a adequação empresa/mercado naquele mercado em particular, mas crie processos e normas culturais que deem condições ao QG de administrar a empresa e escalar em muitos mercados. Utilize a Curva de Autonomia para encontrar o equilíbrio certo no estágio certo de expansão.

Comunicação e Clareza

Se a confiança e a autonomia são o combustível para o negócio ganhar impulso em novos mercados, os canais de comunicação são as estradas que a equipe utiliza para chegar lá. Clareza é a sinalização que orienta a jornada.

Tal como qualquer ambiente de equipe, a comunicação eficaz é fundamental para o sucesso das equipes globais. Em face das barreiras culturais e da linguagem, a comunicação é ainda mais vital em uma empresa global do que em uma empresa que atue apenas nacionalmente. Empresas Global Class desenvolvem uma rede de comunicação cuja estrutura lembra a de um cérebro, com interconexões infinitas, em vez de um modelo centralizado a partir do QG. Equipes locais e pessoas de todas as funções podem se conectar, compartilhar práticas recomendadas e apoiar-se mutuamente.

Ao operar uma equipe distribuída internacionalmente, as Empresas Global Class levam em devida consideração as diferenças no estilo de comunicação decorrentes da cultura empresarial local. Em muitos países asiáticos, por exemplo, a hierarquia é altamente valorizada, e discordar de seu superior é visto como insubordinação. Já a cultura empresarial escandinava valoriza muito a franqueza. Canais e práticas de comunicação eficazes ajudam a transitar por essas nuanças culturais para garantir que todos possam se comunicar de maneira apropriada.

As Empresas Global Class estabelecem fortes canais de comunicação entre o QG e as equipes locais. O QG usa esses canais para definir expectativas, confirmar o alinhamento com valores e metas centrais e medir o progresso com as equipes locais. A Global Class também assegura a mão dupla desses canais de comunicação, o que permite ao QG reunir inteligência de mercado para ajudar no planejamento de negócios, na alocação de recursos, na descoberta da localização necessária e na remoção de obstáculos para as equipes locais. Nós nos referimos a esses canais de comunicação bidirecional como Ciclos de Respostas [em inglês, "Loops Feedback"] (mais detalhes neste e nos capítulos posteriores).

Para as Empresas Global Class, os canais de comunicação, ao serem utilizados, precisam estar abertos a todos da equipe, possibilitando que pessoas em fusos horários diferentes participem da conversa. Essas empresas entendem que os canais de comunicação eficazes são um grande equalizador para que todos os componentes da equipe tenham voz e nenhuma equipe ou pessoa tenha uma influência fora do comum em função da proximidade geográfica.

As Empresas Global Class percebem que a implementação de ferramentas de comunicação eficazes é somente parte do processo, e é preciso que sejam elaboradas estruturas e definidos processos para garantir uma comunicação eficaz. No Slack, o gerente geral da Coreia do Sul conectou-se com sua contraparte do Japão, sabendo que a operação da empresa na Coreia do Sul seria beneficiada por todo o conhecimento acumulado a partir do lançamento no Japão. Essas conexões entre equipes possibilitaram à equipe da Coreia do Sul dispor de informações relevantes de outro país da região. Conhecer o nível de investimento necessário no Japão e o crescimento subsequente foi extremamente valioso no planejamento da entrada no mercado da Coreia do Sul.

Transparência é a melhor maneira de obter clareza. Nas Empresas Global Class, as atividades são transparentes — nas tomadas de decisão, na elaboração de manuais e na partilha de melhores práticas, no acompanhamento e na avaliação do progresso.

Os Ciclos de Respostas são excelentes para promover comunicação e clareza.

Ciclos de Respostas

A transparência e o conhecimento compartilhado derivados de uma comunicação de mão dupla eficaz dão fluidez ao relacionamento profissional entre o QG e as equipes locais, economizando tempo e capacitando todos os envolvidos.

A melhor maneira de ter canais de comunicação eficazes entre o QG e as equipes locais é estabelecendo Ciclos de Respostas. Tais feedbacks são linhas de comunicação cuja instalação viabiliza uma troca transparente e multidirecional de ideias e informações, funcionando como um lubrificante que azeita as engrenagens da empresa — seus processos internos — a se moverem mais rapidamente e ganharem impulso.

Os Ciclos de Respostas permitem que as equipes locais e o QG compartilhem inteligência de mercado e solucionem problemas. Quando trabalham de forma eficaz, as equipes locais compartilham lições e observações do mercado local para ajudar a equipe do QG e a liderança executiva a determinar a localização necessária e a compreender o progresso no sentido de ganhar impulso e obter a adequação empresa/mercado no novo mercado. Igualmente importante, a equipe do QG pode traduzir os valores fundamentais para a equipe local e se certificar de que a cultura da empresa seja internalizada. A equipe do QG partilha as melhores práticas com a equipe local e busca condutas eficientes, ampliando as inovações mais eficazes ao constatar padrões em vários mercados.

Esse posicionamento é importante em Empresas Global Class como o Slack. Como explicou Dawn Sharifan, seu vice-presidente sênior de RH, a empresa estabeleceu processos destinados a fazer com que as equipes locais e o QG "falassem a mesma língua". Primeiro, a empresa garante que há inúmeras fontes para acompanhar o envolvimento dos funcionários do mercado local e a adesão aos valores centrais. Se há apenas uma pessoa interagindo com o QG (o que naturalmente pode acontecer se o líder do mercado local estiver agindo como intermediário), isso pode distorcer o que de fato acontece no mercado local.

O Slack facilita esse alinhamento ao manter em cada escritório local membros da equipe de algumas funções-chaves, no caso, RH e Jurídico. Além disso, o Slack tem um "programa de embaixadores culturais", em que cerca de três a cinco pessoas não vinculadas ao RH em cada escritório local têm uma conexão direta com o QG, podendo compartilhar regularmente a quantas anda o clima no ambiente de trabalho, bem como os últimos acontecimentos.

Os Ciclos de Respostas são mecanismos importantes para gerenciar a comunicação. No entanto, ficar na criação dessas estruturas não basta. Jennifer Cornelius, diretora de RH da Ritual e ex-diretora de Design Organizacional da Divisão de Varejo da Apple, compartilhou as melhores práticas de identificação de brechas e criação de soluções, respondendo explicitamente à pergunta: o que acontece dentro e fora do Ciclo de Respostas?

Na melhor das hipóteses, a implantação eficaz dos Ciclos de Respostas não implica na manutenção de um controle mais rígido do QG sobre o que as equipes locais fazem. Em vez disso, ela se manifesta, em relação às equipes locais, na capacitação para compartilhar insights e melhores práticas e, no QG, na condição de implementar as melhores práticas com uma visão global em outros mercados ao redor do mundo. Os Ciclos de Respostas ajudam as Empresas Global

Class a coletar insights e feedback em toda a organização, tanto nacional quanto internacionalmente.

Oferecer algum nível de autonomia à equipe local é importante, mas os Ciclos de Respostas criam um vínculo e sistema de comunicação fortes para que as equipes locais garantam que não estão reinventando a roda ou ficando sozinhas para resolver um problema, tirando-lhes o foco de encontrar a adequação empresa/mercado, aumentar a base de clientes e escalar operações.

O uso eficaz dos Ciclos de Respostas também é um antídoto contra a complexidade. A implementação eficaz de canais de comunicação bidirecionais reduz os prêmios [custos] da localização, o "go-to-market" e as complexidades operacionais (ao lado do Prêmio Organizacional em particular, todos os prêmios serão definidos e discutidos no Capítulo 6) ao entrar em novos mercados e expandir.

A gestão da Gympass ajuda a controlar a complexidade e assegura fortes Ciclos de Respostas com um sistema de reuniões municipais globais e locais. As prefeituras globais são principalmente informativas. A liderança da empresa (normalmente o CEO Cesar Carvalho) compartilha as prioridades da empresa, as atualizações do desempenho, a direção estratégica e as atualizações sobre os marcos alcançados pela empresa. Além disso, dedicam tempo para lembrar e reforçar a cultura e os valores centrais da empresa, destacando exemplos significativos de cada um e enaltecendo as pessoas que melhor apoiam esses valores.

Já as prefeituras locais dão maior atenção aos desafios em seu entorno. Elas têm como líder o head de Operações Comerciais no mercado local e se concentram no reconhecimento das conquistas locais, na revisão das metas locais e em organizar um fórum para os funcionários enviarem perguntas que tratem das questões de maior importância. Em cada reunião ambas as opções, presencial e online, eram disponibilizadas para viabilizar a participação de funcionários que estivessem distantes dos escritórios locais.

Ademais, a Gympass realiza reuniões regionais duas vezes por ano, uma na Europa e outra nos EUA ou na América Latina, nas quais as equipes funcionais, juntas, discutem desafios e compartilham as melhores práticas, ajudando-se mutuamente e deixando a porta aberta para a identificação de problemas e a colaboração entre as regiões. Esses encontros também facilitaram a conexão das equipes regionais. Tais reuniões regionais auxiliaram o QG a identificar se uma melhor prática era aplicável e transferível para outras regiões. Isso também levou a liderança da empresa a criar uma equipe de melhores práticas que se reporta ao CEO da empresa, promovendo uma estratégia de crescimento global mais direta e um caminho para o aumento de escala.

Em essência, os Ciclos de Respostas têm mais a ver com um intercâmbio entre iguais que conduz a novos insights; é um catalisador para o avanço, oposto a um mecanismo de comando e controle do QG. Isso significa estar aberto a mudanças e não se restringir à maneira como as coisas são feitas no QG. Como afirma Mark Parry, da equipe de estratégia e operações internacionais do Zoom, o modo de proceder de uma Empresa Global Class é remover os obstáculos encontrados nos sistemas/processos estabelecidos, bem como quaisquer vieses culturais (evidentes e dissimulados), a fim de sancionar a narrativa certa para a mudança. Idealmente, quando os sistemas/processos estabelecidos são atualizados ou substituídos, a empresa mantém uma mentalidade global tanto no design quanto no planejamento.

A comunicação de mão dupla eficaz também evidencia desequilíbrios, como a inclinação inerente e inconsciente em direção ao QG ou a inclinação da localização para os mercados locais, que estão entre as principais razões para os esforços de expansão internacional fracassarem.

Os Ciclos de Respostas não devem ocorrer apenas entre o QG e as equipes locais, mas também entre uma equipe local e outra, e até mesmo dentro de uma única equipe local. Estes últimos nós os denominamos "pequenos ciclos", ou seja, Ciclos de Respostas que acontecem entre os membros de uma equipe individual do mercado local. Esses canais de comunicação são importantes porque muitas vezes representam o lugar onde se dá o diálogo sobre quais elementos do negócio precisam ser adaptados ao novo mercado e o que não precisa ser personalizado. É também onde os insights sobre o mercado local e as inovações são descobertas e validadas antes de serem compartilhadas com o QG por meio de Ciclos de Respostas maiores. É importante que esses pequenos ciclos mantenham um equilíbrio entre as perspectivas da empresa e a local.

Por que esse compromisso é importante: se a equipe local não souber comunicar quais mudanças são necessárias em função do que aprenderam com a experiência em primeira mão no mercado local, então o QG não dará seu apoio à adaptação e, portanto, não lhe dedicará recursos. Sem linhas de comunicação abertas, o QG (e outras regiões onde houve lançamentos) não será capaz de ajudar as equipes locais a superar obstáculos, algo anteriormente conquistado em outros mercados locais, ou garantir o alinhamento; e a equipe, por seu turno, não alcançará a adequação empresa/mercado.

Como disse o ex-executivo da Flexport Jan van Casteren: "Esta é outra situação em que a regra 80/20 se aplica: 80% do modelo da empresa funcionam em uma nova área e 20% precisam ser calculados por intermédio de iteração." Trata-se de uma construção codificada no manual de lançamento da Uber, ao qual faremos referência no Capítulo 7. Aproveitar uma mente industrial coletiva (o acúmulo de experiências e lições aprendidas de toda a equipe) dentro da empresa é essencial para calcular esses 20%. O meio para criar essa mente coletiva é a comunicação eficaz.

Além de dar sustentação aos valores fundamentais da Apple, conforme descrito no início deste capítulo, John Brandon também criou uma mente coletiva entre a equipe internacional da Apple mediante a comunicação de um conjunto de dez regras ("Regras para o Sucesso de JB"). Para ter certeza de que essas regras fossem compreendidas e guardadas na mente, os gerentes da sua organização imprimiram, de modo espontâneo, um cartão plastificado para os funcionários com a lista das regras, o qual poderia ser anexado aos crachás da empresa. Internamente, tais princípios eram tão conhecidos e seguidos que um ex-funcionário da Apple os compartilhou online com orgulho, afirmando sobre John: "Ele realmente parecia viver de acordo com essas regras e fez toda a organização parecer verdadeiramente especial, mesmo quando a Apple ainda estava rodeada de problemas." Esse tipo de clareza e comunicação em torno dos princípios fundamentais é importante para garantir o alinhamento global.

Caminhos para o Sucesso

- Designe embaixadores de equipes locais para se inteirar do que está acontecendo no mercado. Eles deveriam ser funcionários, e não membros da equipe de executivos local, para obter um conjunto mais diversificado de opiniões, sem intermediários.
- Estabeleça canais e plataformas de comunicação adequados (estruturas e processos).
- Assegure-se de que os Ciclos de Respostas estejam configurados para iterações rápidas.
- Proteja a comunicação de mão dupla. Supere qualquer aversão da cultura empresarial local à transparência e compartilhe as falhas, ao mesmo tempo garantindo que a equipe local esteja informada sobre questões relevantes.
- Estabeleça uma estrutura e uma regularidade de relatórios para que todas as partes estejam a par do progresso.

Metodologia Ágil Global

O quarto e, sem dúvidas, mais importante compromisso que as Empresas Global Class assumem ao se expandir globalmente é continuar a aproveitar a metodologia ágil para obter a adequação empresa/mercado e a escala em novos mercados internacionais.

As Empresas Global Class sabem que é raro um produto ou um modelo operacional funcionar da mesma maneira em todas as geografias; há muita diversidade no mundo. Estão cientes de que não convém forçar o caminho da empresa e insistir que os mercados locais sejam como satélites que orbitam ao redor delas. Essas empresas veem seu modelo corrente, que foi validado em seu mercado inicial, como um conjunto de hipóteses a serem testadas e iteradas, entendendo que serão necessárias alterações para ganhar impulso e obter escala.

Ademais, como qualquer empresa que validou seu modelo em um mercado inicial, as Empresas Global Class sabem que podem não acertar logo de primeira e que o fracasso faz parte do caminho para o sucesso.

Uma versão do processo ágil cujo foco é internacional se constitui no principal fator da tarefa de localização (detalhes no próximo capítulo). É importante, ao longo da entrada no mercado, nas iterações iniciais rumo à adequação produto/mercado e para o crescimento do mercado, otimizar as operações para gerar impulso e escala na busca da adequação empresa/mercado.

Essa mentalidade concisa influencia vários aspectos da organização, desde o desenvolvimento de produtos até a equipe local. Troy Malone falou de uma "equipe minimamente viável", um pequeno grupo de Interempreendedores determinados, eficazes em impulsionar um novo mercado. Kathryn Hymes fala sobre a propensão pela pequena escala e configurar processos que não necessariamente funcionarão em uma área maior ou com um volume maior de clientes, mas que são vitais para validar um novo mercado local desde o início. Depois de obter a adequação produto/mercado no novo mercado, o foco do ágil muda para encontrar a adequação empresa/mercado, escalar e otimizar o "go-to-market" e os modelos operacionais.

Por que esse compromisso é importante: as empresas em processo de crescimento têm, com frequência, recursos finitos e um número limitado de coisas nas quais precisam se concentrar. A metodologia ágil pode ajudar, limitando a quantidade de recursos gastos durante a validação, reservando-os para o aumento de escala assim que a adequação empresa/mercado for alcançada.

Além disso, muitas empresas têm a tendência de começar a abandonar os princípios ágeis tão logo seu negócio foi validado em um mercado inicial. Isso ocorre porque muitas das questões centrais sobre o negócio foram respondidas: quem são nossos clientes? Qual é nossa estratégia de "go-to-market"? E outras do tipo. E mais: à medida que as organizações crescem, as pessoas com maior conhecimento funcional superam as que fizeram parte do processo inicial de desenvolvimento do cliente.

MUITAS VEZES NEGLIGENCIADO

O Papel do Ágil no Crescimento Global

Como ficará claro no próximo capítulo, é essencial permanecer comunicando a importância do ágil nos negócios em mercados locais. Isso vai muito além da adequação produto/mercado em um mercado inicial. Mudança é um fator sempre presente nos negócios, e as Empresas Global Class sabem que precisam de equipes com tal mentalidade para serem capazes de inovar, superar obstáculos e encontrar oportunidades de crescimento nesses novos mercados.

Manter o compromisso com o ágil durante todo o processo de construção de uma organização global proporcionará a flexibilidade necessária para encontrar a adequação empresa/mercado em um único mercado e aumentar a escala em vários mercados.

Se você pensa que a metodologia ágil só se aplica a empresas menores que entram em novos mercados pela primeira vez, repense. Ela é, de fato, uma arma secreta das Empresas Global Class independentemente do porte delas e dos diferentes estágios de expansão global.

Um caso para ilustrar: o Google centrava sua atenção no competitivo mercado norte-americano de assistentes de voz domésticos, no qual todos os participantes tomavam medidas agressivas para elevar sua participação de mercado e construir um ecossistema mais robusto. Após ter em mãos dados que destacavam uma oportunidade nos mercados latino-americanos, ainda com vasto potencial e concorrência limitada, a equipe do Google Nest mudou de estratégia, buscando a vantagem do pioneirismo. Entrando em ação, a equipe refez a priorização dos mercados internacionais e lançou seus produtos Nest em onze países da região, adotando ao mesmo tempo uma abordagem ágil. Adequando-se eficazmente a diferentes especificações técnicas por país (como requisitos de voltagem) e trazendo parceiros importantes e que tinham expertise nos mercados locais, alguns com modelos distintos, o Google conseguiu capitalizar a vantagem de ser pioneiro na região.

Caminhos para o Sucesso

- Ao construir uma equipe centrada em iniciativas de crescimento internacional, escolha membros que sejam peritos na metodologia ágil. Isso se aplica aos membros da equipe no mercado local e aos do QG que apoiam os esforços de crescimento.

- Recompense a utilização da metodologia ágil até que o modelo operacional local seja validado devido à sua aderência aos planos e aos cronogramas definidos.
- Reconheça que a metodologia ágil é o caminho mais claro para identificar as localizações necessárias para obter impulso (e escala) em novos mercados internacionais.

ESTUDO DE CASO

ADOÇÃO EFICAZ DOS QUATRO COMPROMISSOS PARA UM CRESCIMENTO GLOBAL DE SUCESSO— FLEXPORT

A Flexport incorporou eficazmente os Quatro Compromissos para um Crescimento Global de Sucesso em sua expansão e crescimento na Europa. Como explicou o fundador do negócio europeu da Flexport, Jan van Casteren, o apoio do QG nessas áreas essenciais permitiu encontrar a adequação empresa/mercado e obter escala.

Alinhamento de Recursos

A Flexport conseguiu alinhar executivos e partes interessadas na questão da expansão. Eles compreendiam a natureza global de sua indústria (transporte de carga) e que era preciso estar presente na Europa para atrair e servir clientes maiores. Cientes da importância do investimento a longo prazo na região para poder deslanchar, a equipe executiva esperou pela expansão até que a ronda de financiamento da Série A fosse encerrada e o financiamento estivesse disponível (limitando o risco de necessitar "lançar e largar a mão"). A equipe local na Europa estava muito comprometida com a expansão. O escritório local cresceu em vendas, sucesso de clientes, operações e conformidade legal/regulatória, e daí partiu para incluir atividades relacionadas à gestão da cadeia de suprimentos ["procurement"], recrutamento, finanças, recursos humanos, produtos e design ao longo do tempo, dando à Flexport uma forte presença local.

Curiosamente, Jan explicou que, quando da entrada no mercado, a equipe da Flexport Europe recebeu metas específicas, mas sem um orçamento específico. As metas eram identificar a adequação empresa/mercado, deslanchar comercialmente e aprimorar o mau serviço ora prestado às operações dos clientes existentes na Europa. Essa estratégia fez com que a alocação de recursos fosse orientada para o cliente. E, como tal, a equipe executiva designou um quadro de funcionários para construir uma solução que atendesse a essas necessidades dos clientes.

Confiança e Autonomia

Um dos fatores responsáveis pelo sucesso da Flexport na Europa, que talvez possa passar despercebido, foi a relação entre Jan e o COO da Flexport, Sanne Manders. Jan e Sanne se conheciam desde a ocasião em que haviam trabalhado juntos no escritório do Boston Consulting Group, em Amsterdã. Esse relacionamento não somente ajudou Jan a ingressar na Flexport, mas também lhe deu um executivo que o defendia no QG. Por outro lado, Sanne já havia conquistado a confiança de Jan, um aspecto importante do bom relacionamento entre as equipes locais e o QG, que será discutido mais detalhadamente no Capítulo 8. Embora Jan tivesse ampla liberdade para desenvolver as operações europeias, o QG colocou algumas proteções para o que era localizado e centralizado (o produto sendo o último).

Comunicação e Clareza

No início, a maior parte das comunicações de Jan com o QG relacionava-se à questão do incremento das operações comerciais e era entre ele e Sanne. Com o passar do tempo, isso se estendeu a outros membros do QG e da equipe global. Todo mês, Jan fazia uma atualização para a equipe executiva e colaborava com o QG e o restante da equipe global em decisões relevantes — desde contratações até dispendiosos investimentos visando novos clientes, explicando como as decisões foram tomadas, e não apenas os resultados esperados. Isso também proporcionou uma oportunidade de compartilhar particularidades locais, fazendo com que os pedidos de localização fossem mais aceitos. Jan também recebia executivos que visitavam o escritório europeu a cada dois meses, visitas que ele retribuía também bimestralmente.

Tal dinâmica levou a estruturas de comunicação mais formais e foram estabelecidas "Semanas GG" quando todos os gerentes gerais dos Estados Unidos, o head da Ásia e Jan se reuniam presencialmente, ocasionando uma maior formação de equipe e comunicação. Por exemplo, foi criada uma Planilha Google na qual constavam todos os requerimentos de localização/funcionalidade do projeto de cada região, para ajudar a priorizar as solicitações regionais de alteração de produtos. Isso levou à contratação de um gerente de programa técnico cuja função era coletar e rastrear as necessidades de produtos para as equipes locais (essa é uma versão "enxuta" e direcionada do conceito de Equipe de Recursos da Localização, que discutiremos no Capítulo 7). Localizado na Europa, esse membro da equipe reportava-se à liderança da equipe de produto global no QG, algo que Jan mencionou ser um dos principais motivos da eficácia da função.

Observação Relevante: a experiência de Jan na trajetória de crescimento global da Flexport se alinha bem com a maneira orgânica como progridem as expansões mais bem-sucedidas. Ao longo da entrada no mercado, o principal canal de comunicação de Jan era um executivo defensor (Sanne), depois dando lugar a uma comunicação mais global (embora principalmente por intermédio de comportamentos individuais, como visitas ao escritório). E, conforme a Flexport avançava na fase de crescimento do mercado, foram estabelecidas estruturas mais formais como as "Semanas GG", bem como o recurso de gestor de programa técnico.

Hoje, há na Flexport um manual claro que descreve todas as etapas e requisitos (incluindo jurídicos, de RH e semelhantes) e o processo de decisão para entrar em um novo mercado. As estruturas de comunicação e as reuniões também amadureceram. As regiões Europa, Oriente Médio, África (EMEA) e APAC são consideradas equivalentes à América do Norte, e todas as três regiões fazem reuniões semanais de resolução de problemas globais, junto às funções globais da Flexport.

Metodologia Ágil Global

A Flexport proporcionou a Jan a liberdade de utilizar a metodologia ágil para obter a adequação empresa/mercado na Europa mediante iterações em muitos elementos dos modelos operacionais e de entrada no mercado da empresa. Como o produto era rigorosamente administrado pelo QG e por uma equipe de produto centralizada, a maior parte da iteração se concentrou no restante do manual. Houve iterações e mudanças de estratégias, entre elas a contratação inicial de um sócio para as operações no Reino Unido e a necessidade de localizar políticas (os vendedores alemães receberam carros, algo incomum na América do Norte, mas um privilégio importante na cultura empresarial alemã).

Combinados, alinhamento de recursos, confiança e autonomia, comunicação e clareza e o uso de metodologia ágil global foram ingredientes-chaves para o êxito da Flexport na Europa e no mundo.

POR QUE OS QUATRO COMPROMISSOS PARA UMA ESCALA GLOBAL DE SUCESSO SÃO IMPORTANTES

Os Quatro Compromissos, relacionados antes, estabelecem uma ponte entre o QG e as equipes locais, definem os parâmetros para a colaboração e providenciam estrutura para os elementos de que o QG precisa para colocar as equipes locais no rumo do sucesso.

Os Quatro Compromissos são fundamentais para o sucesso das iniciativas de crescimento global porque, sem uma implementação adequada e uma adesão contínua, as empresas arriscam-se a se tornar vítimas dos dez fatores mais comuns responsáveis pelo fracasso das empresas globais (conforme descrito no Capítulo 1).

- Não obter a adesão da liderança (item 2) origina-se do **alinhamento de recursos** inadequado do QG, assim como Não investir tempo e recursos adequados no crescimento global (item 8), Errar na formação da equipe (3) e Não construir estruturas para gerar impulso (item 9).
- Manter uma mentalidade "nós contra eles" entre o QG e as equipes locais (item 4) se manifesta quando há falta de **confiança e autonomia** concedidas às equipes locais.

- Problemas de localização [no processo de localização, Não revisitar o desenvolvimento do cliente (item 5) e a metodologia ágil, Não gerenciar a complexidade (item 6)] e Tentar ser um "Nativo Global" (item 1) decorrem do abandono da **metodologia ágil global**.
- Não adaptar a comunicação para se adequar a uma força de trabalho distribuída (item 7) e Não universalizar os valores centrais e a cultura da empresa (item 10) resultam da falta de compromisso com a **comunicação e a clareza.**

Os Quatro Compromissos são fatores de equilíbrio, preparando a equipe local para o sucesso e garantindo que o QG disponha de um mecanismo de apoio e orientação para as equipes locais. Dos Ciclos de Respostas à mentalidade ágil global, colocar em prática esses compromissos visa promover e manter o alinhamento entre o QG e as equipes locais.

De um ponto de vista pragmático, esses compromissos auxiliam as empresas a encontrar a adequação produto/mercado durante a entrada no mercado, criar impulso para obter a adequação empresa/mercado na fase de crescimento de mercado e aumentar a escala na maturidade de mercado (mais no Capítulo 7).

Além do mais, os Quatro Compromissos estão todos interligados.

- Um compromisso de estabelecer canais de **comunicação** fortes possibilita a iteração **ágil** necessária para localizar uma empresa em um novo mercado.
- **Comunicação e clareza** promovem a **confiança e autonomia** necessárias para um crescimento eficaz. A confiança proporciona canais de comunicação ainda melhores.
- **Canais de comunicação eficazes** também otimizam o uso de **recursos reservados** para serem aplicados em iniciativas de crescimento global, para que as equipes locais os utilizem da maneira mais apropriada para o mercado local.
- **Confiança e autonomia** otimizam a utilização de recursos (pessoas e financiamento).

Adotar o ágil permite a iteração dos outros três compromissos para apoiar uma organização em constante mudança conforme ela caminha da entrada ao crescimento do mercado (encontrando as adequações produto/mercado e da empresa/mercado, respectivamente) e chega à maturidade de mercado, na qual as localizações mais profundas e as otimizações contínuas são promovidas pelo ágil. A importância de como o compromisso com o ágil dá vazão aos outros três compromissos nunca pode ser enfatizada o bastante. O ágil tem um papel tão importante que não deve ser apenas utilizado; deve ser adaptado para enfrentar especificamente as complexidades singulares que irrompem quando se faz necessário localizar e em seguida expandir um negócio em uma presença global diversificada, na qual cada país tem condições de mercado, peculiaridades culturais e regras únicas.

Com o alinhamento total da equipe de liderança com os Quatro Compromissos, é hora de colocar cada um deles em prática.

O aspecto *global* do ágil é detalhado no próximo capítulo.

CAPÍTULO 4 — RESUMO

- Há quatro compromissos principais que as empresas precisam assumir (e defender) para ter êxito nas iniciativas de crescimento global:

  a) **Alinhamento de Recursos** — As Empresas Global Class dedicam recursos financeiros e humanos a iniciativas de crescimento global por um longo período de tempo, certificando-se de que haja alinhamento com a liderança da empresa ativamente envolvida na iniciativa.

  b) **Confiança e Autonomia** — As Empresas Global Class estimulam a confiança entre o QG e as equipes locais, concedendo a estas o nível adequado de autonomia para o estágio específico de expansão (*Entrada no Mercado*, *Crescimento* e *Maturidade*) usando a *Curva de Autonomia* como guia.

  c) **Comunicação e Clareza** — As Empresas Global Class estabelecem *Ciclos de Respostas* para que possa haver comunicação de mão dupla e inovação que ocorram em uma presença global.

  d) **Metodologia Ágil Global** — As Empresas Global Class se valem de uma versão modificada da metodologia ágil que dá conta do desafio de encontrar a adequação empresa/mercado em vários países.

- Esses quatro compromissos constroem uma ponte entre o QG e as equipes locais, facilitando as interações e a implementação da estratégia.

CAPÍTULO 4 — PERGUNTAS DE REFLEXÃO E AÇÃO

1. Em qual dos Quatro Compromissos a liderança de sua empresa está mais comprometida? E menos?
2. Descreva a dinâmica entre o QG e as equipes locais em sua organização. Há equilíbrio?
3. No que está relacionado à expansão, você tem alinhamento entre a equipe de liderança e as principais partes interessadas?

5

LOCALIZAÇÃO

Ágil Global Parte 1: Descoberta e Desenvolvimento de Hipóteses

COMPREENDEMOS QUE A *falta de moradia seja o foco dos QGs no que diz respeito à área de impacto social, mas isso na verdade não é um problema aqui*, pensou a incipiente equipe da Zendesk em Cingapura.

Zendesk é uma empresa com mentalidade comunitária, sediada no bairro de Tenderloin, em São Francisco, onde os funcionários se deparam diariamente com moradores de rua. Eles estão acampados nas esquinas próximas ao escritório principal da empresa, enquanto outros, viciados em drogas, perambulam pela vizinhança a todo momento. A equipe da Zendesk se deu conta dos efeitos da falta de moradia e fez um esforço concentrado para combater a pobreza por meio de uma fundação, a Zendesk Foundation.

A mentalidade de boa vizinhança tornou-se parte integrante dos valores centrais e da estratégia de crescimento global da Zendesk, com a empresa procurando impactar positivamente as comunidades onde tem escritórios. A princípio, essa postura fixava-se na questão dos sem-teto e da pobreza perto do seu QG em São Francisco, e a empresa passou a levantar essa preocupação social onde quer que fossem instalados seus escritórios.

Mas a questão era que nem todas as cidades para as quais a Zendesk se expandiu foram prejudicadas pelos efeitos da pobreza. Ao estabelecer um escritório em Cingapura, a equipe local notou que a falta de moradia não era tão significativa na cidade-estado, portanto, esse foco na comunidade não se conectava com a equipe local.

No entanto, Cingapura tem um problema de depressão na população idosa. Para estimular o pleno emprego, o governo fixou em 62 anos a idade máxima para trabalhadores na ativa (a menos que a pessoa se qualificasse para uma isenção); ao completar essa idade, seriam compulsoriamente aposentados. Sem as interações sociais do local de trabalho, muitos idosos sentiram-se isolados e ficaram deprimidos. Em face da abrangência do problema, era uma área de impacto que a equipe local da Zendesk estava apaixonada por resolver.

À medida que a Zendesk continuava sua trajetória de crescimento global, a empresa começou a localizar seu foco de impacto na comunidade de modo a se alinhar com cada local e as paixões da base de funcionários local.

Além de mostrar o papel positivo que as Empresas Global Class podem ter na sociedade, eis aí um grande exemplo *do que* tais empresas fazem para alcançar escala global: elas localizam. Também ilustra a amplitude de como as localizações devem ser vistas e quão multifacetado pode ser o caminho para alcançar a adequação empresa/mercado.

O diferencial das Empresas Global Class em relação às empresas cujas iniciativas de crescimento global fracassam é a extensão das localizações. É fácil para as empresas pensarem em localizar campanhas de marketing ou atendimento ao cliente, entretanto, somente as mais bem-sucedidas permitem que a localização permeie todos os aspectos, como o impacto da Zendesk na comunidade.

A IMPORTÂNCIA DA LOCALIZAÇÃO

Em virtude das recentes mudanças nos negócios, as oportunidades globais são mais evidentes, mas a velocidade e a agilidade ganharam ainda mais relevância. E, com um conjunto diverso de forças de mercado e singularidades culturais em cada mercado, as Empresas Global Class percebem que devem revisitar seu modelo, pois é provável que a maneira como as coisas são feitas e funcionam atualmente não será exatamente a mesma em um novo mercado.

São os Interempreendedores dessas empresas que identificam as oportunidades de se conectar com os mercados locais e se tornam os catalisadores da localização de aspectos do negócio para envolver as comunidades e capacitar os funcionários locais.

Sem a atuação competente dos Interempreendedores, a extensão e a importância da localização são muitas vezes mal compreendidas. De fato, vários líderes empresariais não consideram que a localização vá muito adiante da tradução de idiomas, porém, as Empresas Global Class que planejam e investem recursos na localização realmente colhem os benefícios.

A localização é um elemento crucial para as empresas ganharem força em um novo mercado por meio de alterações de estratégia e iterações. Ela é combinada com a cultura no Business Model Localization Canvas (BMLC) detalhado neste capítulo, uma vez que ambos estão intimamente conectados, com a cultura sendo um dos impulsionadores para localizar um aspecto do negócio e uma influência essencial sobre o que é localização.

Mesmo localizações menores podem ter um enorme impacto no sucesso em um mercado local e exigir um trabalho extensivo para serem implementadas. Algo tão pequeno como um mercado no qual pontos e vírgulas podem ter enormes implicações. Foi o caso da Rappi. A empresa teve de reestruturar todo seu "back-end" [sistema computacional], aplicativos móveis, o site e a lógica para levar em conta que em alguns países há três casas decimais para cêntimos, em vez de duas, e algumas moedas utilizam vírgulas e pontos de forma diferente. Essa pequena mudança atrasou em três meses o lançamento da Rappi no México. Por isso é necessária mais estrutura no processo de localização, para torná-lo ágil e evitar mudanças reativas que desperdiçam tempo e dinheiro.

Localização é o resultado de passar pelo processo ágil em um novo mercado. Ela representa todas as mudanças estratégicas necessárias para chegar à adequação empresa/mercado em um novo mercado.

Há, nesse contexto, uma contradição: um nível profundo de localização cria uma complexidade inevitável. Isso significa que valerá a pena realizar alguns aspectos da localização, e outros, não. Contudo, sem essa personalização, é menos provável que os clientes se conectem e se envolvam com a sua marca.

Apesar das complexidades que geram, os esforços de localização podem ajudar a reduzir as barreiras ao crescimento em outras áreas, tais como possibilitar que as equipes de vendas fechem negócios muito mais rapidamente com material de marketing localizado e que tenha repercussão nos clientes. Embora requerendo recursos de marketing, o tempo e a atenção otimizam o processo de vendas, pois aquele material pode ser utilizado outras vezes para superar obstáculos e encurtar os ciclos de vendas.

Para Daniel Sullivan, head de conteúdo internacional e localização da Shopify, quem quiser conhecer o verdadeiro potencial da localização necessita deixar de considerá-la um *centro de custo* e passar a vê-la como *unidade estraté-*

gica de negócios e um *processo* capaz de impulsionar o envolvimento do cliente e as vendas. Igualmente importante é fazer um esforço para ser e falar localmente (nesse ponto, ter uma equipe com conhecimento local é fundamental).

A localização é ainda mais vital à medida que entramos na nova era dos negócios globais. Como compartilhou Muhammed ("Mo") Yildirim, ex-diretor gerente de Expansão Internacional para o Oriente Médio da plataforma de entrega de comida Talabat: "Há 10 anos, algo, somente por ser uma marca dos EUA ou da Europa, era bacana para os consumidores da região. Agora, a menos que o produto seja localizado, isso já não importa. A localização não é mais uma decisão; hoje, é uma obrigação."

Por que tudo isso é importante? Sem a implementação de uma estratégia de localização abrangente, oportunidades são perdidas no topo do funil [em inglês, "top of funnel"]* e, em última análise, não se obterá toda a taxa de retorno disponível com a expansão. Ou pior.

LOCALIZAÇÃO VAI ALÉM DA TRADUÇÃO

Muitas empresas tradicionais acreditam que a tradução de idiomas é o primeiro e (quase) solitário passo para localizar seus negócios em novos mercados. Elas são, com frequência, as mesmas empresas cuja visão sobre os melhores mercados internacionais passíveis de entrada é demasiado simplista, priorizando países que falam a mesma língua de seu mercado inicial, em vez de considerar os vários fatores que poderiam ter um impacto maior no sucesso em um novo mercado.

O cenário padrão da empresa tradicional inclui uma tradução (muitas vezes simplista além da conta) que não ecoa nos clientes-alvo do mercado local. Na Alemanha, o Tableau [plataforma de análise de dados] viu em primeira mão o que acontece no caso de iniciativas de localização apressadas. Logo após o lançamento do conteúdo traduzido do site, os clientes alemães começaram a criticar a linguagem utilizada, enviando mensagens à empresa com correções e dizendo coisas como: "Vocês só podem estar de brincadeira... vocês acham que vou comprar o seu produto quando nem conseguem traduzir para o nosso idioma?" Tal como o Walmart aprendeu, para ser suficientemente bom para o mercado local, é preciso ter o aspecto, o sabor e o cheiro de uma salsicha alemã.

O desejo das pessoas por novos produtos não é ilimitado, e, se você não se der ao trabalho de atender parcialmente os clientes nos mercados internacionais,

---

* Refere-se ao estágio inicial do processo de divulgação da marca/produto, que visa alcançar clientes em potencial [N. da T.].

poderá ver sua boa vontade transformada em críticas. Os clientes respondem quando você faz um esforço para se conectar com eles, e traduzir o conteúdo para o idioma nativo deles é a maneira mais direta de fazer isso. Como afirma a equipe de localização do Slack: "A localização constrói a confiança de nossos clientes em um idioma que eles entendem, com referências culturais que lhes são familiares." Mas é só o começo.

Na verdade, é melhor não definir a localização apenas em função de um idioma ou ponto de referência cultural, mas, sim, por resultados. Como afirma Chang Wen Lai, cofundador e CEO da Ninja Van: "A localização se dá de duas maneiras: como você conquista a demanda local e como cria uma estratégia operacional que faça sentido no nível local."

As duas áreas principais mencionadas por Chang Wen ("go-to-market" e operacional) correspondem à configuração da estrutura Análise do Prêmio de Localização [em inglês, "Localization Premium Analysis"] apresentada no próximo capítulo, que juntas apoiam o objetivo de controlar os resultados negativos decorrentes da localização.

COMO LOCALIZAR

Embora localizar seu negócio em um novo mercado seja um passo importante para obter impulso e aumentar a escala, o processo não deve ser seguido cegamente. Como afirma Jan van Casteren, ex-head Europa da Flexport: "O importante a evitar é a *exclusividade arbitrária*; ser único apenas porque você pode. Tente ser único só quando seus clientes ou a estrutura do mercado local exigir."

Eric Ries, autor de *Startup Enxuta*, ressalta: "Quando você entra em novos mercados globais, o 'produto' deixa de ser o produto real que você vende, o 'produto' torna-se todo o manual que você precisa usar para arrancar nesse mercado, todas as localizações e as mudanças em seu modelo de negócios principal que devem ser iteradas para obter a adequação produto/mercado no novo mercado." É por esse motivo que usamos o termo *adequação empresa/mercado* para caracterizar como a localização vai além do produto e da estratégia de "go-to-market", e inclui todas as operações da empresa. Conforme descrito no estudo de caso do capítulo anterior, Jan, da Flexport, validou esse ponto ao explicar que a maior parte da iteração que ele fez para ganhar impulso na Europa não estava relacionada ao produto (cuja gestão era feita centralmente por uma equipe de produto no QG), mas sim ao resto do manual — os outros aspectos do "go-to-market" e dos modelos operacionais.

A localização envolve mudanças tanto no *produto* quanto no *processo* para que a empresa possa operar com eficácia no mercado. Os processos precisam incluir a adesão aos costumes empresariais locais, contudo, de forma mais geral, incorporam a mudança do modelo operacional a fim de obter a adequação empresa/mercado (inicialmente) e depois amentar a escala (ao longo do tempo) no novo mercado. O sucesso vem de reexaminar o manual que funcionou no mercado inicial e adaptá-lo às peculiaridades do novo mercado local.

Localização eficaz não significa mudar apenas por mudar. Todas as mudanças devem vir de percepções e validações de mercado. O setor de atividade, a base de clientes-alvo e o país são todos elementos importantes.

Então, quais são os princípios básicos a serem considerados na localização?

Antes de mais nada, as Empresas Global Class entendem que a adesão aos Quatro Compromissos descritos no último capítulo é fundamental. A localização de qualquer aspecto de um negócio é oneroso (*alinhamento de recursos*), exige comunicação eficaz para compartilhar as melhores práticas e o progresso (*comunicação e clareza*), necessita ser feita, tendo em mente o contexto local, por alguém que tenha um conhecimento profundo (idealmente nativo) do mercado, o que requer critério da equipe local (*confiança e autonomia*) e precisa de iteração para acertar (*metodologia ágil global*).

A localização não é algo feito apenas uma vez. A mentalidade ágil (interempreendedora) é usada para iterar e aprimorar constantemente as estratégias de "go-to-market" modificadas e as operações de negócios localizadas. Isso requer um esforço conjunto para revisitar e aderir ao processo de desenvolvimento de clientes que é frequentemente utilizado por empresas que obtêm a adequação empresa/mercado em seu mercado inicial. Como Eric Ries partilhou: "Já vi empresas que planejam se lançar em 22 mercados internacionais ao mesmo tempo, perguntando se isso pode ser feito com sucesso. A questão mais relevante é: Você consegue administrar 22 processos de descoberta de clientes de uma só vez?" Aplicar a metodologia ágil durante o processo de entrada no mercado global, crescimento e maturidade exige foco e recursos.

Não pense demais. As Empresas Global Class sabem que não é necessário colocar em prática o manual todo imediatamente. Embora seja muito importante investir recursos nas iniciativas de localização, as coisas não precisam ser perfeitas no lançamento. Você pode entrar em um mercado com os materiais de marketing disponíveis (mas tenha certeza de que seu produto funciona). As informações lhe chegarão às mãos à medida que avança, e a adaptação poderá ser feita a partir daí. A descoberta da localização está em andamento. Com essa mentalidade, em vez de fazer todo o trabalho antecipadamente, a localização se torna um processo iterativo que vai se pagando. O trabalho inicial aumenta as expectativas e reduz a taxa de retorno desde o início.

Não considere as localizações individuais fechadas em si mesmas; relacione--as com outros aspectos cruciais do negócio. Em face da importância da cultura da empresa, por exemplo, toda localização precisa estar alinhada com os valores fundamentais. Às vezes, isso significará optar conscientemente por *não* localizar aspectos do seu negócio. Os valores centrais podem ser um guia sobre o que pode ser mudado ou não.

Para melhor direcionar suas ações de localização, lembre-se da estratégia "construção para dois mercados" da BlaBlaCar mencionada no Capítulo 2.

Na mentalidade das empresas tradicionais, o produto, o modelo operacional e a equipe são todos adaptados ao mercado inicial em que o negócio se expande. As decisões são tomadas tendo esse mercado como referência única, codificada no DNA da empresa. Quando essa abordagem é adotada, fica muito difícil fazer mudanças adequadas aos novos mercados.

Lembre-se do estudo de caso no Capítulo 2: em vez de construir o produto e a empresa tendo em mente apenas seu mercado nativo francês, o fundador e presidente Frédéric Mazzella, da BlaBlaCar, incluiu a Espanha, e sua equipe construiu o produto e a empresa simultaneamente nos dois países. Isso teve um efeito profundo em vários aspectos do produto em particular.

O produto foi elaborado para funcionar em dois idiomas diferentes. Ao codificar a pilha/infraestrutura tecnológica para a plataforma, os desenvolvedores já tinham dois idiomas em mente, francês e espanhol, em razão dos planos da empresa de entrar nos mercados de língua espanhola após obter a adequação produto/mercado na França. Com essa abordagem, a integração de um terceiro e um quarto idioma ficou muito mais fácil. Pense em elementos simples que você não leva em conta ao criar um produto de software para um único idioma, como o posicionamento do texto na interface do usuário. As palavras têm comprimentos diferentes em vários idiomas e algumas são lidas da direita para a esquerda.

Observe que não necessariamente é preciso construir fisicamente o produto para dois mercados ao mesmo tempo. Ao fazer pesquisas para entender as nuanças do segundo mercado-alvo, você toma decisões que dão flexibilidade ao produto e às operações, facilitando a localização no futuro. A empresa passa a ser mais um modelo ou uma plataforma adaptável, em vez de um sistema fechado.

A CHAVE PARA UMA LOCALIZAÇÃO EFICAZ É UMA VERSÃO GLOBAL DO ÁGIL

A metodologia ágil se mostrou eficaz ao ajudar empresas grandes e pequenas. Trata-se de uma abordagem que auxilia as startups a validar seus modelos de negócio e obter a adequação empresa/mercado, tal como ajuda as organizações estabelecidas a experimentar, inovar, otimizar e aumentar a escala rapidamente.

A metodologia (às vezes chamada de metodologia enxuta) refere-se a uma abordagem iterativa para o desenvolvimento de produto, a geração de modelo de negócios ou a conclusão de qualquer projeto; no caso das Empresas Global Class, isso significaria impulsionar e ganhar escala nos mercados internacionais. No lugar de desenvolver um plano rígido e abrangente que não considera incertezas e mudanças (a metodologia "waterfall" ou em cascata), a metodologia ágil permite que as equipes mudem conforme se familiarizam com um novo mercado. Os planos são flexíveis, e são realizados testes para verificar a acurácia de pesquisas e hipóteses, levando ao aprimoramento da estratégia de expansão.

Tal como as empresas reconhecem a eficácia dos processos iterativos, também as Empresas Global Class veem seu valor no contexto do crescimento global. Aplicar a metodologia ágil nas iniciativas de globalização é uma forma eficaz de tornar a mentalidade e as ferramentas ágeis atraentes em âmbito internacional.

Em particular, o aspecto global do ágil é um catalisador para identificar, construir e aumentar a escala das localizações necessárias para ser bem-sucedido em cada mercado.

MUITAS VEZES NEGLIGENCIADO

A Entrada Eficaz no Mercado Começa por Revisitar o Desenvolvimento do Cliente

Tal como mencionado no último capítulo, para ter sucesso em escala global, as empresas devem permanecer ágeis. Voltar ao ágil pode ser difícil para as organizações que, conforme cresciam, atingindo tamanhos que requerem mais processos e estrutura, deixaram de lado os processos iterativos em favor do método em cascata. Entretanto, a metodologia ágil pura não é eficaz na localização para vários mercados internacionais porque a natureza do ágil é iterar e dinamizar de todas as maneiras necessárias a fim de encontrar o modelo certo para um mercado. Nada mal para um mercado, mas fazer isso em dez mercados diferentes levaria a dez modelos operacionais diferentes, cuja gestão seria complicada e nos quais haveria muita dificuldade para gerar impulso. Aplicar uma versão globalmente consciente do ágil pode ajudar a recalibrar a organização para a missão de construir uma presença global.

Em apoio à noção de que *global é o novo ágil* (mencionado na introdução), nota-se que, da mesma forma, as startups se afastaram da adesão estrita ao plano e das datas formais de lançamento ao levarem seus produtos ao mercado, algo que também as Empresas Global Class estão fazendo ao não realizar lançamentos formais no mercado internacional. A abertura de escritórios com grandes equipes iniciais está sendo substituída por uma entrada mais orgânica no mercado, buscando mais validação e impulso inicial como preliminar de um lançamento mais público.

A plataforma criadora Hotmart, compreendendo isso, adotou uma abordagem mais iterativa para entrar no mercado. A empresa não se instala em um novo país até que o mercado seja validado. Após verificar ter ocorrido algum crescimento orgânico dos criadores, ela contrata uma pequena equipe (geralmente começando com apenas duas pessoas) cujo foco é se aproximar e entender melhor esses criadores. O QG, então, apoia a equipe local conforme ela cresce, autorizando as localizações necessárias. Como uma empresa que se configurou para ser global, a Hotmart tem funcionários espalhados pelo mundo, criadores em mais de 100 países e compradores em outros 180, mas escritórios físicos em apenas 6 países.

É neste ponto que está o maior desafio de todos. Como a equipe local (focada em um único mercado) e o QG (que atua globalmente) encontram meios de se adaptar e dançar no mesmo ritmo, sem pisar no pé um do outro?

Trata-se de um grande desafio que requer a próxima geração de métodos ágeis, uma camada global que trate dessas questões fundamentais. Definimos a metodologia ágil global como *o processo de localização de uma empresa em um novo mercado internacional de maneira iterativa, ao mesmo tempo em que gerenciamos as complexidades que acompanham a implementação dessas mudanças. O objetivo final do processo é obter a adequação empresa/mercado em novos mercados internacionais.*

Ao delinear a metodologia ágil global, dividimos a discussão em duas partes. A primeira, *descoberta e desenvolvimento de hipóteses*, é discutida neste capítulo e cobre o estágio inicial, quando uma empresa atua para compreender melhor um novo mercado e, em seguida, desenvolve uma noção básica de como acredita que adaptará seu negócio para ter êxito nesse novo mercado. Essa etapa está centrada na *localização* do negócio. A estrutura principal para concluir esse estágio é o exercício Business Model Localization Canvas detalhado neste capítulo. O objetivo é obter a adequação produto/mercado.

O Capítulo 6 discorre sobre a segunda parte do processo ágil global — *preparação*, *validação* e *implementação* — na qual uma empresa faz uma análise mais profunda, constrói um plano para fazer as localizações necessárias e, em seguida, coloca o plano em prática. O interesse central dessa etapa está no *gerenciamento das complexidades que acompanham as localizações descobertas* na primeira etapa do processo ágil global. Também considera como as mudanças feitas nesse mercado são compatíveis com a tarefa de crescimento global de toda a empresa. A estrutura principal para completar essa etapa é o processo de Análise do Prêmio de Localização detalhado no próximo capítulo. A meta da segunda etapa é obter a adequação empresa/mercado (como definido antes).

O Ágil em um Contexto Global

Os princípios essenciais do ágil em um contexto internacional são, basicamente, os mesmos da metodologia ágil utilizada na busca pela adequação produto/mercado em um mercado inicial, com algumas diferenças importantes.

- O *teste de hipóteses* é superior à pesquisa de mercado isoladamente, pois todas as localizações partem de uma hipótese a ser testada e alterada para validar as mudanças no modelo de negócios para se adequar a um novo mercado.
- Durante a descoberta e a entrada no mercado, os componentes da equipe com habilidades de *desenvolvimento de clientes* são mais eficazes do que aqueles com grande especialização funcional, pois há muitas perguntas a serem respondidas sobre as localizações exigidas para o mercado.
- As *observações* do *comportamento do cliente* ainda são preferíveis às opiniões.
- A adesão ao roteiro é secundária *à iteração e à reformulação estratégica* com base nos principais insights descobertos por intermédio de testes.
- Os produtos/serviços acabados já vendidos no mercado inicial passam a ser os *Produtos Mínimos Viáveis* [MVPs, na sigla em inglês]. Eles precisam ser validados no novo mercado para o novo mercado global e, para isso, são submetidos à apreciação dos clientes para obter feedback. Em outras palavras, você deve ter em mente que seu produto atual no mercado inicial é um MVP para o novo mercado internacional.
- Confirmar as *adequações problema/solução* e *produto/mercado* ainda são os principais objetivos da primeira etapa do processo ágil global à medida que as equipes locais procuram fazer a transição da entrada no mercado para o crescimento do mercado. Em seguida, ao incorporar o contexto global e a gestão ativa da complexidade, o principal objetivo da segunda etapa é alcançar a adequação empresa/mercado conforme as empresas evoluem do crescimento para a maturidade do mercado.

Testar é um aspecto importante da metodologia ágil e é muito relevante no contexto de expansão nos mercados globais. Não obstante a maioria das empresas que se tornam globais esteja muito distante dos dias em que validaram pela primeira vez seu modelo de negócio por meio de testes, isso não implica que devam reverter para o método em cascata, no qual todos os aspectos de um novo lançamento no mercado são planejados e construídos com base em pressupostos de pesquisa. Testar é um dos métodos mais eficazes para otimizar o tempo e o dinheiro investidos nas iniciativas de expansão. Considere quando o oposto acontece.

Por exemplo, os sistemas de ponto de venda [em inglês POS, um tipo de terminal eletrônico] comercializados por uma empresa sediada nos EUA não foram testados eficazmente ao entrar no mercado australiano e comprometeram toda a iniciativa de expansão.

Na Austrália, o transporte de carga via aérea não está tão avançado como na Europa, na Ásia e nos Estados Unidos. Antes do lançamento, os membros da equipe testaram o sistema de transporte de carga do país para garantir a integridade do produto e da embalagem, bem como calcular o tempo estimado das remessas. Isso fez parte de uma iniciativa mais ampla de testes de pré-lançamento, que também incluiu a mudança de rótulos/adesivos, uma vez que cada país e até mesmo varejistas podem, cada um, fazer isso de modos muito diferentes.

Por ocasião do lançamento, o Australia Post [o Correio] recusou-se a enviar os terminais POS (cujas baterias eram de lítio, algo que muitos serviços postais não permitem) por via aérea. A equipe não havia se dado conta disso em todos os testes realizados, pois os produtos a serem testados foram enviados via terrestre. Embora o produto tenha sido certificado pela International Air Transport Association (IATA), por atender aos padrões universalmente estabelecidos, a tentativa de internacionalizar as embalagens caiu no colo de um funcionário do Australia Post que não permitiu o envio do item.

Testes eficazes teriam ajudado a evitar atrasos, limitações operacionais e custos adicionais incorridos pela empresa. Então, tal como acontece com a metodologia ágil padrão, à medida que os resultados dos testes reúnem insights importantes, as hipóteses em torno das localizações planejadas são alteradas. A partir daí, são efetuadas iterações recorrentes até que o novo negócio localizado seja validado pelo mercado.

MUITAS VEZES NEGLIGENCIADO

A Redescoberta em Mercados Existentes Pode Aumentar a Participação de Mercado

Caso sua empresa já esteja presente em um ou mais mercados internacionais, mas quer ter maior participação de mercado, pode valer a pena recuar um pouco e fazer mais descobertas de localização (explicadas em detalhes mais adiante neste capítulo), em que você retorna à fase de pesquisa para entender melhor o mercado, reavaliar e, então, reformular sua estratégia atual. Muitas vezes encontramos empresas que vão à frente para ganhar impulso e não têm certeza do que fazer quando pararam de crescer ou não se ajustaram. Fazer essa redescoberta é uma etapa importante antes de passar pelo processo ágil global. Também aí pode-se descobrir localizações necessárias para melhorar o desempenho no mercado.

Para evitar equívocos comuns e ter sucesso em obter escala global, é preciso que as Empresas Global Class utilizem essa nova versão do ágil que leva em conta a natureza coletiva de encontrar a adequação empresa/mercado em vários mercados internacionais. Já mencionamos que o processo ágil padrão trata de encontrar a adequação a todo custo, algo ótimo para um mercado inicial; no entanto, se essa metodologia for utilizada em cinco, dez, vinte ou mais mercados internacionais, a disparidade de todos os modelos e permutações tornaria insustentável sua gestão.

Além disso, durante esse primeiro estágio, a versão globalizada do ágil considera duas vertentes pelas quais todos os aspectos de um negócio necessitam ser considerados: regulamentação governamental e cultura.

A Vertente da Regulamentação Governamental

A legislação governamental, as regulamentações locais e o ambiente político em vigor desempenham papéis preponderantes nas chances de sucesso de uma empresa durante a entrada no mercado. Essa categoria abrange uma ampla variedade de elementos relacionados ao funcionamento legalizado de seu negócio em um novo país: personalização jurídica, licenças, direitos e proteção de propriedade intelectual, regulamentos aos quais seus produtos estão sujeitos, localização e propriedade de dados do cliente, tributação e muito mais. Podem estar incluídas políticas tão simples como a regulamentação do local de armazenamento de dados do cliente (Alemanha) ou tão disruptivas quanto exigir uma parceria com uma empresa local ou com membros do Conselho de Administração local para operar legalmente (Índia), ou cobrar imposto de importação sobre um produto para inibir sua compra pelos habitantes locais (eletrônicos no Brasil).

A regulamentação governamental também pode afetar a dinâmica do mercado. Alguns setores de atividade atraem mais a atenção do governo do que outros; é o caso da indústria de bebidas alcoólicas. Ao mirar o mercado vietnamita, a Carlsberg percebeu que trabalhar com o governo era fundamental para o êxito do empreendimento. A lei local determinava que o governo vietnamita tivesse o controle acionário das cervejeiras locais, e essa exigência ia de encontro à estratégia típica da Carlsberg de ter participação majoritária em uma cervejeira local para entrar no mercado. Em vez disso, a empresa teve que alterar sua estratégia de entrada no mercado, costurando uma relação de longo prazo com o governo vietnamita no sentido de entrar com uma participação minoritária e depois precisar esperar para comprar ações adicionais do negócio ao longo do tempo.

Por que é importante: a maré alta levanta todos os barcos (e a baixa os encalha). Escolher o "oceano" (país) certo para lançar é um dos fatores que mais contribuem para o sucesso ou o fracasso de uma iniciativa de crescimento global. A política governamental pode dar as boas-vindas a seu negócio, contribuindo diretamente para sua capacidade de expansão, ou pode prejudicar sua capacidade de operar com lucro. Embora a regulamentação governamental possa não proibir diretamente o funcionamento de sua empresa, ela pode usar meios criativos para inibir seu modelo operacional ou características do produto.

Para ressaltar a importância da regulamentação governamental como filtro, vimos equipes de políticas públicas passarem a ter um papel ainda mais fundamental no sucesso da validação e do crescimento em novos mercados. Uma política governamental disruptiva pode ser uma razão ímpar para não se lançar em um país. A exigência da China de partilhar a propriedade intelectual tem sérias implicações financeiras, ocasionando grande preocupação para as empresas que procuram entrar no mercado. As leis locais que exigem um parceiro local de *joint venture* (JV) em vez de propriedade direta, dinâmicas políticas ou uma regulamentação específica do setor podem ter um acentuado efeito na atratividade do mercado. Tais políticas podem afetar a maneira como uma empresa opera, limitando a rentabilidade ou impedindo a utilização de um modelo de negócio específico. E também pode ser algo que entra em conflito com os valores ou a cultura fundamentais da empresa.

Por exemplo, a Vivino, vendedora online de vinhos, não conseguiu utilizar o seu modelo de receitas primárias na Rússia ou na Coreia do Sul porque a investigação da empresa concluiu que é ilegal vender álcool online nesses países. Da mesma forma, a empresa atrasou durante anos sua expansão no Brasil devido à dificuldade de tirar dinheiro do país.

Omã, um país do Oriente Médio, em uma espécie de "Omanização", exige que as empresas que operam dentro de suas fronteiras contratem apenas cidadãos de Omã para algumas funções (como RH), enquanto outras, como vendas, podem ser exercidas parcialmente por expatriados. Ao mesmo tempo, certa porcentagem de empregados da empresa precisa ser cidadã de Omã para que o país conceda vistos aos funcionários expatriados. Mo Yildirim, antigo diretor-gerente de Expansão Internacional da Talabat, explicou que isso criou problemas para a empresa, pois faltavam aos habitantes locais certas competências que a empresa necessitava. Então, postergou as contratações e exigiu que a empresa investisse pesadamente em treinamento.

Devido à disrupção dos mercados regulamentados de táxi e entregas causada pela Uber, a empresa enfrentou grande resistência de vários governos (tanto nacionais como municipais). Por esse motivo, ela desenvolveu sua segmentação de mercado verde/amarelo/vermelho com base nas regulamentações locais, priorizando os mercados (verdes) com ambientes regulatórios mais amigáveis. Apesar de operar com sucesso em muitos mercados, a empresa foi impedida de funcionar em outros. O governo húngaro, por exemplo, suspendeu as operações da Uber em Budapeste, aplicando uma lei de 2016 que permitia à autoridade nacional de comunicações húngara bloquear o acesso à internet a "serviços ilegais de despachante". A Uber foi obrigada a sair do mercado dinamarquês após o país ter exigido medidores de tarifas e sensores de ocupação de assentos em todos os veículos que prestavam serviço de táxi, algo que a Uber não conseguiu viabilizar lucrativamente. Regulamentação, governos e política são importantes.

A regulamentação governamental, também em situações não frontalmente disruptivas, pode afetar os modelos de negócio, o cenário competitivo, a privacidade de dados dos clientes, os canais de distribuição e a capacidade de transferir dinheiro para dentro e fora de um país.

Ao planejar entrar em um novo mercado, administre todos os aspectos de seu negócio mediante um filtro de regulamentação governamental. Isso o ajudará a levar em conta como a política e as regulamentações afetarão sua estratégia de entrada. As equipes Global Class evitam desperdício de tempo e dinheiro ao estabelecer uma estimativa acurada de como a empresa terá que agir de modo que as localizações possam ser feitas antecipadamente, construindo um relacionamento produtivo com o governo local.

MUITAS VEZES NEGLIGENCIADO

Consultor Jurídico Local

Para ser mais eficaz no cumprimento da regulamentação local, convém ter um consultor jurídico local para ajudá-lo a transitar pela legislação. Não é algo que possa ser tratado estritamente pelo QG. Um representante do departamento jurídico pode auxiliar na seleção e na comunicação com o advogado local, mas é melhor que um advogado de seu país de origem não atue como advogado principal em um novo mercado, pois pode lhe faltar a especialização para exercer com eficácia a advocacia em mercados internacionais. Em outras palavras, é melhor que seu advogado no QG aprenda como gerenciar advogados locais em muitos países, em vez de ter a equipe jurídica desenvolvendo seu próprio conhecimento jurídico local. Como Thomas Kristensen, ex-Facebook, salienta: "Você precisa ser capaz de olhar os detalhes e o quadro geral, vendo as coisas como se estivesse a 10 mil metros e a 10 metros." Tarefa difícil de fazer para vários sistemas jurídicos caracterizados pela complexidade.

A Vertente Cultural

A outra camada pela qual administrar todos os aspectos do negócio é a da cultura. As Empresas Global Class que se expandem em novos mercados são sensíveis às nuanças locais, que incluem idioma, tradições próprias, costumes e rituais, história, processo de construção de confiança, critérios singulares de tomadas de decisão e procedimentos de compra, práticas específicas de distribuição, visão local sobre dinheiro e pagamentos, bem como interações da equipe local com membros de sua comunidade, para citar alguns. Em certos mercados, ser visto como uma marca internacional (externa) pode ser positivo (Vietnã), ao passo que em outros pode ser um obstáculo (Alemanha), ainda que isso possa variar de acordo com o setor econômico dentro de um único país.

Por que é importante: a adaptação à cultura local é vital para a aceitação do produto e a manutenção eficaz de uma presença local no mercado. Ela permite que seus clientes-alvo se comuniquem com sua empresa e se conectem com seu produto o suficiente para querer usá-lo.

A questão cultural pode até mesmo mudar o produto que você oferece, senão ao menos a funcionalidade principal. Antes de se concentrar nos mercados asiáticos, a plataforma de mensagens Slack não tinha um botão Enviar, optando que essa ação fosse efetuada ao clicar a tecla Enter. Em algumas partes da Ásia, os empresários tendem a enviar instruções/narrativas muito detalhadas em vez de mensagens rápidas. Não ter um botão Enviar gerou uma sensação de ansiedade nos profissionais de negócios asiáticos, pois estar preparado, ser detalhista e demorado nas comunicações faz parte da cultura empresarial local, e eles tinham receio de apertar acidentalmente o botão Enter e precisar editar uma mensagem que havia sido enviada prematuramente, algo que seria considerado pouco profissional. Era como se algo pairasse no ar em relação ao foco do Slack em melhorar a velocidade da comunicação, já que acrescia uma etapa extra ao processo de mensagens, tornando-se uma decisão difícil para a equipe do Slack. Devido ao aumento no número de mensagens enviadas acidentalmente por usuários nos mercados asiáticos, um botão Enviar foi adicionado. Posteriormente, a equipe de produto definiu preferências padrão para a tecla Enter/botão Enviar com base na origem do usuário, contudo, em última análise, resolveu disponibilizar ambas as opções para os usuários do mundo inteiro.

Apesar da enorme penetração do Google Search em muitas partes do mundo, a empresa não conseguiu ganhar muita participação na Coreia do Sul. Uma das principais razões pelas quais o mecanismo de busca local Naver mantém uma forte posição no mercado é a cultura. Os sul-coreanos cultivam profundamente a democracia, com a manutenção da liberdade. O Naver se posicionou com sucesso como o mecanismo de busca da população, que não se vale do mesmo tipo de sistema de publicidade paga do Google Search. A Naver não prioriza tanto as pesquisas de acordo com quem paga para estar no topo da lista (as "listagens patrocinadas do Google") quanto aquelas com base na relevância para os clientes locais, o que repercute na base de clientes locais.

Formar uma compreensão sólida da cultura local deu condições ao Airbnb de estabelecer uma ponte com seus clientes-alvo, permitindo-lhe oferecer experiências específicas capazes de atraí-los. Em alguns mercados, clientes da Ásia preferiam locais únicos para ficar (castelos e casas em árvores, por exemplo), ao passo que outros eram mais conservadores. Buscar novas formas de viajar e considerar o risco relativo são conceitos bastante diferenciados em vários mercados. Esse entendimento básico teve influência direta nas experiências mostradas no aplicativo e afetou a comunicação com os clientes, fornecendo informações mais detalhadas em alguns mercados para tranquilizar clientes em potencial, por exemplo.

Nas nossas entrevistas, ouvimos com regularidade o Japão ser apontado como um país com notáveis diferenças culturais e que os esforços de localização eram fundamentais para obter a adequação empresa/mercado. Para contar com um número de acomodações grande o suficiente para atender à demanda logo no início da expansão da empresa, o Airbnb teve que combater o receio que os anfitriões japoneses tinham de publicar um anúncio de quarto se o espaço que ofereciam não fosse "perfeito".

Os paradigmas culturais e as tendências do mercado local também podem ser catalisadores de crescimento. Uma das principais preocupações da cultura japonesa é o envelhecimento da população. A DocuSign, ciente dessa tendência, alegou que as empresas japonesas precisavam permitir a tecnologia de digitalização para lidar com a futura escassez de mão de obra e como a solução proposta pela empresa poderia colaborar nesse sentido. Com a maior parte da população se aposentando, coube às gerações mais jovens trabalhar mais com menos recursos. A DocuSign ilustrou, com toda a propriedade, de que maneira suas soluções de assinatura digital melhoravam a produtividade e se alinhavam com a acelerada política de transformação digital do próprio governo japonês que desestimulava o uso de papel, cujo resultado foi mudar em direção à proposta de valor da DocuSign. Klaus viu isso pessoalmente quando esteve no Japão em 2014. Ao visitar o escritório de um cliente, ele notou pilhas de papéis empilhados em todas as mesas do escritório. Após o governo implementar sua política "sem papel", tais pilhas saíram de cena quase da noite para o dia.

Ao planejar entrar em um novo mercado, passar por um filtro todos os aspectos do negócio para levar em conta como a cultura afeta o "go-to-market" ajuda as equipes Global Class a melhorar a rapidez desse processo, evitar gafes culturais e posicionar melhor a empresa como organização que valoriza e apoia a cultura local, elevando o valor da marca.

ÁGIL GLOBAL EM CONTEXTO

Antes de entrar em mais detalhes sobre os efeitos que o governo e a cultura têm sobre uma empresa que está se localizando em um novo mercado, é importante compreender onde o processo da localização se encaixa no contexto mais amplo de aplicação da metodologia ágil ao crescimento internacional.

Durante a descoberta inicial do cliente, que ocorre quando uma empresa é fundada, o ponto de partida é um conjunto de hipóteses sobre quem é o cliente-alvo, qual será a solução (produto/serviço) e uma estimativa dos modelos comercial e operacional. No caso da expansão para novos mercados internacionais, o ponto de partida é o modelo validado no mercado inicial. Quando a reavaliação ocorre em um mercado com baixo desempenho e há uma presença global, o ponto de partida seria o produto/modelo falho que precisa de ser iterado ou abandonado.

Durante a entrada no mercado, os objetivos são validar o novo mercado, descobrir as localizações necessárias e ganhar impulso, com o marco principal sendo a adequação produto/mercado. Ao dar início à jornada de crescimento global, é importante que todos os membros da equipe envolvidos (tanto no QG quanto nos mercados locais) sejam instruídos sobre o modelo operacional validado no mercado inicial e que todos tenham aderido aos Quatro Compromissos discutidos no Capítulo 4, garantindo o alinhamento do QG/equipe local.

O próximo passo é delinear questões-chaves que o ajudarão a avaliar um novo mercado e determinar como o modelo validado em seu mercado inicial terá que mudar para se adaptar aos aspectos exclusivos de um novo mercado. Por exemplo, responder a estas perguntas pode ser útil na identificação de hipóteses sobre como será o modelo de um novo mercado:

- Está a nosso alcance ter os mesmos tipos de clientes no novo mercado?
- Precisamos adaptar nossa estratégia de canais ao distribuir nossos produtos aos clientes no novo mercado?
- Como necessitamos adaptar nosso modelo de receitas ou preços para ganhar impulso no novo mercado?
- Nossa proposta de valor repercute nos clientes-alvo no novo mercado?

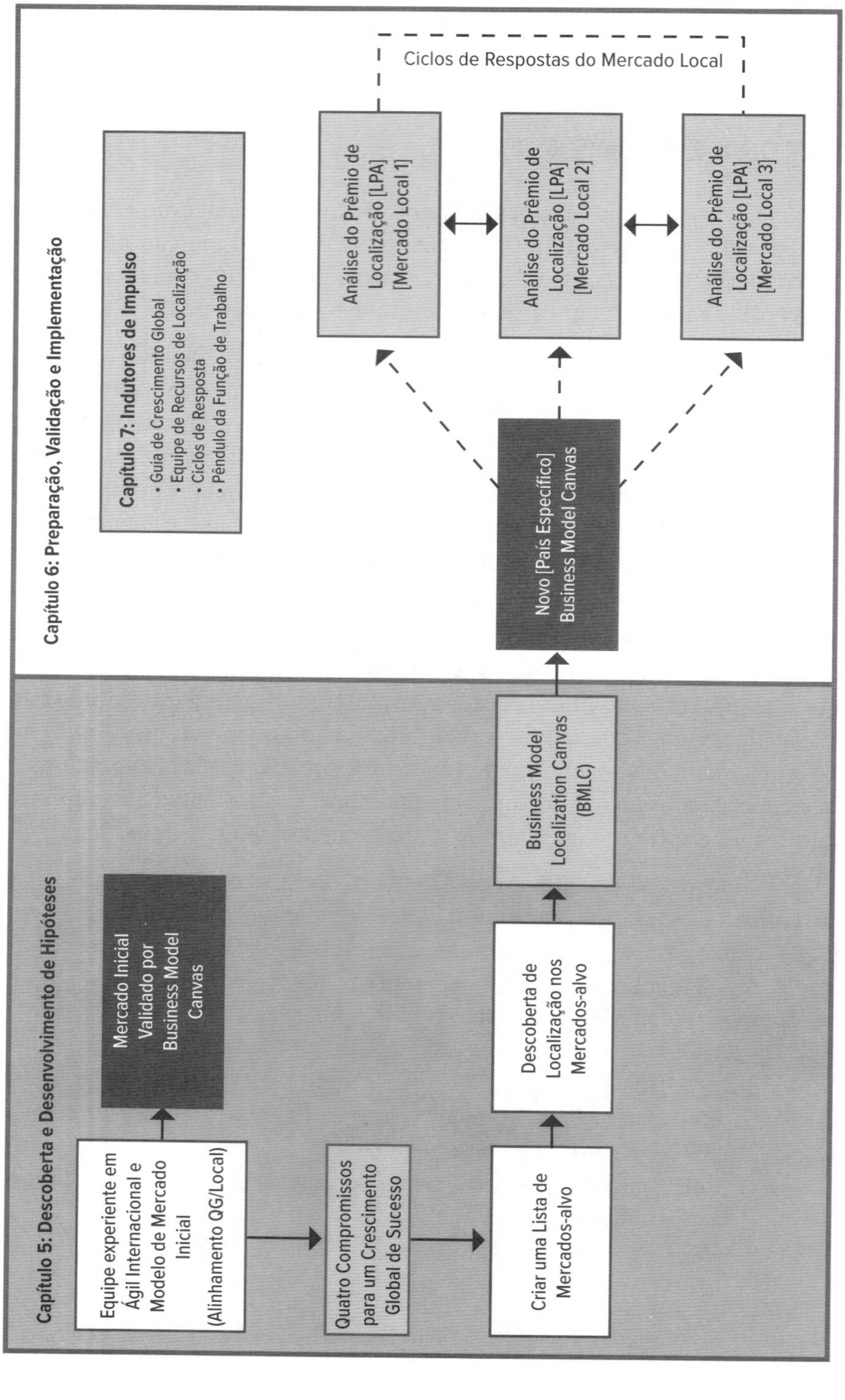
Capítulo 5: Descoberta e Desenvolvimento de Hipóteses
Equipe experiente em Ágil Internacional e Modelo de Mercado Inicial (Alinhamento QG/Local)
Mercado Inicial Validado por Business Model Canvas
Quatro Compromissos para um Crescimento Global de Sucesso
Criar uma Lista de Mercados-alvo
Descoberta de Localização nos Mercados-alvo
Business Model Localization Canvas (BMLC)
Capítulo 6: Preparação, Validação e Implementação
Capítulo 7: Indutores de Impulso
• Guia de Crescimento Global
• Equipe de Recursos de Localização
• Ciclos de Resposta
• Pêndulo da Função de Trabalho
Novo [País Específico] Business Model Canvas
Análise do Prêmio de Localização [LPA] [Mercado Local 1]
Análise do Prêmio de Localização [LPA] [Mercado Local 2]
Análise do Prêmio de Localização [LPA] [Mercado Local 3]
Ciclos de Respostas do Mercado Local

Descoberta da Localização

A partir daí, a equipe inicia o desenvolvimento da estratégia, o planejamento e a preparação para a entrada no mercado. Isso envolve, primeiro, ter em mãos a lista de mercados-alvo e fazer um exercício de descoberta de localização para responder a essas questões-chaves, descobrir as peculiaridades do mercado e definir o escopo das prováveis localizações necessárias. Como sugere Kathryn Hymes, ex-head de Expansão Internacional de Produtos do Slack, entenda o significado do crescimento em seu mercado inicial e os impulsionadores de seu modelo de negócios. Então, procure sinais semelhantes em outros mercados.

Embora a pesquisa feita no QG possa reunir uma série de insights relevantes, ela, por si só, não basta. É preciso dar um passo adiante e *validar* esses dados "na rua". Na fase de pesquisa, a *voz do cliente* muitas vezes se perde em meio à visão global. Ouvir os clientes-alvo envolve conversar diretamente com eles, e não apenas pesquisá-los à distância. Isso ajuda a diminuir o preconceito que muitas vezes faz parte da consideração e da seleção dos mercados internacionais nos quais se deseja entrar.

Idealmente, a análise de mercado realizada no QG (e no mercado) deveria fornecer uma lista priorizando países e ideias sobre como localizar. Na prática, pode levar a uma lista de países, mas também a uma série de novas questões.

O importante é que a descoberta da localização se dê antes da seleção do mercado. Como os insights da descoberta da localização auxiliam a liderança da empresa a entender o quanto a empresa precisará mudar para ter êxito no novo mercado, esse processo revela insights sobre o custo previsto e o cronograma para obter impulso em um novo mercado — algo que leva tempo.

A empresa de serviços financeiros EBANX, que viabiliza pagamentos e transferências de fundos além de suas fronteiras, analisou com profundidade países da África no intuito de compreender melhor a regulamentação, os métodos de pagamento e como era o fluxo de dinheiro — um trabalho que demorou quase 6 meses. O que se aprendeu ajudou a liderança da empresa a desenvolver um manual e a entender que o lançamento de novos mercados levaria cerca de 9 meses, considerando a descoberta da localização e a integração tecnológica.

Com uma abordagem estruturada de pesquisa de mercado, que incluiu investigação local, a liderança do EBANX aprimorou os critérios de seleção de mercado. Com a atenção indo além do tamanho do mercado, a empresa identificou mercados que a ajudariam a desenvolver suas ações voltadas ao crescimento global, selecionando mercados com alguns empecilhos no processamento de pagamentos, lugares onde a empresa poderia ter uma forte proposta de valor e vantagem competitiva. As iniciativas de descoberta de localização do EBANX também foram úteis para a empresa identificar padrões de oportunidades em novos mercados, mostrando aos líderes da empresa que o trabalho de localização realizado em um mercado poderia ser reutilizado em outros da região (um conceito que mais adiante chamaremos de mercados vinculados).

Tal como se dá com o processo de desenvolvimento do cliente que as empresas conduzem para descobrir a adequação produto/mercado utilizando a metodologia ágil padrão, a descoberta da localização é um processo que não pode ser terceirizado. O head de Estratégia e Operações Internacionais do Zoom, Mark Parry, salienta com precisão que a preparação para o mercado deve ser impulsionada internamente, e não deixada por conta de terceiros. Alguém que estará envolvido nos esforços de expansão (que será responsável pelo crescimento internacional no QG ou fará parte da equipe de liderança do mercado local) deve fazer parte do processo de descoberta de localização.

Ainda que conversar com clientes em potencial seja uma parte essencial do processo, é importante as conversas irem muito além dos clientes-alvo. Recomendamos incluir o seguinte no seu processo de descoberta de localização:

- Clientes-alvo (e clientes atuais já no mercado-alvo)
- Investidores
- Empreendedores e líderes empresariais interligados
- Prospecção de parceiros
- Potenciais novas contratações
- Agências governamentais locais
- Associações comerciais locais
- Universidades
- Fornecedores em potencial
- Pensadores líderes e analistas de mercado
- Representantes de bancos e do sistema financeiro
- Mídia local
- Pessoas comuns

A descoberta da localização é uma etapa vital cuja importância nunca é enfatizada demais. Coisas tão mundanas como o tamanho das aberturas das caixas de correio podem afetar o tamanho das embalagens e as opções de distribuição, bem como os códigos postais alfanuméricos ou a necessidade de faturar em diversas moedas podem ser um desafio para os sistemas tradicionais. A primeira coisa levou, de fato, a atrasar a entrada de uma empresa no mercado sul-coreano. A equipe não conversou com os correios locais para entender o sistema postal e os padrões. Uma semana antes do lançamento, a equipe descobriu que suas embalagens eram incompatíveis com as caixas de correio padrão na Coreia do Sul, fazendo com que a empresa adiasse o lançamento, redesenhasse a embalagem e suspendesse a planejada (e paga) campanha de marketing.

Se não forem compreendidos a tempo, fatores menores assim podem ocasionar atrasos e custos adicionais. Essas pequenas nuanças podem até significar fracasso, caso sua equipe utilize a abordagem “em cascata” e invista demais sem antes validar o modelo operacional correto para cada mercado.

Na melhor das hipóteses, a descoberta da localização inclui fazer visitas presenciais, durante as quais os principais membros da equipe vão a campo, conversam olho no olho com os principais interessados e experimentam o mercado em primeira mão.

Um ótimo exemplo que ouvimos sobre os benefícios da descoberta de localização veio de conversas com moradores locais conduzidas por Troy Malone, ex-diretor geral de Expansão Internacional da Evernote. Sua pesquisa inicial envolveu simplesmente pessoas comuns em táxis e interações regulares em restaurantes e hotéis. Já sua pesquisa remota na Índia, para avaliar a entrada no mercado em 2014, revelou que os profissionais jovens em ascensão (o principal alvo demográfico da Evernote para seu prêmio do produto) usavam amplamente cartões de crédito, uma informação excelente para a Evernote, que usava cartões de crédito como seu método de pagamento principal. Curiosamente, durante as conversas que Troy teve com pessoas comuns na Índia, ele ouviu de modo recorrente o que chamou de “Histórias de Tia”.

Quase todos os profissionais mais jovens pareciam ter uma “tia” que contava histórias de um familiar que conseguiu um cartão de crédito, contraiu muitas dívidas e arruinou sua vida. Muitas pessoas tinham cartão de crédito, mas graças a essas histórias ninguém nunca o usava, receando se endividar e *arruinar* sua vida. Os dados descobertos durante a pesquisa inicial feita “de longe” mostraram-se muito promissores para pagamentos com cartão de crédito, mas a realidade, de perto, mostrou que esses dados eram improcedentes. Tal descoberta não só ajuda a validar (ou invalidar) a pesquisa de mercado, mas também revela novas ideias para a localização.

No caso da Evernote, foi uma combinação da curiosidade cultural interempreendedora de Troy e da experiência no mercado local que levou a táticas de marketing eficazes que ajudaram a Evernote a eliminar o ruído, fazendo o inesperado. Ao explorar o mercado indiano com um colega local, Anirban Mukhopadhyay, Troy viu trabalhadores carregando grandes engradados repletos de recipientes equilibrados em uma madeira no cocoruto deles. Ao pedir mais detalhes a Anirban, ele ficou sabendo que esses trabalhadores (dabbawalas) entregavam almoços (“marmitas”) para os profissionais administrativos (a base inicial de clientes-alvo da Evernote) na área. Troy pensou em uma tática de marketing hiperlocal, imprimindo um cartão com um anúncio que promovia o prêmio de serviço da Evernote para aumentar a outra publicidade digital que a empresa estava fazendo. A estratégia foi um sucesso e nunca teria sido concebida sem a mentalidade empreendedora de Troy, que o levou a explorar o mercado local e experimentá-lo em primeira mão, e o conhecimento local de Anirban. É uma demonstração clara da importância de conhecer o mercado local e a empresa ao expandir para novos mercados (mais detalhado no Capítulo 8).

Cabe observar que o processo da descoberta de localização deve continuar além da fase investigatória inicial. Na verdade, as Empresas Global Class entendem que a descoberta contínua da localização é necessária mesmo após a entrada inicial no mercado para reunir insights adicionais sobre o mercado local e acelerar a localização de adequação empresa/mercado.

ESTUDO DE CASO

ADESÃO EXECUTIVA EXPERIENCIAL — AIRBNB

O cofundador e CEO do Airbnb, Brian Chesky, ao lançar a empresa na região APAC, queria observar as pessoas usando o aplicativo móvel da empresa em um dos primeiros países de lá, a Coreia do Sul. Jennifer Yuen, ex-head de Marketing da empresa na APAC, planejou uma viagem durante a temporada de férias daquele ano para todo o alto escalão da empresa, cuja finalidade era obter informações sobre os consumidores da região em primeira mão (descoberta de localização em sua melhor maneira). Como parte da viagem, Jennifer reuniu alguns grupos focais de clientes sul-coreanos para a equipe executiva observar.

Por um espelho unidirecional, a equipe executiva não apenas notava a linguagem corporal dos clientes, mas também sua ansiedade e cautela ao interagir com o aplicativo.

Fazer com que o CEO da empresa observasse isso foi de grande valia. Ofereceu-lhe uma experiência ao vivo que mostrava tanto os desafios do aplicativo quanto a alegria dos consumidores do novo mercado ao interagir com ele, reforçando a adesão à iniciativa de expansão. A equipe executiva pôde ver em primeira mão como os moradores locais se conectaram imediatamente ao aplicativo móvel repleto de fotos, não obstante o texto não ter sido traduzido para o coreano. Isso deu ênfase à oportunidade de mercado e novas percepções sobre as formas como o produto precisaria ser localizado para se adequar ao mercado local.

Além disso, a viagem foi uma ótima ferramenta para ajudar os executivos a entender melhor as diferenças culturais e a dinâmica de mercado na nova região e aceitar as atualizações do produto e da estratégia que a equipe local estava propondo.

Com base nos insights obtidos durante a descoberta da localização, o passo seguinte é desenvolver um novo conjunto de hipóteses sobre como a empresa atuará no mercado-alvo.

Business Model Localization Canvas

A aplicação de uma versão global da metodologia ágil começa aqui. A melhor maneira de criar hipóteses acuradas para o novo mercado é colocar em prática o modelo de negócios que já opera em escala no mercado inicial, fazendo isso por intermédio dos dois filtros detalhados anteriormente neste capítulo (regulamentação governamental e cultura), abastecendo cada um deles com os insights da descoberta de localização.

Para ajudar, criamos o Business Model Localization Canvas (BMLC).

Como ponto de partida, escolha categorias do Business Model Canvas, criado por Alex Osterwalder, usado por muitas startups conforme transitavam pela adequação produto/mercado inicial (o Business Model Canvas está disponível em Strategyzer.com [em inglês]). Você também pode usar categorias na Análise do Prêmio de Localização descrita no próximo capítulo ou criar sua própria lista de elementos (os modelos BMLC estão disponíveis em www.GlobalClassBook.com [em inglês].) O objetivo é fazer uma lista abrangente dos elementos de seu negócio e modelo operacional e executá-los por meio da regulamentação governamental e dos filtros culturais para desenvolver um novo conjunto de hipóteses sobre como seu negócio funcionará no novo mercado. Por sua própria natureza, isso deixará evidente a localização necessária para ganhar impulso também.

Os Interempreendedores brilham nesse processo. Sua mentalidade cultural e sensibilidade às nuanças locais ajudam a robustecer a compreensão do quanto o governo e a cultura regem as mudanças que precisam ser feitas no negócio.

A partir desse ponto, você pode transferir os modelos “go-to-market”/operacionais previstos para a aplicação no novo país (suas novas hipóteses de mercado local) para um modelo de Análise do Prêmio de Localização específico para esse país — uma estrutura abrangente que sinaliza as mudanças requeridas para deslanchar em novos mercados que faz parte do segundo estágio do processo ágil global (descrito no Capítulo 6) — enquanto usa um Business Model Canvas específico do país (ou outra ferramenta de rastreamento de sua escolha) para rastrear as mudanças em suas hipóteses derivadas das iterações no novo mercado. Em seguida, siga o restante da metodologia ágil padrão — conduzir e medir testes usando o Ciclo de Respostas Construir/Mensurar/Aprender (descrito em *A Startup Enxuta*, de Eric Ries), iterar com base nos aprendizados de maior importância, criar versões iniciais de estratégias e processos, mudar de estratégia quando necessário — até obter a adequação produto/mercado (e, por fim, a adequação empresa/mercado). Cada país deve ter sua particular Análise do Prêmio de Localização/Business Model Canvas (no caso da primeira, diversos países podem ser agrupados em um único modelo para fins de comparação).

Esse exercício é importante para cada país em que você está entrando. É preciso, então, continuar a administrar todos os aspectos do negócio utilizando esses filtros ao longo do crescimento do mercado para otimizar as operações e os resultados. À medida que você aumenta a escala e começa a operar em vários países, pode fazer sentido se basear em mercados nos quais já atua como referência para novos mercados, pois a localização feita para sua presença atual pode ser aplicável em novos mercados (o conceito de "mercado vinculado" é discutido mais detalhadamente no Capítulo 6).

Preenchendo o BMLC

Para completar o BMLC, escreva, na coluna mais à esquerda, o elemento do modelo de negócios validado em seu mercado inicial. A seguir, dê andamento à descoberta de localização, caso ainda não a tenha feito. Depois, liste os aspectos relevantes da regulamentação e da cultura governamental que podem afetar cada elemento do modelo operacional ou de entrada no mercado daquele país. Em seguida, na coluna mais à direita, formule e escreva as hipóteses localmente conscienciosas para o novo mercado. Essas hipóteses passam a ser a base para testes e iterações à medida que você se prepara e se lança no novo mercado. Isso, então, alimenta o processo de Análise do Prêmio de Localização na segunda etapa do processo ágil global.

País:____________________ Data: ____________ Concluído por: ____________

Business Model Localization Canvas		Versão: Prêmios por Localização	**Modelo Validado no Mercado Inicial** *Liste o modelo validado para cada aspecto de seu negócio que foi comprovado em seu mercado inicial.*	**Governo e Regulamentação** *De que modo o governo, as regulamentações e o ambiente político local afetam cada aspecto do negócio?*	**Cultura** *De que modo a cultura, as normas, as crenças e os valores do mercado local afetam cada aspecto do negócio?*	**Hipóteses do Mercado Local** *Após analisar cada aspecto através de um filtro de Governo e Regulamentação, e Cultura, que novas hipóteses você deveria testar para o novo mercado?*
	tégia "Go-to-Market"	Prêmio de Vendas				
		Prêmio de Produto				
		Prêmio de Marketing				
	Estratégia Operacional	Prêmio da Admin.				
		Prêmio da Infraestrutura				
		Prêmio da Org.				

País:____________________ Data: ______________ Concluído por: ______________

Business Model Localization Canvas

Versão: Business Model Canvas	**Modelo Validado no Mercado Inicial** *Liste o modelo validado para cada aspecto de seu negócio que foi comprovado em seu mercado inicial.*	**Governo e Regulamentação** *De que modo o governo, as regulamentações e o ambiente político local afetam cada aspecto do negócio?*	**Cultura** *De que modo a cultura, as normas, as crenças e os valores do mercado local afetam cada aspecto do negócio?*	**Hipóteses do Mercado Local** *Após analisar cada aspecto através de um filtro de Governo e Regulamentação, e Cultura, que novas hipóteses você deveria testar para o novo mercado??*
Segmento de Clientes				
Proposta de Valor				
Canais				
Relacionamento com Clientes				
Fluxos de receita				
Principais Recursos				
Principais Atividades				
Principais Parceiros				
Estrutura de Custos				

ÁGIL GLOBAL/BMLC EM AÇÃO

A cultura e as regulamentações governamentais podem ter efeitos profundos nas localizações necessárias para obter a adequação, bem como nos modelos legal e culturalmente aceitos. As regulamentações culturais e governamentais cobrem todos os blocos do Business Model Canvas, além do produto (e também todas as categorias da Análise do Prêmio de Localização descritas no próximo capítulo). Para explicar a extensão do impacto, eis uma breve descrição de diferentes exemplos representativos da ação desses filtros:

Produto. O Zoom passa por um processo de localização de seu produto ao se lançar em um novo mercado ou o que seu head Internacional, Abe Smith, chamou de "localização de tecnologia". Isso causou alterações nos produtos que, refletindo a sensibilidade na cultura local, levaram ao aumento da receptividade de sua plataforma de videoconferência. Na Ásia, quando há reuniões presenciais, a troca de cartões de visita é um costume cerimonial; eles são oferecidos, aceitos com as duas mãos e inspecionados detalhadamente em sinal de respeito. Sabendo disso, o Zoom introduziu um recurso que possibilita a troca virtual de cartões de visita para compatibilizar as reuniões virtuais com a cultura das reuniões presenciais. Além disso, a empresa viabiliza que as janelas de cada fluxo de vídeo sejam reorganizadas de modo a levar em conta a disposição formalizada dos assentos, habitual nas reuniões presenciais asiáticas, em que os participantes mais experientes são colocados nos lugares mais proeminentes (ou, no caso de videoconferências, a posição na tela) para mostrar seu nível de importância.

Modelo de Receita. A cultura repercute notavelmente na precificação. No México, é normal as empresas oferecerem empréstimos a custo zero para a aquisição de produtos. Na cultura empresarial japonesa, as negociações de preços são uma prática padrão (sendo comuns descontos de até 90%), então os preços de tabela são artificialmente elevados. Nas indústrias B2B na China, muitas vezes a última fatura não é quitada, uma prática que um fornecedor aceita como sinal de compromisso com o futuro da parceria. O fornecedor sinaliza que planeja construir um relacionamento de longo prazo com seu cliente, não enviando uma fatura final. Desconsiderar isso poderá levar rapidamente a fazer negócios de maneira não lucrativa — algo que a equipe da Thoughtworks teve que aprender da maneira mais difícil.

Proposta de Valor. Como é normal que os funcionários alemães tenham longas passagens pela mesma empresa, era considerado desleal ter um perfil no LinkedIn, uma plataforma cuja proposta de valor nos EUA era, primariamente, procurar emprego. O LinkedIn teve que mudá-la, posicionando-se como uma ferramenta relevante de desenvolvimento profissional. A empresa trabalhou para minimizar a questão da busca de emprego, comunicando que atualizar seu perfil ou status não significava procurar um novo emprego e que a plataforma pode ser uma ferramenta de conhecimento diário para aprimorar as habilidades necessárias para ter sucesso no trabalho atual.

Canais. O aplicativo de vinhos Vivino tem um modelo de comércio eletrônico no qual o pedido do cliente é entregue diretamente no portão de casa. Esse esquema deu certo em vários países europeus, como a Alemanha, mas raramente era feito na França porque os custos de transporte do vinho chegavam a ser até 70% mais elevados do que em outros mercados, além de os consumidores estarem habituados a um modelo de "clique e vá buscar", retirando o vinho em uma central. A equipe da Vivino adaptou-se, criando um sistema de distribuição que permitiu uma opção "clique e vá buscar" para atender o mercado francês. Em mercados nos quais a venda de álcool online é ilegal, como na Rússia ou na Coreia do Sul, a empresa teve de reavaliar e adaptar seu modelo de receitas.

Compreender os cenários governamental e cultural pode ser uma vantagem competitiva e até mesmo direcionar a estratégia "go-to-market" de uma empresa, como comprovou a entrada da DocuSign no mercado alemão.

ESTUDO DE CASO

UM PARCEIRO PARA O MERCADO ALEMÃO — DOCUSIGN

Os alemães estão acostumados a marcas domésticas de primeira qualidade e, por isso, preferem comprar em empresas locais (como ilustrado no Capítulo 1 pelo fracasso do Walmart em ganhar impulso no mercado). Com isso, é difícil fazer com que os alemães adotem um novo produto ou serviço de uma empresa internacional.

A DocuSign encarou o desafio. Compreendendo a cultura local, percebeu a necessidade de assegurar uma parceria "go-to-market" com uma empresa alemã que fosse bem conhecida e com vasta participação no mercado. A equipe pretendia fechar um acordo com SAP, Allianz, Deutsche Telekom (DT), entre outros. No final, a DT parecia ser a mais adequada, com sua equipe de vendas de 10 mil pessoas, um canal de distribuição incrível para explorar. A DT também buscou integrações tecnológicas para que seus dispositivos móveis tivessem recursos de assinatura eletrônica DocuSign, bem como armazenar os dados do cliente em seu data center, pois os dados dos clientes alemães tinham que ser armazenados no país.

Para mostrar compromisso com o mercado, a DocuSign elaborou uma proposta de parceria abrangente que incluía o investimento do parceiro na próxima rodada de captação de recursos da DocuSign, uma parceria de revenda, uma integração tecnológica (como a assinatura de dispositivo móvel para a DT) e um relacionamento mútuo com o cliente no qual os funcionários de cada empresa utilizariam as soluções do parceiro. Essa abordagem em quatro vertentes (distribuição, clientes mútuos, investimento e integração tecnológica) seria uma grande vitória para a DocuSign, mas também uma oportunidade para a DT, por ajudar o parceiro a expandir os negócios na Alemanha, melhorar a experiência do cliente, obter receitas para seu negócio na nuvem e se beneficiar de um investimento no valor rapidamente crescente da DocuSign.

Como é de praxe nas conversas de parceria com muitas organizações de grande porte, as negociações progrediram lentamente. Em junho daquele ano, o então CEO da DocuSign, Keith Krach, ficou sabendo que o CEO da DT, Tim Hodges, e cerca de 50 de seus principais executivos fariam alguns cursos de educação executiva na Universidade de Stanford, perto do QG da DocuSign em São Francisco. Com a aproximação do feriado de 4 de julho, Keith convidou todos os executivos da DT para sua (autoproclamada) "barraca de praia" ao longo da costa da Califórnia, perto de Santa Cruz, para comemorar. Os executivos da DT compareceram, trocando trajes formais de negócios por shorts e camisas de manga curta. O grupo desfrutou de um churrasco de salsichas (que *deveriam* ser as de cachorro-quente, mas eram alemãs do tipo *bratwurst*, o que não deixa de ser cômico) e fogos de artifício. Pelas relações construídas no encontro, o acordo de parceria foi finalizado logo em seguida.

O êxito da parceria foi incrível. A DT não apenas se beneficiou do investimento lucrativo na DocuSign, mas também incluiu a DocuSign como um serviço de valor agregado no topo de suas soluções de rede. Ao longo de 2 anos, a DocuSign passou a contratar uma equipe de vendas diretas na Alemanha para apoiar os clientes extras e as novas oportunidades de mercado cujas bases foram estabelecidas pela parceria. O plano de jogo foi vencedor porque toda a estratégia foi elaborada em cima da compreensão e da adoção das práticas culturais alemãs.

A localização é a atividade principal e o foco das Empresas Global Class conforme elas se expandem para novos mercados. Ela representa a diferença entre sucesso e fracasso. Tal como descrito no capítulo anterior, localizar é difícil e tem um escopo amplo. Além de impulsionar em novos mercados, ela também acrescenta complexidade à maneira como o negócio funciona.

O inconveniente é que o modo de negociar mudará quando você se expandir internacionalmente. Se é uma mudança no produto ou no modelo operacional, terá que haver uma adaptação ao entrar em um novo mercado. Parte por obrigação (leis e regulamentações locais), parte por fatores de mercado (ou seja, a necessidade de mudança para deslanchar no novo mercado) e parte pela cultura.

Seja qual for a mudança, nossa pesquisa indica que os líderes empresariais muitas vezes só compreendem parcialmente essa complexidade, em geral não como parte de um quadro abrangente e simples para planejar e socializar dentro de sua organização.

A equipe da Flexport, por exemplo, viveu um momento eureca quando preparava sua iniciativa de crescimento global, ao comparar a forma de precificar e vender seus serviços de frete marítimo nos EUA em relação aos vários mercados na Europa. Os modelos de precificação e contratos são bem diferentes. Por exemplo, a taxa alfandegária de importação é muito mais elevada nos EUA do que (na maior parte) na Europa, e certos mercados europeus têm sobretaxas portuárias especiais que os EUA não têm (e vice-versa). Nos EUA, os contratos fixos normalmente começam em maio e têm validade anual (uma taxa contratual fechada), já na Europa, os contratos fixos anuais têm maior probabilidade de serem fechados no final do ano e costumam ter validades fixas trimestrais e semestrais. Para se adequar a cada mercado, a Flexport teve que adaptar seu modelo de precificação e realinhar seu ciclo de vendas para garantir que a empresa pudesse operar globalmente. Essas mudanças trazem complexidade aos negócios. O que começa como dois modelos de precificação diferentes pode se transformar em cinco ou seis quando uma empresa estabelece uma presença global convivendo com múltiplas entidades legais, propostas de valor diferentes em cada país, vendas divergentes ou modelos de suporte e várias integrações de tecnologia interna, sem mencionar as alterações de tradução e marketing para localizar.

Adicionar a questão da localização requer uma nova estrutura para rastrear, comunicar e implementar as personalizações validadas por meio da aplicação da metodologia ágil global. Dominando melhor como localizar em sua busca para obter a adequação empresa/mercado nos mercados globais, investigaremos como gerir a complexidade que acompanha tais mudanças em seu negócio, o segundo passo do processo ágil global. O próximo capítulo explorará uma estrutura que o ajudará nisso e a obter a adequação empresa/mercado.

CAPÍTULO 5 — RESUMO

- Para ter sucesso em alcançar a escala global, as Empresas Global Class aplicam uma versão modificada da metodologia ágil (ágil global) que as ajuda a transitar pelas localizações (mudanças nos modelos operacionais e de "go-to-market" da empresa) requeridas para obter a adequação produto/mercado (o objetivo do passo um) em um novo mercado e, em última análise, a adequação empresa/mercado (o objetivo do passo dois). O primeiro passo envolve promover a descoberta da localização e desenvolver um novo conjunto de hipóteses sobre como a empresa atuará no novo mercado.
- A localização vai além da tradução de idiomas e do marketing, incluindo todos os aspectos de uma empresa, do produto aos processos, do modelo de negócios ao envolvimento da comunidade local.
- Há dois filtros através dos quais são submetidos todos os aspectos dos modelos operacionais e de "go-to-market" de uma empresa (como parte do *Business Model Localization Canvas*) antes da entrada no mercado: regulamentação governamental e cultura. Esse processo ajuda a descobrir hipóteses a respeito do modelo no novo mercado que podem ser testadas.

CAPÍTULO 5 — PERGUNTAS DE REFLEXÃO E AÇÃO

1. Como você está descobrindo e acompanhando as localizações necessárias para entrar em novos mercados globais?
2. O que você descobriu na última vez que parou um momento para avaliar como sua empresa se localizou para os mercados internacionais?
3. De que modo os filtros de regulamentação governamental e cultura foram considerados em sua estratégia de localização durante o planejamento?

6

COMPLEXIDADE

Ágil Global Parte 2: Preparação, Validação e Implementação

GONZALO BEGAZO, COFUNDADOR e CEO da plataforma de logística e entregas Chazki, conduzia a expansão de sua empresa para um oitavo mercado quando percebeu que tinha um problema. Aspectos do negócio nos quais se debruçara tanto tempo para ajustar no primeiro mercado internacional da empresa, como o modelo operacional e o alinhamento da cultura do escritório, eram deixados de lado à medida que questões mais urgentes e um esforço para encontrar uma adequação empresa/mercado unificada em cada mercado ganhavam prioridade. Essa questões, agora, eram um obstáculo, pois impediam que se obtivesse maior escala e impulso, uma vez que sua equipe estava sobrecarregada com a operação de muitos modelos diferentes ao mesmo tempo. Ele precisava não só resolver alguns dos problemas atuais, mas também fazer um trabalho melhor na criação de pontos em comum entre os modelos de cada país e ser mais determinado na avaliação das nuanças de cada mercado antes de se comprometer com o lançamento.

Gonzalo não estava sozinho. O setor de varejo online da Amazon fora construído em uma era anterior de negócios globais. Ele opera no exterior quase como vinte empresas distintas, cada país com seus próprios processos, logística, estratégias de "go-to-market" e propostas de valor. Embora os sites da Amazon pareçam semelhantes em diferentes mercados, cada site é independente, e os produtos vendidos em cada um podem ser muito distintos. Esse nível de complexidade impede que a Amazon realmente explore todo seu potencial e um nível mais alto de otimização.

Sempre que uma empresa decide entrar em um novo mercado, trava-se uma batalha — uma batalha sobre quais aspectos do negócio mudam e quais permanecem os mesmos. Nenhuma empresa, sejam quais forem tamanho, setor e região, está dispensada dessa luta, desde gigantes globais como a Amazon até startups em rápido crescimento como a Chazki. O resultado pode ser catastrófico, com o crescimento potencial da Chazki em compasso de espera e a Amazon ficando suscetível a uma nova concorrência no mercado local. O efeito do equilíbrio alcançado entre complexidade e personalização pode levar ao deslanche ou fracasso em qualquer mercado singular, mas, quando há muitos mercados no rol de atuação da empresa, os riscos se multiplicam.

Conforme especificado no Capítulo 5, a localização é mais do que apenas tradução de idiomas; envolve a adaptação de todos os aspectos do negócio à cultura, aos regulamentos e a outras nuanças intrínsecas a um mercado local. Tais mudanças, contudo, também geram complexidade. Após detalhar a primeira etapa do processo ágil global — descoberta e desenvolvimento de hipóteses — agora nos concentraremos na próxima, uma etapa que o ajuda a gerenciar essa complexidade: preparação, validação e implementação.

Cada empresa tem seu jeito próprio de descrever as complexidades que se seguem às mudanças necessárias: um mote no Slack é "Cada 'Sim' é um sacrifício". Na Zendesk, "Você não pode ser tudo para todas as pessoas". Para outras, houve até o uso de expressões batidas em inglês, como "boil the ocean", a incapacidade de "ferver o oceano" [em português, algo como "nem que a vaca tussa"].

Foco, simplicidade e esforços combinados para prevenir complexidades (muitas vezes inevitáveis) são elementos importantes a considerar ao crescer globalmente.

O primeiro passo da metodologia ágil global pode ajudar a descobrir as mudanças necessárias para gerar impulso em um novo mercado, mas obter a adequação produto/mercado a todo custo não é uma boa postura, pois cria complexidade, freia o impulso e inibe a eficiência e o aumento de escala. Em vez disso, é importante gerir a complexidade que acompanha o crescimento global.

É vital equilibrar as localizações necessárias para obter impulso em um novo mercado com as complexidades que acompanham a realização dessas mudanças. As Empresas Global Class utilizam com eficácia a metodologia ágil global para alcançar esse equilíbrio.

O aspecto fundamental para esse equilíbrio está integrado no que chamamos de *Prêmio de Localização* — um novo conceito ágil que permite às organizações gerenciar estratégias de localização enquanto gerenciam a complexidade à medida que crescem globalmente.

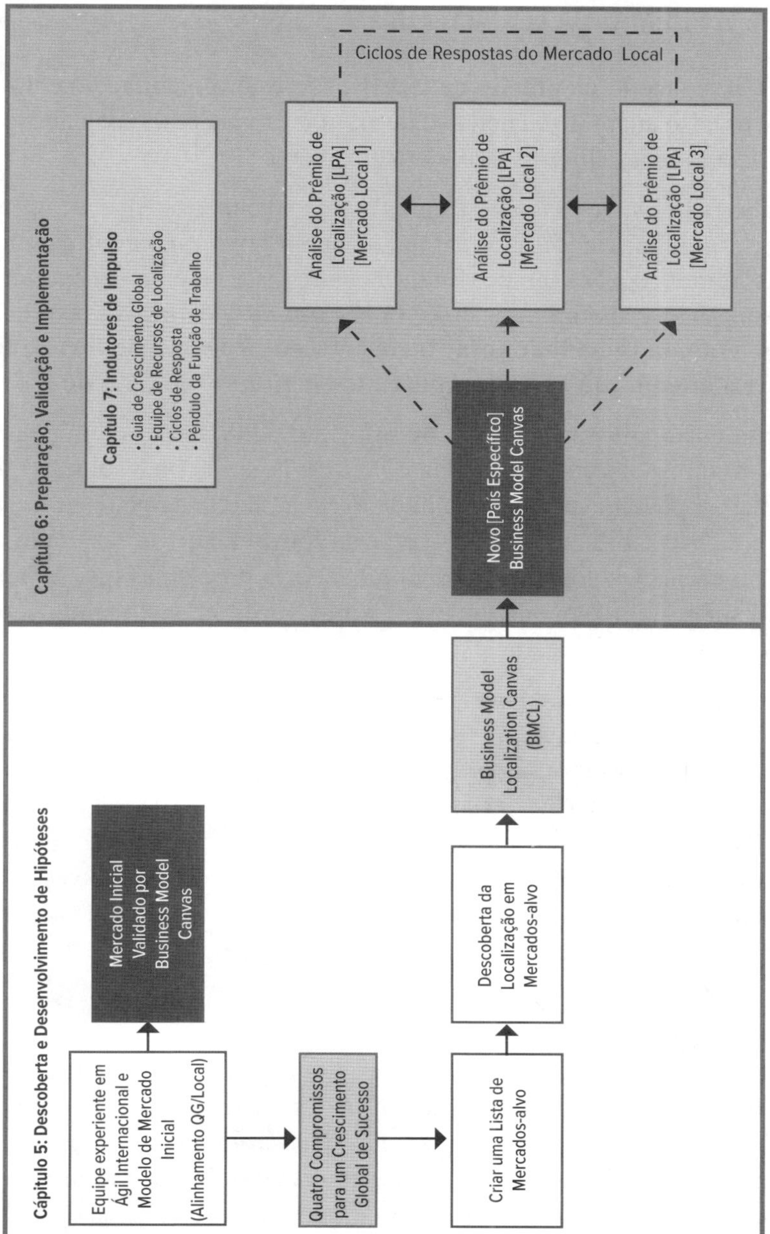

Em última análise, este é o objetivo do segundo passo do processo ágil global: gerenciar as complexidades que acompanham a localização do negócio para um novo mercado no caminho para alcançar a adequação empresa/mercado.

O QUE É O PRÊMIO DA LOCALIZAÇÃO?

Inerente ao conceito de prêmio de localização está o reconhecimento essencial de que é preciso adaptar seu negócio de algumas maneiras, senão de muitas, para ingressar com êxito em um novo mercado.

A palavra *prêmio* é usada para denotar tanto o benefício que a empresa obtém ao fazer a mudança necessária (impulsionar o novo mercado) quanto o custo adicional (em termos de tempo, finanças ou recursos humanos) exigido ao fazê-lo. O benefício vem com um fardo. **O *prêmio de localização*, essencialmente falando, é a complexidade total incorrida no processo de localização para alcançar a adequação empresa/mercado em um novo mercado**.

Há um custo adicional ou um investimento de tempo caso uma empresa escolha criar uma solução mais rápida e fácil no lugar de uma solução melhor que leva mais tempo para ser implementada, ou seja, há uma opção em prol da velocidade e da escalabilidade, em desfavor da longevidade do resultado final. Por sua vez, o prêmio de localização acumulado cria problemas que se multiplicam e devem ser resolvidos mais adiante, muitas vezes intensificando-se à medida que sua solução é postergada.

Essas mudanças operacionais e de "go-to-market" e o prêmio incorrido podem ser grandes ou pequenos. Se, por exemplo, você permitisse que a equipe em cada novo país usasse sua própria tecnologia de gerenciamento de relacionamento com o cliente [CRM, na sigla em inglês], sistemas de folha de pagamento, criação de propostas e ferramentas de precificação, permitisse que implementassem diferentes estratégias de propriedade intelectual e mantivessem diferentes estruturas de pessoas jurídicas, a gestão operacional de sua presença global seria insustentável, e o esforço para integrá-la, excruciante.

Efetuar uma Análise do Prêmio de Localização (detalhada adiante neste capítulo) pode ajudá-lo a obter a adequação empresa/mercado e aumentar a escala mais rapidamente em um novo mercado. Ela o guia nas mudanças necessárias de seu modelo atual para ter sucesso nos novos mercados e a levá-las para vários mercados locais. Isso faz com que a Análise do Prêmio de Localização se torne um catalisador para obter a adequação empresa/mercado em uma escala mais ampla em todo o mundo. O conceito de prêmio de localização também pode servir como linguagem comum e estrutura para as empresas compreenderem as mudanças incorridas na expansão para novos mercados e como a complexidade adicional precisa ser gerenciada intencionalmente.

Cientes disso, os Interempreendedores devem dar uma interpretação positiva ao prêmio de localização e à maior taxa de retorno associada às iniciativas de crescimento global, mantendo o conceito na vanguarda dos esforços da equipe. Você pode pensar no custo associado a cada localização como um investimento que, se bem feito, pode ser levado para outros mercados, permitindo que o aumento de escala ocorra mais rapidamente. Não importa se a complexidade é bem administrada, uma empresa que coloca em ação um processo de expansão global mudará de várias maneiras (muitas delas positivas) conforme se esforça para atingir um público global.

O intuito deste capítulo é ajudá-lo a otimizar o prêmio de localização desde o início, primeiro tornando-o mais consciente dele, então, fornecendo-lhe construtos e insights para um gerenciamento melhor dessa questão. A ideia é entronizar um conjunto de crenças em sua equipe e estabelecer processos para combater as complexidades em vez de preparar soluções rápidas personalizadas. Estruturas e linhas de comunicação claras podem dar às equipes do mercado local visão sobre como outros estruturaram suas regiões e resolveram os problemas.

Paul Williamson, head de Receitas da Plaid, assemelha o prêmio de localização ao conceito estatístico de desvio-padrão, pois as mudanças na maneira de administrar um negócio induzem a atenção para o desvio-padrão, afastando o foco principal. Distanciar-se de seu foco principal, adicionando complexidades e múltiplas formas de operação, impede a solução dos problemas centrais. Medir as mudanças propostas no contexto dos desvios-padrão auxilia os líderes empresariais a colocar barreiras no processo de tomadas de decisão e destaca os efeitos negativos muitas vezes negligenciados que mesmo as pequenas mudanças sofrerão.

Continuando no assunto, Paul referiu como, sem barreiras de proteção contra os desvios-padrão ou uma perspectiva de prêmio de localização, é possível "frankensteinizar" seu produto; em vez de continuar a ser uma solução valiosa para os clientes-alvo, você se torna um não especialista para todos (e tem um elevado Prêmio do Produto). As alterações nos produtos são apenas estéticas em relação às localizações necessárias para capturar uma parcela significativa de um novo mercado. Mudanças em outros aspectos do negócio também são frequentemente fundamentais. O foco é importante no início, seja nos estágios iniciais de um negócio, seja no lançamento de novos mercados.

Embora se possa pensar no prêmio de localização como representativo da complexidade, ele é mais do que isso. Nós o vemos como uma ilustração física e gráfica de como sua empresa deve adaptar seu modelo atual para uma melhor adequação empresa/mercado em um novo mercado.

O prêmio de localização é um ponto de partida para uma conversa, uma linguagem e estrutura comuns, possibilitando quantificar elementos muitas vezes problemáticos. A estrutura da Análise do Prêmio de Localização explicada neste capítulo o ajudará a equilibrar o potencial de receita e as mudanças necessárias (que exigem recursos). Ela permite comparar vários elementos de seu negócio. Antes de mais nada, é uma heurística útil para transitar em escala internacional.

POR QUE O PRÊMIO DA LOCALIZAÇÃO É IMPORTANTE

James Sherrett, ex-head de Vendas no Oriente Médio e na África, descreve desta maneira as complexidades que levam ao prêmio de localização: "Cada decisão e mudança tem efeitos lá na frente."

É importante compreender e monitorar o prêmio de localização, que, se não for controlado, aumentará, desacelerando o crescimento da empresa, sugando recursos do que é central, desperdiçando tempo e dinheiro. Pode até colocar em perigo o negócio principal no mercado inicial.

Gerenciar a complexidade é também fundamental para progredir no mercado, desde a entrada até o crescimento e, em última instância, à maturidade.

E mais, os conceitos de prêmio de localização e complexidade alinham-se bem com os Quatro Compromissos para um Crescimento Global de Sucesso.

Conforme mencionado, apesar de todas as providências tomadas pela Amazon para facilitar a vida de seus clientes em todo o mundo, fazê-lo tornou muito difícil para ela própria operar em uma escala global.

A Amazon começou a se lançar nos mercados internacionais em uma época em que muitas ferramentas e estruturas de minimização da complexidade não existiam. Conforme a empresa crescia, acumulava um considerável prêmio de localização.

Ethan Evans, ex-vice-presidente da Appstore da Amazon para o Kindle Tablet, descreve a Amazon não como uma empresa global, mas sim como uma empresa multinacional que, tecnicamente, gerencia negócios quase distintos um do outro e com diferentes estratégias operacionais para a entrega de produtos em cada país. A empresa começou com produtos físicos em um único país e depois se expandiu de país para país. Assim, apesar de a Amazon utilizar um modelo operacional e um conjunto de princípios orientadores, o varejo online em cada país tem caraterísticas singulares. Essa abordagem altamente localizada permite que a entidade local seja ágil e atenda às necessidades do mercado local (ótimo para alcançar a adequação empresa/mercado), porém, ao mesmo tempo, provoca muitas maneiras diferentes de administrar várias partes do negócio (aumentando o prêmio de localização).

A Apple é uma só, mas a Amazon tem a Amazon.com e outros domínios — sufixos como .jp, co.uk e assim por diante. Embora tenham aparência semelhante, as ofertas de produtos e processos em cada mercado são diferentes. Como a empresa lida com bens físicos, precisa ter presença física no país, além de um site localizado. Tal modelo requer customizações para importação/exportação de produtos, imóveis corporativos, leis trabalhistas locais, preocupações políticas e regulamentações locais.

Estudando os serviços da Amazon, descobre-se que há uma oferta localizada por país, em cerca de 15 a 20 principais mercados comerciais, e uma oferta global da experiência online norte-americana para o resto do mundo. Daí se depreende que a Amazon está dividida em 20 mercados e um grupo para o "resto do mundo". À medida que o tempo passa, a Amazon transfere, lentamente, alguns dos países do grupo do resto do mundo também para os mercados individuais.

Ao administrar uma parcela do negócio baseada em tecnologia (Prime Gaming e Kindle Tablet) — que em teoria poderia desconhecer fronteiras —, Ethan ainda estava vinculado à pessoa jurídica separada de cada país e à experiência online personalizada para cada país, aumentando a complexidade do lançamento em novos mercados. Acrescentar diferenças em infraestrutura, matizes culturais, localização e regulamentações do mercado local e operar em vários países pode ser complicado.

Ethan explicou essa questão assim: "A Amazon construiu uma casa, um bairro e uma cidade. Você não pode negligenciar uma estrutura existente. Não pode evitar o que já está lá. Há uma estrutura legada com a qual é preciso se reconciliar." Ou seja, um inconveniente, ainda que ele tenha ressaltado que a Amazon tem uma enorme vantagem em escala e distribuição, algo que a ajudou a ser incrivelmente bem-sucedida apesar das complexidades.

Embora empresas como a Amazon possam ter recursos para perseverar mesmo com essas complexidades, é melhor evitar criá-las desde o início para não enfrentar o cenário "sem volta" em que está a Amazon, pois a esta altura seria quase impossível reorganizar globalmente suas operações em um modelo menos complexo.

O cofundador da VTEX, Geraldo Thomaz, coloca essa questão em termos de proteger o que a empresa faz de melhor, dizendo: "A complexidade não pode contaminar os pontos fortes do que é central." Para a VTEX, central é sua plataforma tecnológica, o que leva a empresa a concentrar as operações ao redor dela. Independentemente de qual for o ponto forte mais importante, o fundamental é protegê-lo, gerenciando proativamente a complexidade nessa área.

Ao começar a construir uma organização global, mantenha os olhos bem abertos. Entenda que você precisa se sacrificar e fazer perguntas difíceis a si mesmo, com antecedência. Como sugere Scott Coleman, ex-Pinterest e Google, faça e responda perguntas como:

- O que seria necessário mudar?
- O que estamos dispostos a sacrificar?
- Como isso afeta a estratégia de "go-to-market" ou o modelo operacional?

MUITAS VEZES NEGLIGENCIADO

O que Acontece ao Priorizar a Velocidade Acima de Tudo

Quando você se lança em vários novos mercados, pode enfrentar uma zona morta no cronograma, com a velocidade de curto prazo tendo prioridade sobre o gerenciamento da complexidade. Esse foi o caso de Gonzalo Begazo ao expandir a Chazki para novos mercados. Após o lançamento em alguns mercados internacionais, fatores importantes perderam prioridade. Gonzalo havia ressaltado o quão importante foi manter uma cultura empresarial consistente no primeiro mercado internacional da Chazki, tanto quanto estabelecer uma cultura empresarial forte em seu mercado inicial. Isso ficou em segundo plano em relação a outras prioridades nos mercados seguintes. As empresas, com frequência, se concentram na implementação de uma cultura empresarial forte e na garantia do alinhamento dos valores centrais em um mercado inicial e até mesmo nos primeiros mercados internacionais. Todavia, à medida que uma empresa entra nos mercados três, cinco, sete, tal postura deixa de ser prioritária em favor da velocidade de entrada e da descoberta de impulso. O alinhamento dos valores essenciais só volta ao foco posteriormente, quando a liderança identifica mercados que não estão bem alinhados com os valores essenciais. Isso força a equipe a tomar decisões difíceis, tirando mais tempo e foco dos clientes. Utilizar o conceito de prêmio de localização pode ajudá-lo a evitar isso, mantendo uma visão de conjunto de todos os elementos das estratégias operacionais e de "go-to-market" em cada entrada no mercado.

Dominar a questão do prêmio de localização mitiga os problemas que envolvem a posterior busca de escala, garantindo que você faça tudo certo na primeira vez mediante planejamento eficaz, desenvolvimento de estratégia, priorização e monitoramento contínuo.

CASOS DE USO DA ANÁLISE DO PRÊMIO DA LOCALIZAÇÃO

A Análise do Prêmio de Localização [LPA, na sigla em inglês] é um exercício relevante para uma série de casos de uso e pode resolver questões que muitas empresas enfrentam ao passar pelas fases de entrada e crescimento do mercado.

Análise de um Novo Mercado

Antes de entrar no mercado, concluir a pesquisa e a preparação na primeira etapa do processo ágil global não só torna visível o potencial prêmio de localização (a descoberta da localização discutida no Capítulo 5), mas também critérios importantes para selecionar os melhores países para onde expandir. A LPA fornece uma lista de verificação de todos os fatores que necessitam ser pesquisados antes da decisão de se comprometer com um mercado. A melhor combinação da LPA é com a pesquisa de mercado normalmente realizada que avalia o tamanho dele e outros indicadores econômicos para elaborar uma análise mais robusta e multifacetada. As métricas típicas de investigação são quantitativas (população, crescimento econômico), enquanto a LPA providencia um contrapeso qualitativo. A LPA torna-se, então, uma ferramenta que a organização pode utilizar de modo contínuo para rastrear as localizações para todos os mercados internacionais. A LPA detalhada a seguir é a principal ferramenta que as empresas podem usar para concluir a segunda etapa do processo ágil global e é o principal facilitador (junto com os indutores de impulso discutidos no Capítulo 7 e os Três Pilares para Obter Escala Global, detalhados na Parte 3) para alcançar a adequação empresa/mercado.

Priorização de Mercado

Ao lado dos dados sobre o tamanho/oportunidade do mercado, o exercício de determinar a composição global das mudanças necessárias para entrar em um novo mercado é uma ferramenta eficaz para determinar quais mercados priorizar. Os países com um prêmio de localização mais baixo podem ser o foco certo no curto prazo, mas no longo prazo pode fazer sentido dar prioridade a um mercado que requeira mais localização, pois essas mudanças poderiam ser aplicáveis em outros mercados relacionados, alimentando assim a dinâmica e o crescimento, levando a uma penetração mais rápida em vários países. Esse é o conceito de Linked Market [Mercado Vinculado] discutido mais adiante, neste capítulo. Troy Malone sugere segmentar cada mercado com base na quantidade de prêmios da localização que a entrada no mercado incorreria em qualquer um:

- **Mercados Disponíveis** — Incorreriam em pouco prêmio para entrar
- **Mercados Emergentes** — Sujeitos a mais prêmios e exigiriam a superação de alguns obstáculos
- **Mercados Desafiadores** — Problemáticos e incorreriam em prêmios extremos

Naturalmente, os critérios de classificação de cada mercado dependem sobremaneira dos modelos operacionais e do "go-to-market" e podem variar muito da classificação de outra empresa.

Ferramenta de Comunicação

As complexidades de entrar em um novo mercado e as mudanças necessárias no modelo corrente podem ser difíceis de visualizar e explicar. A LPA torna a discussão mais simples, destacando as mudanças requeridas no contexto de quão diferente seria o modelo em um novo país, servindo como uma visão geral de alto nível capaz de promover discussões mais profundas e maior adesão. Essa estrutura é particularmente eficaz em oferecer aos executivos de alto escalão e membros do Conselho de Administração uma explicação abrangente, mas fácil de entender, das localizações necessárias. Isso também está vinculado diretamente ao compromisso de comunicação e clareza dos Quatro Compromissos para um Crescimento Global de Sucesso.

Visualização de Riscos

Os executivos e os Conselhos de Administração pensam frequentemente em termos de risco: regulatório, reputacional, político, financeiro e de segurança, entre outros. A LPA dá visibilidade às mudanças necessárias, o que pode, naturalmente, levar a uma discussão que enfatiza os riscos correspondentes.

Superando Pontos de Vista Míopes

Quando não se dispõe de um retrato abrangente de todos os aspectos de uma empresa cuja adaptação é necessária para fazer a localização em um novo mercado, tanto os executivos quanto os membros da equipe terão como padrão pensar principalmente no escopo das mudanças que afetam sua área funcional (vendas, marketing, RH etc.). Mapear cada prêmio ajuda a minimizar o viés funcional (em especial no caso de sua empresa ser orientada por uma função específica, como um produto). É importante comunicar um conjunto global de mudanças para que cada equipe tenha seu centro de atenção e meios adequados para operar.

Alinhamento do Roteiro

A estratégia deve estar vinculada à implementação. A LPA destaca as mudanças que precisam ser feitas para que as equipes relevantes possam ser envolvidas, e essas mudanças, integradas em seus roteiros.

Alicerces de um Manual de Crescimento Global

As localizações mapeadas na LPA, bem como os insights da descoberta de localização, tornam-se a base para um Manual de Crescimento Global que pode ser iterado pela equipe cujo foco está no crescimento global.

Monitoramento da Implementação

Após o lançamento, a chave para o sucesso é estabelecer Ciclos de Respostas eficazes. O processo de estimar o prêmio de localização não é somente uma prática valiosa para quantificar a complexidade que uma empresa tem que assumir; também é uma ferramenta de monitoramento eficaz. Além de prever o prêmio de localização, você pode retornar a essa prática depois do lançamento para rastrear até que ponto as complexidades incorridas são, de fato, as que estimou, ajudando a definir melhores expectativas para futuras entradas de mercado, estimulando a promoção de iniciativas de consistência (como visto no estudo de caso da entrada da Evernote na Índia descrito mais à frente neste capítulo).

Ademais, usar a LPA para avaliar as localizações e as complexidades dos mercados nos quais já se opera pode descobrir novos fatores de sucesso, ajudando a identificar novos critérios a serem considerados ao avaliar mercados adicionais. Revisitando o estudo de caso do Capítulo 2, detectar a aceitação cultural da carona por meio do preenchimento da LPA para sua entrada na Rússia poderia ajudar a BlaBlaCar a identificar novos critérios culturais que podem ser usados para avaliar novos mercados, além de outros critérios econômicos, demográficos, governamentais e de dinâmica de mercado.

Quando a LPA é utilizada para indicar diferentes modelos na fase de implementação em vários mercados internacionais, ela pode mostrar com quantos modelos distintos a empresa está lidando e destacar maneiras de reduzir as complexidades e simplificar os modelos operacionais, aplicando as melhores práticas entre os mercados ou otimizando as estruturas organizacionais para apoiar sua presença global atual e planejada.

A Análise do Prêmio de Localização não Serve Apenas para Lançar Novos Mercados

Para deixar claro, a LPA é um exercício valioso não só ao se lançar em novos mercados, mas até quando se tem uma presença estabelecida. Além de descobrir insights para auxiliar na futura seleção de mercados, ter diversas equipes locais mantendo LPAs permite que uma equipe internacional tenha visibilidade sobre o que precisou ou não mudar em cada mercado, uma transparência que possibilita o compartilhamento de melhores práticas, expandir a inovação entre os mercados e a base de um Manual de Crescimento Global para acelerar o impulso das iniciativas de expansão (mais sobre esta última no Capítulo 7).

Mercados Vinculados e Identificação de Padrão

Monitorar localizações eficazes em mercados existentes pode revelar tendências, melhores práticas e padrões úteis na seleção de mercados futuros e em estratégias para entrar em novos mercados. A LPA pode ser usada como uma ferramenta de ajuda na identificação de mercados que se influenciam mutuamente e nos quais uma mudança operacional ou de "go-to-market" pode auxiliar múltiplas geografias.

MAPEANDO SEU PRÊMIO DE LOCALIZAÇÃO

Whitney Bouck, ex-COO da divisão HelloSign do Dropbox, destacou com propriedade: "As pessoas geralmente subestimam a amplitude da expansão internacional." É por isso que desenvolvemos uma estrutura abrangente para mapear a ampla gama de prêmios potenciais incorridos ao entrar em novos mercados.

Ao conceituar o prêmio de localização, verificamos que o uso de um gráfico de aranha [também conhecido como gráfico de radar] permite visualizar as diversas subcategorias do prêmio de localização e ajudar você a entender como as mudanças em cada área o afastam de sua maneira atual de fazer negócios.

Cada um dos prêmios na análise representa uma área do negócio que precisa ser localizada para obter a adequação empresa/mercado no novo mercado.

Análise do Prêmio de Localização

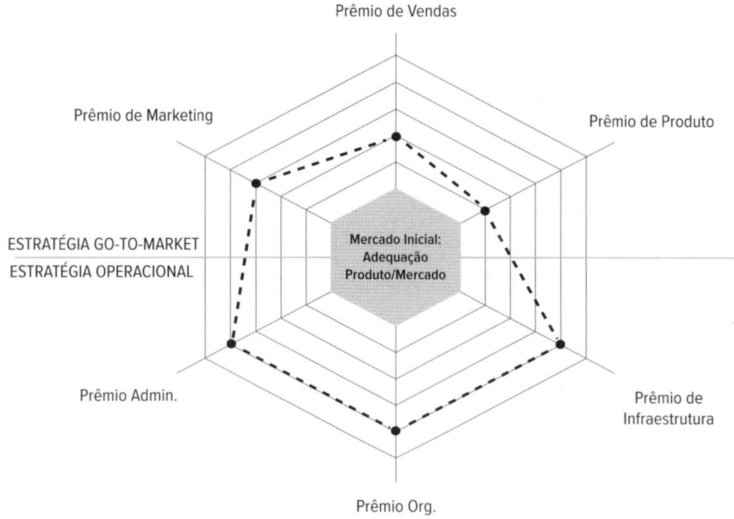

No centro do gráfico está seu modelo principal, que também pode ser chamado de adequação produto/mercado no mercado inicial. Como já mencionado, obter essa adequação e alcançar escala em um mercado inicial são trampolins essenciais para ter uma expansão internacional eficaz.

Sem a adequação produto/mercado em seu mercado inicial como base, o núcleo de seu negócio está em permanente mudança. Com isso, suas operações são inconstantes, pois não há uma base estável nem um ponto de articulação a partir do qual as equipes locais em novos mercados possam operar. Antes de confirmar a adequação produto/mercado nos EUA, a equipe da Workplace Analytics da Microsoft também havia sido rapidamente atraída para o mercado japonês, percebendo que poderia aproveitar o vento a favor e ser uma das muitas soluções para uma iniciativa apoiada pelo governo, recentemente lançada, que solicitava às empresas japonesas que se ocupassem com questões relativas às práticas de trabalho (incluindo a problemática e trágica questão do *karoshi*, ou "morte por excesso de trabalho"). A falta de clareza sobre os casos de utilização apropriados dos clientes e as propostas de valor mais abrangentes nos EUA (mercado inicial) dificultou de modo exponencial ganhar impulso no Japão para além dos compromissos pilotos na ausência de um ponto de referência central já validado no mercado inicial.

À volta do núcleo estão várias camadas, que você pode considerar desvios-padrão (conforme caracterizado por Paul Williamson do Plaid) ou graus de diferença em relação ao núcleo. Quanto maior a área de superfície global entre os pontos do gráfico, maior será o prêmio de localização acumulado.

Cada ponto no gráfico representa uma área do negócio e suas operações onde os prêmios podem se acumular. As subcategorias na metade superior do gráfico representam os elementos que fazem parte da ***estratégia "go-to-market"*** da empresa e os elementos na metade inferior representam a ***estratégia operacional*** da empresa, a estrutura que apoia as operações locais; ambas precisam ser localizadas para ganhar impulso no novo mercado.

As subcategorias que, juntas, constituem o prêmio de localização incluem:

- Prêmio de Vendas
- Prêmio de Produto
- Prêmio de Marketing
- Prêmio Administrativo
- Prêmio de Infraestrutura
- Prêmio Organizacional

Vejamos cada um mais detalhadamente.

PRÊMIOS DO "GO-TO-MARKET"

Os Prêmios do "Go-to-Market" (vendas, produto e marketing) representam os elementos do modelo de negócios de uma empresa voltados para o cliente que podem necessitar de adaptação para obter impulso e aumentar a escala em um mercado local. Pense nesses prêmios como a ponta visível do iceberg. Embora a regulamentação governamental possa afetar essas categorias, elas tendem a ser mais motivadas por diferenças culturais.

1. Prêmio de Vendas

Refere-se às mudanças que as empresas precisam fazer para vender, distribuir seus produtos e prestar um serviço de atendimento aos clientes. Isso inclui mudanças no canal de distribuição (vendas diretas/varejista local/revendedor varejista de valor agregado), modelo de precificação/receitas, modelo de vendas, equipes de vendas/serviço de atendimento ao cliente.

A Workday teve a chance de fechar uma venda com a Samsung corporativa na Coreia do Sul, mas precisou contratar uma equipe dedicada de vendas e suporte composta por sul-coreanos nativos. Isso incluiu a mudança do modelo de suporte para integrar uma equipe de serviços adicional dedicada à conta Samsung.

Para os líderes empresariais japoneses, os produtos com custos iniciais elevados são melhores, e eles rejeitam pagar por complementos e extras. Por exemplo, eles pagarão um preço maior por um produto ou um serviço, mas esperam que itens como atendimento ao cliente e garantias 24 horas estejam incluídos.

As Empresas Global Class levam em conta as diferenças e a resposta antecipada dos concorrentes e como devem se adaptar para se diferenciar.

2. Prêmio de Produto

O Prêmio de Produto é acumulado quando você tem que fazer alterações em seu produto ou serviço, entre elas a adição/subtração de recursos, agrupamento ou integração com outras soluções e localização do produto segundo as diferenças culturais. As alterações podem ser tão pequenas quanto adicionar ou subtrair um recurso ou tão amplas quanto renovar um produto inteiro.

O LinkedIn precisou, às vezes, fazer mudanças drásticas nos produtos para se adequar a outros mercados. Por exemplo, na Índia, a velocidade das redes móveis é mais lenta do que em outros países. A implicação disso é que demoraria muito para carregar o conteúdo com muitos gráficos e imagens no aplicativo móvel do LinkedIn. Ainda que não tenha sido um problema criado diretamente pelo LinkedIn, era uma realidade que precisava ser enfrentada; caso a questão não fosse resolvida, os clientes começariam a reclamar da má experiência do usuário ou deixariam de usar o aplicativo. A equipe do LinkedIn criou, então, uma nova versão com menos largura de banda, apelidada internamente de "LinkedIn Lite". Ele substituiu imagens e gráficos por uma experiência com mais texto, cujo carregamento era mais rápido e atendia às restrições impostas pelas redes móveis locais.

MUITAS VEZES NEGLIGENCIADO

O Viés da Liderança Pode Impedir o Crescimento em Novos Mercados

A Evernote se considerava uma loja da Apple, com o QG mantendo uma forte tendência para dispositivos Mac. Ao conduzir uma pesquisa para um lançamento na Ásia, Troy Malone, ex-diretor geral de Expansão Internacional descobriu que 95% da população usavam o Windows. Isso significava que a versão do Windows precisava estar em paridade com o aplicativo Mac, tarefa que exigiria recursos e tempo adicionais para a equipe de engenharia reformular o aplicativo para o Windows. A mentalidade a favor da Apple da empresa a impediu temporariamente de ver as necessidades e as perspectivas do cliente. Por fim, Troy convenceu o CEO Phil Libin a dedicar recursos para aprimorar a versão do Windows, de modo a fazer com que ele usasse, durante uma semana, apenas um PC com Windows para acessar o aplicativo Evernote existente. Com essa experiência, Phil entendeu a necessidade de aprimoramento do aplicativo Windows para PC. Embora isso tenha gerado o Prêmio de

Produto, o investimento na melhoria de sua versão para Windows levou a Evernote a crescer na região. Além do mais, era o caminho mais direto para o sucesso; é mais fácil mudar a versão do aplicativo para PC com Windows do que convencer os clientes-alvo a comprar um computador Mac E usar a Evernote.

---

3. Prêmio de Marketing

O Prêmio de Marketing inclui estas diferenças: cliente-alvo, mudanças na proposta de valor e casos de uso, segmentação de mercado, cenário competitivo, diferenças nos geradores de demanda, mudanças na marca, diferenças nos critérios para tomadas de decisão de compra do cliente e estratégias de marketing/canais de publicidade (aquisição, retenção e crescimento de usuários), relações-públicas e mudanças de marca, além de tradução de idiomas etc.

Como mencionado no capítulo anterior, o LinkedIn teve de alterar sua proposta de valor central para ganhar impulso na Alemanha, alterações que contemplaram a progressão na carreira e a ligação entre recrutadores e candidatos a emprego (ou seja, um currículo online e um filtro de candidatos a emprego), bem como o posicionamento do LinkedIn como um local para explorar curiosidades intelectuais e, como diz Sankar Venkatraman, evangelista chefe de Defesa do Consumidor e Transformação de Vendas do LinkedIn, "ajudá-lo a fazer melhor aquilo que já está fazendo".

As mudanças de marca foram levadas em consideração por várias empresas que pesquisamos. Sim, mudanças na marca acumulam Prêmio de Marketing, mas ficam difíceis de serem levadas a sério quando o nome de sua marca soa como gíria para cocô, como se deu com a empresa sul-coreana Kakao quando traduzida para vários outros idiomas. Um de seus principais produtos, o Kakao Talk, pode chamar a atenção se os clientes locais interpretarem o nome como "conversa de merda". Isso dificultou a conexão das pessoas com a marca, um problema que concorrentes como Line e WeChat não tiveram que enfrentar.

Ao considerar a segmentação de mercado, perceba que o lançamento em novos mercados é uma oportunidade para reposicionar sua marca. A Budweiser se coloca como uma marca intermediária do mercado de massa nos EUA, ao passo que na China e em outros mercados ela se posiciona como uma marca premium, de preços mais elevados, uma estratégia padrão na indústria de bebidas.

Adaptando "Modelo de Negócio" e "Entrega" em Prêmios

Alguns conceitos, apesar do esforço para colocar cada elemento em uma categoria operacional ou de "go-to-market", transcendem uma única categoria — a saber, modelo de negócios e entrega. Em virtude da natureza abrangente e multifacetada do rótulo "modelo de negócio" (e às suas diversas definições aceitas), não há como enquadrá-lo em uma única categoria. Em uma dessas definições, o modelo de negócio está na categoria de modelo de receita em Prêmio de Vendas, enquanto outras o incluiriam em Prêmio de Produto e Marketing (envolvendo toda a estratégia de "go-to-market"). Da mesma forma, o conceito de "entrega" também encerra múltiplas categorias de prêmio, como a entrega de produtos/serviços enquadrada em Prêmio de Infraestrutura e Produtos, bem como canais de distribuição e atendimento ao cliente incluídos no Prêmio de Vendas.

PRÊMIOS DO MODELO OPERACIONAL

Os Prêmios do Modelo Operacional (Administrativo, Infraestrutura e Organizacional) são os derradeiros elementos do modelo de negócios de uma empresa que podem precisar de adaptação para o funcionamento adequado do negócio em um mercado local. Pense neles como a maior parte do iceberg abaixo da superfície. Esses prêmios tendem a ser subestimados e podem ser mais difíceis de ocultar durante a descoberta da localização. Embora a cultura possa afetar essas categorias (o prêmio organizacional em particular), elas são propensas a serem mais influenciadas por diferenças na regulamentação governamental.

4. Prêmio Administrativo

O Prêmio Administrativo (Admin.) é o mais complexo e também o mais negligenciado. A categoria inclui regulamentação e conformidade governamental, folha de pagamento, tributação (incluindo tarifas), alfândega, licenciamento, pessoas jurídicas, proteção de propriedade intelectual, considerações políticas, imóveis corporativos, serviços públicos/comunicações e tudo relacionado à operação de um escritório local e ter funcionários (políticas de recursos humanos e outros). Risco de reputação, diferenças contábeis (como declarações separadas de lucros e perdas) e outras implicações financeiras, além até mesmo de sistemas empresariais, como software de produtividade, ficam juntos nessa categoria.

Por mais onipresente que um conjunto de serviços como o Google Workspace possa parecer, caso você tenha funcionários na China, eles não usarão esse mesmo conjunto de ferramentes de produtividade, pois são impedidos de utilizar os produtos do Google, graças a restrições governamentais. Isso leva a mais complexidade e custos adicionais. A Uber enfrentou inúmeros Prêmios Admin. devido a todas as regulamentações de transporte de cada município onde se lançou.

A Amazon, por exemplo, precisou de uma *joint venture* na base de meio a meio com um parceiro local situado na Índia para que seu principal negócio de varejo cumprisse a legislação local. Isso causou longos atrasos no lançamento, conforme a empresa procurava e negociava com o parceiro certo, estabelecendo, por fim, um acordo de parceria muito complexo. Depois de idas e vindas, quando o QG do Slack na região trocou entre Dublin e Londres, isso gerou um Prêmio Administrativo também.

Você não pode só enviar uma fatura do QuickBooks para clientes localizados em muitos países asiáticos, uma vez que, provavelmente, o complexo sistema de comercialização deles ainda é baseado em papel, em que os contratos podem ter que ser remetidos via correio para serem assinados fisicamente e depois devolvidos.

MUITAS VEZES NEGLIGENCIADO

Dinheiro Entrando e Saindo

Nos capítulos anteriores mencionamos as considerações fiscais ao operar em outro país e como ficar atento às maneiras de otimizar suas operações para minimizar os impostos. Algo muitas vezes negligenciado é a movimentação de recursos financeiros dentro e fora do país, além de usar envelopes com dinheiro vivo. Em nossas entrevistas ouvimos falar das dificuldades em trazer capital de volta ao mercado inicial, em particular com relação à China e ao Brasil. Planejamento de capital, paciência e compreensão clara das regulamentações são considerações importantes e aspectos que vale a pena memorizar no Manual de Crescimento Global (discutido no Capítulo 7).

5. Prêmio de Infraestrutura

A infraestrutura viabiliza a entrega de seu produto ou serviço e pode requerer mais adaptação a um novo mercado do que muitas vezes se considera. O Prêmio de Infraestrutura depende de o produto à venda ser físico ou digital. Para produtos físicos, ele inclui todos os aspectos de sua cadeia de fornecimento (incluindo as remessas), além de embalagem e rotulagem. Isso também pode levar em conta o cenário do fornecedor e as mudanças de processos e produtos necessárias para entregar um produto final aos clientes em um novo mercado. Para produtos digitais, há a questão da infraestrutura tecnológica com respeito ao armazenamento e à movimentação de dados. Diferenças na conectividade com a internet ou na rede móvel também ocorrem aqui. O processamento de pagamentos também faz parte dessa categoria, que pode ser exclusiva em cada país.

Para as empresas que vendem um produto físico, há padrões definidos, como números IATA para remessa e especificações definidas pela UPS e FedEx, mas as transportadoras dentro do país têm requisitos exclusivos e padrões variados.

Os fornecedores de software têm de lidar com requisitos de armazenamento de dados (como mencionado, países como Alemanha, Rússia e Nigéria exigem que os dados dos cidadãos permaneçam no país) e diferentes níveis de Imposto sobre Valor Acrescentado (IVA), dependendo da localização do software em execução.

6. Prêmio Organizacional

O Prêmio Organizacional (Org.) inclui os custos associados à contratação de uma nova equipe (ou seja, treinamento, contratação e formação), os recursos necessários para construir e gerenciar estruturas e processos estabelecidos para apoiar o crescimento global (conceitos discutidos no Capítulo 7 e intitulados como "indutores de impulso"), diferenças na cultura empresarial local e o tempo que a equipe no QG dedica ao apoio a uma nova região em vez de trabalhar em suas responsabilidades principais no mercado inicial.

O Prêmio Organizacional considera se é necessário que seja contratada uma equipe totalmente nova para gerenciar um novo mercado ou se os recursos regionais são capazes de desempenhar a contento a tarefa de gestão. As empresas em rápido crescimento têm recursos limitados, então, direcioná-las para iniciativas de crescimento global implica na diminuição de recursos para outros projetos e mercados. Finalmente, o Prêmio Organizacional tem entre suas táticas de gerenciamento a eventual necessidade de mudar para ser eficaz em um novo mercado.

Diferentes culturas empresariais são dignas de práticas de gestão personalizadas, algo que pode causar complexidades na comunicação, no treinamento e na motivação das equipes. Muitas culturas empresariais asiáticas, por exemplo, são bem hierárquicas, uma dinâmica deveras diferente das culturas empresariais norte-americanas e europeias.

Funcionários em países como a Índia e o Japão esperam instruções mais específicas sobre o trabalho que realizam, incluindo e-mails longos que expliquem detalhes no caso do Japão. Dar e receber feedback também é bastante diferente. O feedback verbal direto, comum nas empresas norte-americanas, seria muito desconfortável para os funcionários de alguns países asiáticos, mais acostumados a recebê-los por escrito. Tais diferenças não afetam apenas as práticas de gestão, mas também os métodos para facilitar a autonomia e construir confiança.

O Prêmio Organizacional, uma categoria com mais peculiaridades, também inclui as lacunas entre as culturas da empresa e do mercado local que surgem durante a construção de novos escritórios remotos. Mesmo as diferenças de fuso horário representam um desafio operacional, já que os funcionários com horários de trabalho diferentes precisam colaborar de forma não sincronizada, sem esperar 24 horas para reverter decisões ou feedback (além dos problemas diários de tentativas de agendar reuniões em diferentes fusos horários).

Ademais, cada país tem suas próprias considerações culturais e formas de negociar que precisam ser respeitadas para ter sucesso (mais detalhes no Capítulo 10). Claudia Makadristo, head de Expansão Internacional na África da plataforma digital de confiança e reputação MetaMap, explica que, naquele continente, por exemplo, a quantidade de recursos de gestão de contas regionais necessária para apoiar a base de clientes de um mesmo tamanho pode requerer uma configuração diferente em comparação com outras regiões em face da pluralidade de línguas faladas ali (francês, inglês, português, árabe, suaíli). Essas complexidades podem tornar a formação de equipes mais desafiadora.

No Capítulo 7, discutiremos a formação de equipes eficazes, como uma Equipe de Recursos da Localização e outras estruturas que podem ajudá-lo a administrar o prêmio de localização. Tais equipes podem ser identificadores de padrões que ligam os pontos e lutam por recursos, ao mesmo tempo em que entendem as limitações e estabelecem barreiras para o que pode ou não ser mudado no processo de obter a adequação empresa/mercado no novo mercado.

Outra forma de reduzir o Prêmio Organizacional é contratar Interempreendedores, elaborando um Modelo de Gestão Global Class forte (discutido no Capítulo 9), uma cultura empresarial forte e impulsionando iniciativas de crescimento global (mais no próximo capítulo).

O Prêmio Organizacional desempenha um papel fundamental nos Três Pilares para Obter Escala Global (discutidos na Parte 3). Ele é o principal facilitador para a adaptação da empresa/mercado. Controlar a complexidade nessa categoria pode significar a diferença entre o sucesso e o fracasso.

MUITAS VEZES NEGLIGENCIADO

O Vasto Alcance do Prêmio Organizacional

A categoria Prêmio Organizacional tem um impacto enorme sobre os outros prêmios. O modo como você configura e gerencia sua equipe cria uma cultura organizacional e implementa estruturas para apoiar a comunicação, e o alinhamento com a organização aumentará muito a chance de sucesso na localização, na busca da adequação produto/mercado, na conquista da adequação empresa/mercado e na obtenção de aumentar a escala, em um só país ou globalmente.

Seu investimento nos elementos do Prêmio Organizacional pode ajudá-lo a minimizar os outros prêmios da LPA. Com a equipe, o modelo de gestão e a cultura certos, por exemplo, as tomadas de decisão ficam mais fáceis e os recursos alocados podem ser otimizados, levando a um caminho mais rápido rumo ao deslanche e ao aumento de escala. Essas três áreas (equipe, gestão e cultura) também são o foco da terceira parte do livro.

A criação de estruturas e processos para apoiar a entrada e o crescimento no mercado gera um Prêmio Organizacional; contudo, é a principal ferramenta para impulsionar a expansão e a escala global (como discutiremos no próximo capítulo). Com menos atrito nas operações, o processo de localização de um negócio acelera porque as localizações feitas nas outras categorias de prêmios podem ser estendidas para outros mercados. O Prêmio Organizacional é a categoria que as organizações muitas vezes deixam de lado no início das iniciativas de expansão global até que os mercados internacionais se tornem uma fonte significativa de receitas, uma desatenção que pode levar ao desperdício de tempo e dinheiro, pois essa estrutura organizacional não é construída em tempo hábil.

Parte A: Criando sua Própria Análise do Prêmio de Localização (LPA)

Há diferenças enormes na forma como as empresas mapeiam seu prêmio de localização. Apesar de todas as categorias serem importantes, algumas serão mais cruciais que outras. Nas fintechs e na indústria farmacêutica, por exemplo, o Prêmio Administrativo causado por regulamentações governamentais onerosas e requisitos de conformidade tem um papel descomunal em comparação com o Prêmio Organizacional. O nível de importância de cada categoria seria notavelmente diferente para uma empresa de consumo na internet em relação a uma empresa de software empresarial.

Para criar sua própria LPA:

1. Tenha uma compreensão clara das mudanças que provavelmente precisará fazer em seu negócio ao entrar em um novo mercado. Isso pode ser feito estabelecendo uma série de perguntas cujas respostas se relacionam com cada uma das categorias do prêmio de localização.
2. Conduza pesquisas valendo-se do processo de descoberta da localização discutido no capítulo anterior.
3. Identifique os benefícios para o cliente e a potencial taxa de retorno [ROI, na sigla em inglês] resultante da mudança.
4. Avalie o quão diferente será o modelo do novo mercado em confronto com seu mercado inicial (ou qualquer mercado escolhido como referência) para cada categoria do prêmio de localização e, em seguida, insira os pontos no gráfico LPA.

Com todos os pontos alocados, conecte-os para visualizar o tamanho da área total de adaptação necessária para a localização no novo mercado (ou seja, o total de complexidade incorrida). Como se pode imaginar, onde você acha que cada ponto deve ser alocado (quão diferente esse aspecto do negócio será no novo mercado em comparação com o atual) mudará segundo as informações reunidas sobre o mercado e a entrada. A LPA foi criada para ser dinâmica, para que se possa alterar o posicionamento de um ponto sempre que for preciso. Um bom exemplo de como o planejamento inicial e o nível real da localização que o mercado impõe serão diferentes é o estudo de caso da entrada do Evernote na Índia (mais adiante neste capítulo).

Observação: embora o núcleo padrão da LPA possa ser o modelo comprovado em um mercado inicial, a adequação empresa/mercado em quaisquer outros mercados também pode servir como núcleo. Uma vez que a LPA também é uma ferramenta de comparação, o núcleo pode ser alterado para o modelo de sucesso de qualquer mercado em que a empresa seja referência, então você pode ver quanta mudança seria necessária para a adequação empresa/mercado em um novo mercado.

Preenchendo a LPA – A expansão da Talabat em Omã

À medida que a plataforma de entrega de comida Talabat procurava expandir-se para Omã, a equipe verificou que vários aspectos do negócio precisavam ser alterados para se adaptar ao mercado. Eis como eles avaliaram as localizações ao entrar no mercado e como isso seria mapeado na LPA:

- **Prêmio de Vendas** — Distribuído a quatro níveis do centro porque os processos de venda para restaurantes eram muito diferentes em comparação com o mercado inicial da Talabat. Era preciso contratar uma equipe de vendas local para ir a cidades pequenas conversar com proprietários de restaurantes individualmente. Havia também um modelo de receita diferente para o país.

- **Prêmio do Produto** — Distribuído a dois níveis do centro porque não houve muitas alterações necessárias no produto. Enquanto outros mercados da região escolhiam restaurantes da Quick Service Retail (QSR), os habitantes de Omã preferiam explorar novos sabores, por isso as imagens e as descrições dos alimentos no aplicativo móvel e na plataforma online foram adaptadas para atender a essas preferências. O Google Maps não era tão confiável em áreas mais rurais, e muitas vezes os habitantes locais definiam circunvizinhanças de uma maneira diferente da do Google. Dada a importância dos limites geográficos para a plataforma da Talabat, os membros da equipe tiveram que, de carro, desenhar manualmente sua própria área de atendimento para cada região, parando para conversar com os moradores locais ao longo do caminho.
- **Prêmio de Marketing** — Distribuído cinco níveis a partir do centro porque as estratégias de marketing precisavam ser hiperlocalizadas para o mercado de Omã. A equipe verificou a importância de três canais de publicidade principais que eram muito diferentes de outros mercados em que a empresa atuava. Primeiro, em Omã, os influenciadores das redes sociais desempenhavam um papel fora de série, equiparável ao das celebridades em outros mercados. Além disso, esses influenciadores de redes sociais eram um mercado inexplorado, dado o pequeno envolvimento das marcas com eles até então. Isso proporcionou à Talabat a vantagem de uma estratégia de publicidade influente a um custo muito menor do que o típico endosso de celebridades em outros mercados. Segundo, as pessoas em Omã são particularmente envolvidas nas redes sociais, por isso a Talabat viu a oportunidade de criar estratégias personalizadas nas redes sociais. Fizeram isso criando filtros e adesivos do SnapChat para serem usados durante o Ramadã, o mês sagrado muçulmano, quando a população local jejua durante o dia. As pessoas usaram esses filtros de realidade aumentada para compartilhar sua sede e fome ao longo do dia. E, terceiro, uma ocorrência peculiar no mercado de Omã era a proliferação de microeventos que ocorriam onde grupos de pessoas se reuniam, muitas vezes em complexos nos quais diferentes salas tinham temas diferentes, algo muito distinto dos outros mercados em que ocorriam, mais frequentemente, eventos de grande porte. A Talabat patrocinou tais eventos e obteve uma grande taxa de retorno, já que também era um canal de baixo custo.
- **Prêmio Administrativo** — Distribuído a um nível do centro. Os QGs de Omã e Talabat nos Emirados Árabes Unidos (EAU) fazem parte do Conselho de Cooperação do Golfo (CCG) ou do Conselho de Coopera-

ção para os Estados Árabes dos países do Golfo. Esses países partilham sistemas políticos e econômicos parecidos, o que significa que o montante do prêmio incorrido para essa categoria é mínimo.

- **Prêmio de Infraestrutura** — Distribuído a um nível do centro. Tal como acontece com o Prêmio Administrativo, uma vez que Omã e os Emirados Árabes Unidos são países do EAU e do CCG, há pouco prêmio incorrido nessa categoria.
- **Prêmio Organizacional** — Distribuído a cinco níveis do centro. Em razão da iniciativa de omanização descrita no Capítulo 5, a qual exigia que certas funções de trabalho fossem preenchidas por habitantes locais e uma porcentagem mínima da base de funcionários fosse local, foi mais difícil encontrar as competências certas, em especial nas cidades nos níveis dois e três. A empresa precisou desenvolver diferentes práticas de contratação e treinamento para formar uma equipe forte no mercado.

Talabat (Omã)

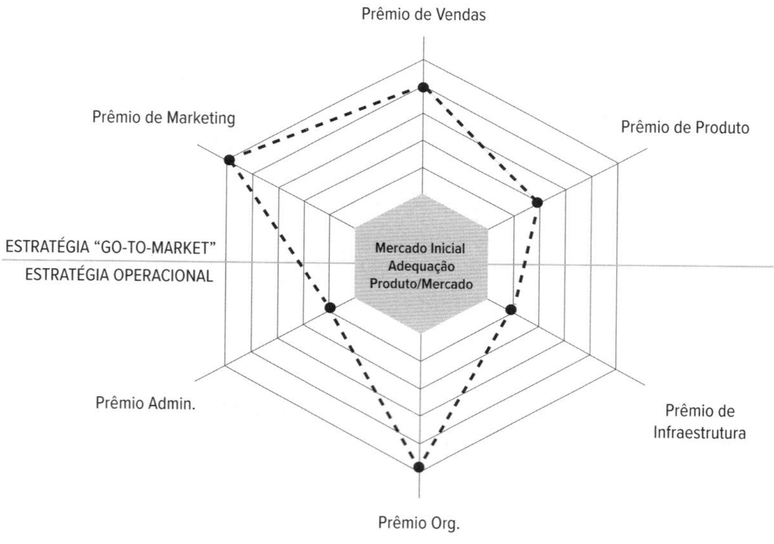

Parte B: Colocando a Análise do Prêmio de Localização em Contexto

Após mapear as localizações previstas na APL, o próximo passo é avaliar o impacto quantitativo das mudanças. Outros fatores a serem considerados ao avaliar os novos mercados incluem:

- Nível de importância/prioridade para o negócio (porque algumas localizações teriam prioridade)
- Nível de escalabilidade (porque as localizações podem ser usadas em outras expansões de mercado)

- Valor central e alinhamento da cultura da empresa (porque algumas localizações podem contestar princípios importantes da cultura da empresa que não podem ser comprometidos)
- Estágio de Implementação (porque nem todas as localizações podem ocorrer de uma só vez e devem ser planejadas ao longo do tempo no período de entrada no mercado)
- Custo (a fórmula do Custo Total de Entrada, detalhada mais à frente neste capítulo, ajuda a determinar o custo associado a cada localização, fornecendo um ponto de dados importante que afeta o nível de prioridade e o estágio de implementação)

Embora o nível de complexidade incorrido seja de extrema importância, a inclusão das informações nessa lista propicia uma análise mais completa e serve de ligação entre planejamento e execução, pois cada um dos fatores listados afeta a implementação da estratégia de localização para um novo mercado.

É igualmente primordial observar que o processo da LPA também deve ser um trabalho coletivo que envolva diversas e importantes partes interessadas, e não somente uma equipe com um foco restrito operando isoladamente. Fazer com que o processo se torne colaborativo é útil para reduzir os vieses, pois há um elemento subjetivo na determinação do grau de complexidade de cada categoria. Os membros da equipe que participam do processo podem representar o início da Equipe de Recursos da Localização (discutida no Capítulo 7).

TRANSIÇÃO DE BMLC PARA LPA

Ambos os estágios do processo ágil global têm objetivos e propósitos distintos, mas interligados. O principal uso do Business Model Localization Canvas (BMLC), discutido no capítulo anterior, é facilitar a descoberta da localização, a identificação de mercado e potenciais localizações para novos mercados.

A APL, por outro lado, tem em vista ser uma ferramenta de implementação, comunicação, análise e priorização. Pode ajudar a penetrar no mercado e obter a adequação empresa/mercado durante o estágio de crescimento do mercado.

Também proporciona uma dimensão extra de comparação, pois o modelo no mercado inicial (ou qualquer outra escolha de mercado) pode ser o centro da APL e utilizado como referencial para destacar as mudanças necessárias para entrar em um novo mercado. A LPA é uma estrutura mais multifacetada em comparação com um exercício efetuado uma única vez ou uma ferramenta de monitoramento, como o BMLC e o Business Model Canvas, respectivamente. Você pode ver como as duas estruturas se integram no diagrama do Capítulo

5, com insights do BMLC traduzidos nos prêmios da LPA. Conforme sugerido no Capítulo 5, você pode usar os seis prêmios da localização no lugar dos nove blocos do Business Model Canvas para gerar novas hipóteses a respeito de como o modelo de negócios se sairia no novo mercado ao colocar para funcionar o modelo atual, validado por meio dos filtros da regulamentação governamental e da cultura durante o exercício BMLC. Este pode ser um caminho mais direto para descobrir quais localizações serão necessárias no novo mercado e simplificar a colocação dos pontos para cada categoria de prêmios na LPA.

Em palavras mais simples, o BMLC está centrado na iteração e na validação, já a LPA tem como foco a ligação entre o planejamento estratégico e a implementação da estratégia de localização, ao mesmo tempo em que não deixa de voltar sua atenção para a complexidade.

O DILEMA: ADEQUAÇÃO EMPRESA/MERCADO E PRÊMIO DE LOCALIZAÇÃO

Alerta de possível inconsistência! A esta altura, você provavelmente está dizendo: "Tá bom. Entendo que preciso adaptar meu negócio para se adequar a um novo mercado, mas você não passou grande parte deste capítulo dizendo o quanto o prêmio (complexidade) de localização é ruim e como ele deve ser evitado conscientemente?" Sim, é verdade. Bem-vindo ao desafio de fazer crescer um negócio globalmente. Não é algo fácil de se fazer.

É aí que reside o dilema. Por um lado, você deseja reduzir as complexidades e as mudanças em seus produtos, negócios e modelos operacionais (ou seja, minimizar o prêmio de localização), porém, ao mesmo tempo, se NÃO faz essas alterações, é bem provável que fracassará. Além disso, mudar seu negócio para ter adequação empresa/mercado em seu novo mercado faz com que a operação fique mais difícil — mas fazer essas mudanças é o que leva ao deslanche e ao sucesso. Em última análise, quando a mudança é bem feita, os benefícios de alcançar esse impulso e o subsequente aumento de escala que desbloqueiam superam em muito as complexidades que advêm das alterações, de modo a satisfazer as necessidades de uma base de clientes local (em particular se o mercado for considerável).

A solução é (a) saber a importância de encontrar o equilíbrio certo entre a localização e a complexidade implicada por ela; e (b) fazer o melhor para minimizar as alterações, grandes ou pequenas, feitas no negócio. Lembre-se do argumento de Jan van Casteren de que contrapor "exclusividade arbitrária" e mudanças imperativas é essencial para encontrar adequação em um mercado.

Por exemplo, se em seu mercado inicial você comercializa diretamente com os clientes, isso é uma parte importante de sua proposta e modelo de valor, então, não se apresse em fechar uma parceria com uma empresa local que diz que quer trabalhar com você se a venda direta for a melhor estratégia a longo prazo.

Ao planejar entrar em um novo mercado, denomine os vários aspectos do negócio como "hipóteses" (utilizando a metodologia ágil global descrita no Capítulo 5), porém, não deixe de avaliar constantemente quais mudanças são essenciais (por exemplo, aderir às regras regulatórias locais) e quais não são (por exemplo, usar um software de colaboração diferente para a equipe local). Quando estiver desenvolvendo soluções para remover obstáculos e fazer mudanças em seu modelo, busque uma resposta eficaz que também se relacione com os aspectos do modelo atual, reduzindo assim o prêmio de localização.

Eis algumas coisas importantes para ter em mente:

- Ao longo do processo, mantenha seus valores essenciais em primeiro plano. Certos elementos são flexíveis e podem ser alterados; outros não deveriam ser. A cultura do Slack é hipersensível ao foco. Não é necessário fazer *todas* as mudanças, especialmente se elas "não batem" com seus valores fundamentais. Às vezes, o Slack leva 3 anos para criar um recurso a partir do momento em que ele é originalmente solicitado pelos clientes. Obter escala internacional exige tempo, e tentar mudar tudo de uma vez para ter a adequação empresa/mercado em um novo mercado pode levar ao caos. Claro, o outro lado da questão é que ir muito devagar significa perder oportunidades e desperdiçar recursos.
- Uma parte às vezes negligenciada de encontrar a adequação empresa/mercado em um novo país é o talento. Trata-se da terceira etapa do tripé, ao lado da localização dos seis prêmios operacionais e de "go-to-market" detalhados anteriormente. Tendo em vista a importância da equipe para o sucesso, é preciso ter certeza de haver reunido as pessoas certas para colocar em prática a expansão no novo mercado.

QUANDO O PRÊMIO DE LOCALIZAÇÃO PODE SER BOM

Como não se pode evitar o prêmio de localização, a questão é estar mais consciente da complexidade gerada durante os processos de tomada de decisão.

Nesse sentido, existe algo chamado prêmio de localização "bom", cujo significado é que alguma complexidade pode ter valor positivo e um resultado que vale a pena.

Uma das principais (e necessárias) áreas de um *bom* prêmio é a localização projetada para envolver os clientes-alvo em um novo mercado. Caso, por exemplo, os clientes de um novo mercado não consigam ler seu site, material de marketing ou guias do usuário devido a um idioma que não entendem, você provavelmente achará difícil convencê-los a comprar o seu produto.

Dito isso, você deve limitar o total de complexidade que classifica como "boa"; nunca use isso como justificativa para evitar eficiências. Pense no longo prazo, esteja atento e fique sintonizado com as constantes mudanças que acontecem após o lançamento.

PRÊMIO DE LOCALIZAÇÃO NA PRÁTICA

O conceito de prêmio de localização, seus efeitos e "trade-offs"* são partes essenciais das análises interna e externa que você faz nos processos de planejamento de expansão. O prêmio de localização deve ser incluído se você atua para garantir apoio a uma iniciativa de crescimento internacional, pois abre um canal para discutir as mudanças que precisam ser feitas na forma como a empresa opera no novo mercado. Compreender as alterações de estratégia que você precisa fazer e os recursos necessários para realizá-las e ter êxito na adequação mercado/empresa são elementos centrais de sua estratégia e plano de expansão.

Ao lançar seu negócio em novos países, você descobrirá que há uma tensão constante entre a necessidade de adaptação para obter a adequação empresa/mercado e não querer adicionar muita complexidade, ou prêmio de localização, às suas operações. Nada mais natural.

A questão é estar ciente dos fatores que causam o prêmio de localização ao mesmo tempo em que se trabalha para controlá-los.

Paul Williamson, da Plaid, recomenda: "Não se afaste muito do núcleo. Você deve sentir que explorou toda sua base de clientes-alvo, por exemplo, antes de começar a ocupar o espaço do próximo desvio-padrão. Não se deixe arrastar em direções diferentes."

O prêmio de localização invariavelmente existirá em algum grau, assim como surgirão complexidades quando você expandir seu negócio de outras formas. As empresas que visam clientes de grandes empresas sabem que eles, muitas vezes, exigem algum nível de personalização para fechar a venda e implementar a solução. Mas qual nível de personalização é aceitável em troca da receita que o cliente empresarial traz, e qual não é? Quão aplicável é essa personalização para

* Basicamente, é uma opção entre duas oportunidades; ao fazê-la, escolhem-se as vantagens de uma e abre-se mão das vantagens da outra [N. da T.].

outros clientes? Para ilustrar a aplicação prática da LPA, veja alguns estudos de caso de complexidades incorridas quando as Empresas Global Class se localizam com sucesso em novos mercados.

A Apple no Brasil

A seguir, um exemplo de como a Apple incorreu em prêmio de localização ao entrar no mercado brasileiro, um dos primeiros locais de varejo globais da empresa em 2014, o que fez com que ela afastasse os desvios-padrão de sua principal adequação empresa/mercado nos Estados Unidos.

A Apple precisou mudar para ganhar impulso no Brasil. As principais formas foram redesenhar o layout e a proposta de valor das lojas. No Brasil, um iPhone pode custar mais de 2 mil dólares norte-americanos devido às tarifas (Prêmio Administrativo), enquanto nos EUA custa menos da metade desse valor. Isso levou a empresa a reconfigurar seus locais de varejo, dedicando-os menos à venda de dispositivos, em especial de seus aparelhos móveis, e mais à manutenção de seus produtos, mediante serviços de suporte como o Genius Bar. Para isso, foi necessário redesenhar os bastidores da loja, desde o espaço para armazenamento até mais estações de trabalho de manutenção de dispositivos (Prêmio de Infraestrutura). A jornada do cliente também foi distinta, pois alguns consumidores brasileiros viajavam para fora do país ou utilizavam outro canal para adquirir dispositivos da Apple (Prêmio de Vendas). A Apple precisou até mesmo contratar falantes de português em suas lojas em partes da Flórida para se comunicar com os brasileiros que iam lá para comprar dispositivos, pagando menos do que no Brasil (inclusive considerando os custos de viagem).

Pequenas mudanças também ocasionaram um prêmio. O governo brasileiro exigia que a documentação que envolvesse transações comerciais fosse feita em papel (nota fiscal), um problema para a Apple, porque ela não poderia mais usar seu processo de comercialização que dispensava o papel (um Prêmio Administrativo descoberto com o filtro de regulamentação governamental no BMLC, discutido no Capítulo 5).

Apple (Brasil)

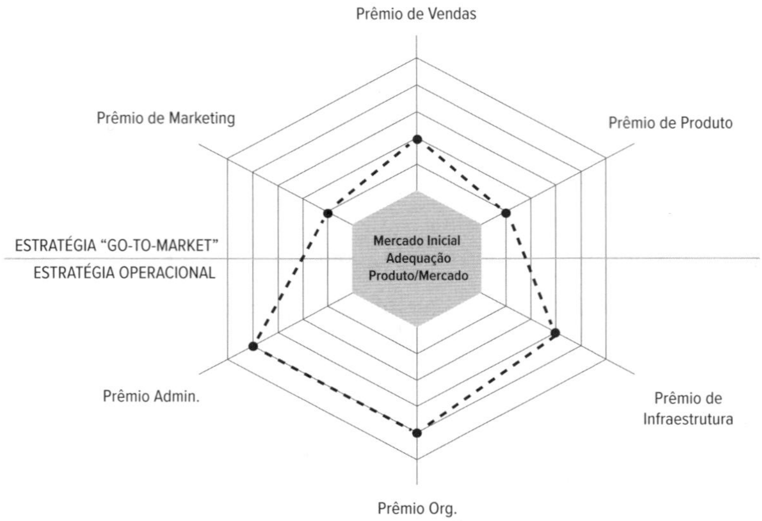

O Prêmio Organizacional foi particularmente elevado, uma vez que a equipe local teve que renovar os processos e os parâmetros de contratação e treinamento. Embora a Apple normalmente prepare seus funcionários para conhecer a fundo uma área de produto específica, a equipe no Brasil precisou ter um conhecimento mais amplo de todo o conjunto de produtos da empresa. Os sindicatos também têm um papel muito relevante no Brasil (e em outros países da América Latina), levando a empresa a construir parcerias locais e trabalhar dentro delas para garantir que os sindicatos fossem parceiros, em lugar de serem combatidos como inimigos. Além do mais, privilegiar o serviço em detrimento das vendas exigiu que a empresa adaptasse seus cálculos de taxa de retorno e do futuro ponto de equilíbrio para levar em conta o menor volume de vendas e o maior tempo necessário para atingir a rentabilidade.

Muitas Vezes Negligenciado

Não Subestime o Prêmio Operacional

Observe quanto do prêmio incorrido pela Apple se enquadrou nas categorias de estratégia operacional. É um excelente exemplo de como, embora as mudanças na estratégia de "go-to-market" sejam as mais visíveis (as diferenças linguísticas e culturais se sobressaem), muitas vezes são apenas a ponta do iceberg do total de localizações necessárias para ajustar impulso e escala em um novo mercado (é por isso que usamos tal analogia para comparar dois conjuntos de prêmios). Ouvimos várias histórias de entrada no mercado em que o fato de as equipes subestimarem a estratégia operacional causou muitos atrasos e aumentou o custo da expansão.

A Verdade sobre Mercados Semelhantes — Viés de Familiaridade

As equipes que visam entrar em novos mercados internacionais provavelmente presumirão que um mercado geograficamente adjacente ao mercado inicial, ou no qual se fale a mesma língua, será bom para se lançar e exigirá muito pouca adaptação da empresa/mercado. Não é simples assim; trata-se de uma espécie de Viés de Familiaridade, algo que faz com que suposições perigosas sejam feitas. Os países onde se fala principalmente o inglês podem ter culturas semelhantes, mas têm diferenças em muitas categorias do prêmio de localização que exigem mudanças no modelo de negócios principal. Isso vale também quando uma empresa de um país de língua espanhola pretende expandir-se para outro país de língua espanhola. Chamamos isso de *Viés de Familiaridade*, que se faz sentir quando um mercado é priorizado em razão de estar geograficamente próximo e onde se fala o mesmo idioma.

A Expansão da Evernote para a Índia

Troy Malone percebeu que alguns aspectos dos modelos operacionais e de "go-to-market" da empresa precisariam ser modificados, mas não até que ponto, em particular quanto a este último. Tal como se dá em muitas empresas, uma combinação entre o tamanho do mercado indiano e os inúmeros falantes de inglês (a Índia é a segunda maior população de língua inglesa do mundo) levou Troy a acreditar que entrar nesse mercado seria mais fácil do que outros países que estavam sendo considerados. Grande parte desse viés de familiaridade baseava-se na percepção de que os prêmios do "go-to-market" (Vendas, Marketing, Produto) seriam pequenos; mas eles se revelaram a ponta do iceberg em termos de localizações necessárias para obter a adequação empresa/mercado na Índia.

Do lado "go-to-market", a equipe da Evernote sabia que a precificação precisaria ser diferente (Prêmio de Vendas) e o produto poderia permanecer praticamente o mesmo (Prêmio de Produto), mas não previu a necessidade de vender seu produto comercial por meio de parceiros (Prêmio de Vendas). A equipe esperava que haveria um salto, dos usuários pessoais para usuários corporativos, como nos EUA, porém, em vez disso, era preciso ter um parceiro local para fazer a maior parte do trabalho necessário para que as empresas locais adotassem o produto. O Prêmio de Marketing foi maior do que o estimado porque a maior parte do marketing nos EUA era voltada para os usuários de desktop, e, na Índia, um país com foco em dispositivos móveis, o marketing teve que ser mudado para essa direção.

Apesar das notáveis mudanças na estratégia de "go-to-market", as que foram feitas na estratégia operacional foram ainda mais drásticas e inesperadas. Do lado da infraestrutura, a equipe esperava que fossem necessárias localizações mínimas, o que de fato aconteceu. No caso do Prêmio Organizacional, a expectativa não era essa — presumia-se que haveria um prêmio, mas isso acabou não ocorrendo. A cultura empresarial na Índia tinha como norma não questionar o chefe e apenas fazer o que era mandado, sem contribuir para debater e desenvolver ideias. Isso conflitou com a cultura colaborativa e aberta da Evernote.

As maiores surpresas vieram com o montante do Prêmio Administrativo incorrido. Todos os aspectos dessa categoria eram complexos e clamavam por atenção. A regulamentação na Índia estipula que as empresas tenham uma pessoa jurídica local com um cidadão indiano como presidente cujo Conselho de Administração da entidade deve se reunir duas vezes por ano, presencialmente (sem videoconferência), de modo que os executivos da empresa foram obrigados a voar regularmente para a Índia para cumprir essa exigência. Depois, quando as receitas começaram a entrar, ficou difícil repatriar o dinheiro do país devido à papelada e outras burocracias. Tudo isso gerou um montante inesperado de Prêmios Administrativo e Organizacionais.

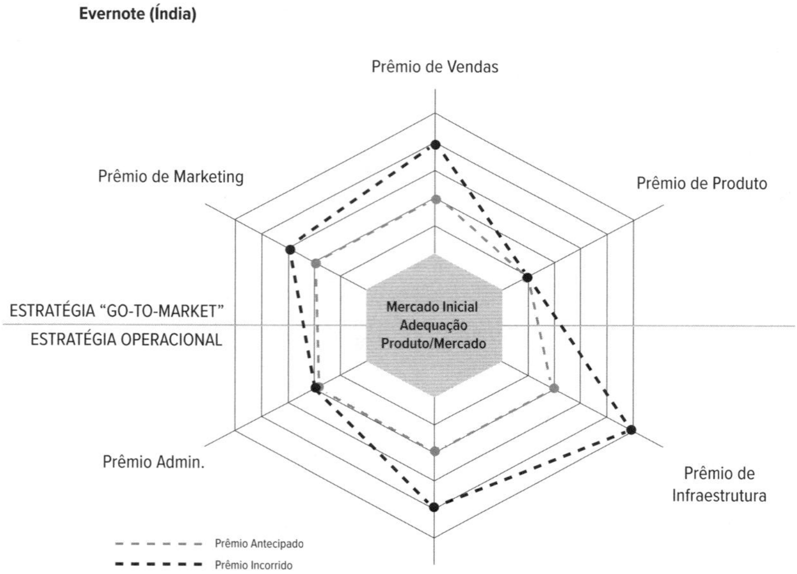

No gráfico pode-se ver uma comparação entre o que Troy e a equipe da Evernote pensaram, de início, que seria o valor do prêmio incorrido para cada categoria (linha mais clara) e o que aconteceu durante a entrada no mercado (linha mais escura).

MUITAS VEZES NEGLIGENCIADO

Os Riscos de Seguir o Crescimento Orgânico

O crescimento orgânico pode desviar os esforços rumo à expansão global. Muitos executivos consideram o crescimento orgânico — o surgimento de clientes nos mercados globais com pouca atuação de marketing coordenado pelo QG — como um forte sinal de oportunidade de mercado. Isso não implica que tais mercados devam ser automaticamente priorizados. Foi o caso da Evernote na Índia, quando se permitiu que o crescimento orgânico no país levasse ao excesso de confiança na entrada. "Achávamos que conhecíamos o usuário e o que ele queria", explicou Troy Malone. A LPA é uma etapa essencial no processo para que a organização se dê conta da extensão das mudanças que precisam ser feitas para obter esse crescimento orgânico, e as Empresas Global Class sabem que uma combinação de crescimento orgânico, dinâmica/prontidão de mercado e complexidade tem que ser considerada no processo de seleção e priorização de mercado.

Mercados Vinculados

Embora mesmo os mercados adjacentes tenham diferenças capitais e exijam reformulações de estratégia, os mercados podem ter uma relação vinculada, o que significa que uma alteração feita para ter impulso em um mercado pode ser reutilizada ao entrar em um mercado vizinho. Em outras palavras, acumular prêmio de localização quando se entra em um mercado pode limitar o prêmio em certas categorias ao entrar em um mercado vinculado. Os mercados vinculados podem ter culturas e línguas semelhantes, estruturas jurídicas semelhantes ou estar geograficamente próximos (ou não ter nem um nem outro). A natureza vinculada de determinados mercados também pode afetar a ordem pela qual determinados mercados são priorizados.

A Expansão do Airbnb para a Coreia do Sul, China e Japão

Ao entrar em novos mercados na Ásia, o Airbnb tinha três países no topo de sua lista (concentrou-se principalmente em atrair viajantes em vez de anfitriões locais). Embora China, Japão e Coreia do Sul sejam todos mercados importantes, o setor de viagens em cada um deles ocupava um estágio diferente de crescimento e maturidade (e diferentes também em tamanho e escala). Os consumidores sul-coreanos e chineses — especialmente os jovens consumidores na mira do Airbnb — são mais abertos e aventureiros em suas preferências de viagem, enquanto no Japão o mercado de viagens é mais estabelecido, e muitos consumidores consideram mais arriscado o novo estilo de viagem do Airbnb.

A despeito de ser o menor dos três, a Coreia do Sul era uma referência para os consumidores chineses e japoneses, que procuravam acompanhar as últimas tendências do público consumidor sul-coreano. Devido a isso, o Airbnb inicialmente concentrou mais recursos de marketing na Coreia do Sul em vez de fazê-lo de modo equitativo entre os mercados.

Para ganhar impulso nos principais mercados asiáticos, o Airbnb expandiu sua prestação de serviço ao cliente nesses locais e ofereceu recursos de combate à barreira da linguagem (Prêmio de Vendas). De início, o texto do aplicativo ainda estava em inglês, depois foi desenvolvida e testada uma nova versão, com mais imagens/fotos, para atrair os consumidores asiáticos e superar as diferenças de idioma (Prêmio do Produto). Diferentes estratégias de marketing foram experimentadas, com feiras itinerantes se tornando um foco maior, assim como parcerias com organizações e influenciadores locais do setor de viagens (Prêmio de Marketing). Tais organizações representaram pontos de contato adicionais que não eram necessários para a abordagem mais direta ao consumidor da empresa nos EUA, mas foram vitais para gerar impulso não só na Coreia do Sul, mas também em outros mercados asiáticos importantes.

Ao entrar na China e no Japão, o trabalho realizado no aplicativo para o mercado sul-coreano, a central de atendimento ao cliente e algumas táticas de marketing sul-coreanas foram transferidas para esses mercados, tornando os novos Prêmios de Vendas, Produto e Marketing menores. Além disso, foi criado um manual cuja eficácia havia sido comprovada e que poderia ser implementado e adaptado, criando impulso e velocidade para a penetração no mercado.

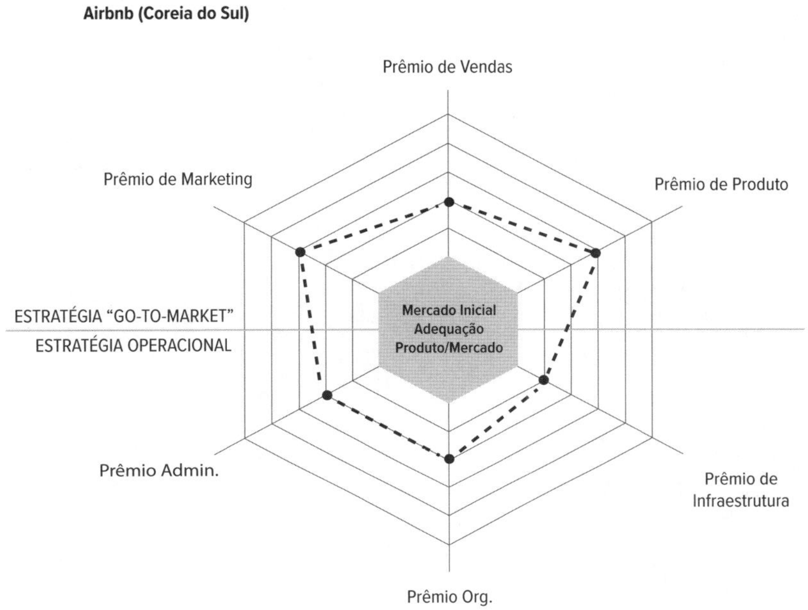

Ainda que o Airbnb tenha, de fato, incorrido em prêmios de localização, em especial Prêmios Administrativos e de Infraestrutura na China, a equipe do Airbnb conseguiu aumentar a escala mais rapidamente nesses mercados graças ao trabalho de base feito na Coreia do Sul.

Outras empresas também perceberam a escalabilidade de suas localizações. A Apple descobriu que o trabalho efetuado no Brasil (especialmente relacionado ao Prêmio Organizacional) teve desempenho a contento quando a empresa se expandiu para o México, onde grande parte do manual que havia desenvolvido no Brasil poderia ser reutilizada em razão do treinamento de funcionários que havia sido criado e da maior familiaridade sobre como fazer parcerias com sindicatos locais na região. A plataforma de educação online Platzi encontrou mercados vinculados em toda a América Latina, e, no início da expansão global do Spotify, a empresa conectou mercados na Noruega e na Dinamarca.

Observação: o gráfico seguinte, o núcleo representa a adequação empresa/mercado que a empresa teve na Coreia do Sul para mostrar as pequenas mudanças necessárias para entrar na China e no Japão, gerando impulso conforme se expandia em todos os três mercados.

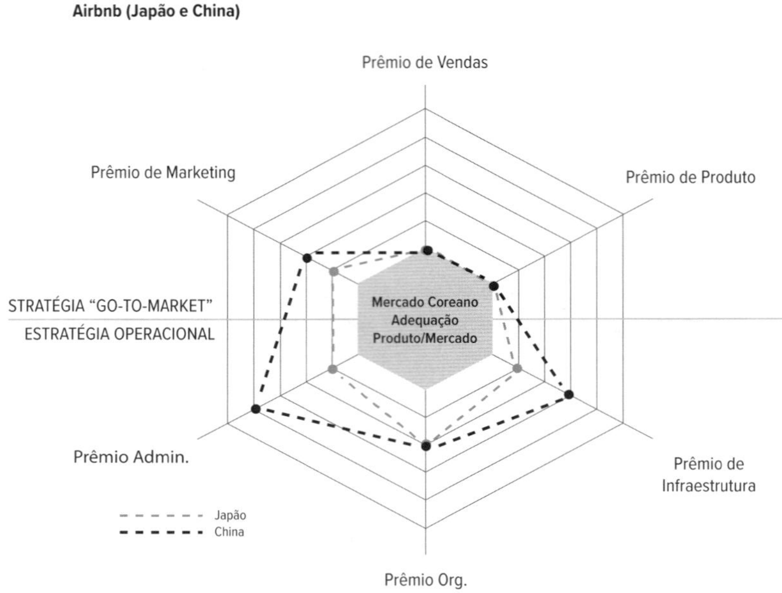

A INTERAÇÃO ENTRE AS CATEGORIAS DO PRÊMIO DE LOCALIZAÇÃO

Qual dos prêmios de localização é mais crítico para o sucesso ao expandir para o mercado-alvo? Você precisa decidir quais áreas não podem mudar (muitas vezes por estarem enraizadas em um dos valores centrais da empresa), quais podem suportar uma complexidade adicional e quais são áreas em que a mudança deve ser limitada.

Em última análise, isso revela trade-offs que você precisará fazer, tais como sacrificar a velocidade para manter um valor fundamental ou permitir alguma autonomia no nível do mercado local em troca de um prêmio de localização proveniente de mudanças operacionais ou de "go-to-market".

Ao analisar possíveis fontes de prêmios de localização, é preciso entender também como um tipo de prêmio influencia os demais. Uma mudança no produto, por exemplo, pode afetar o marketing, o modelo de vendas e a infraestrutura.

Por exemplo, inúmeras empresas têm muita dificuldade de fazer as mudanças necessárias para cumprir as regras descritas na legislação do Lei Geral de Proteção de Dados [GDPR, na sigla em inglês] da União Europeia, pois muitas utilizam dados de clientes como parte do modelo de negócio (nas questões de venda, disponibilização para terceiros ou uso para gerar recomendações e uma experiência personalizada). Mudanças assim podem se tornar grandes fontes de prêmios de localização (mas também podem ser escaláveis em vários mercados). Essas regulamentações podem exigir que uma empresa construa um novo "technology stack" [conjunto de itens tecnológicos] no país (Prêmio de Infraestrutura), o que gera um aumento da carga de trabalho para os funcionários (Prêmio Organizacional) e, acima de tudo, exigiria novos processos administrativos e trabalho de conformidade (Prêmio Administrativo).

Aqui estão alguns exemplos de como as subcategorias do prêmio de localização afetam umas às outras e como os líderes se veem obrigados a priorizar e escolher entre opções conflitantes:

Prêmio de Infraestrutura versus Prêmio Administrativo. O investimento em infraestrutura da Amazon na Austrália reduz a tributação, mas cria complexidade no armazenamento de dados e na prestação de serviços digitais. A empresa teve que avaliar se o grande investimento em novas infraestruturas compensava os potenciais impostos incorridos por deixar de fazê-lo.

Prêmio de Produto versus Prêmio de Vendas e Prêmio de Marketing. Conforme já vimos neste capítulo, o LinkedIn criou uma versão à parte de seu aplicativo móvel, baseada em texto, para rodar em redes móveis de menor velocidade na Índia. Essas mudanças geraram Prêmio de Produto, uma vez que o aplicativo precisou de uma ampla reformulação. Por outro lado, se a empresa não tivesse feito a mudança, o produto proporcionaria uma péssima experiência aos clientes, ou seria necessário mudar de cliente-alvo, porque focar áreas de maior largura de banda ou visar indianos mais ricos que tinham um celular ou um computador pessoal melhor para acessar a plataforma do LinkedIn reduziria drasticamente o número de usuários potenciais que a empresa poderia alcançar.

FÓRMULA DO CUSTO TOTAL DE ENTRADA

Simplesmente "fazer as contas", uma etapa muitas vezes esquecida, é de importância fundamental para avaliar as possíveis mudanças necessárias para localizar em um mercado-alvo. Criar a Análise do Prêmio de Localização (bem como as considerações de prioridade/escalabilidade/alinhamento do valor principal descritas antes) é tão somente o primeiro passo; também é preciso um exercício mais qualitativo que destaque *o que* tem de ser feito para localizar.

O próximo passo é contextualizar tais mudanças no que se refere ao montante do compromisso financeiro necessário para cada uma delas no modelo em vigor. Para ajudar com isso, desenvolvemos a Fórmula do Custo Total de Entrada ou Fórmula TCE [na sigla em inglês]. Você pode ver isso como análogo à equação do custo total de propriedade [TCO, na sigla em inglês], frequentemente comunicada e considerada ao tomar uma decisão de compra em vários setores de atividade. Essa equação ajuda a responder questões-chave: qual é o custo de localizar o negócio para um novo mercado? O que significa sucesso?

Concluir o exercício da LPA é essencial, pois será difícil determinar o custo de entrada caso não se compreenda de que modo será necessário adaptar o modelo atual a fim de ter êxito ao se lançar em um novo mercado.

A Fórmula TCE é aplicada diretamente em cada uma das categorias da LPA. Cada mudança tem seu custo correspondente, e o somatório delas constitui o custo total de entrada para aquela categoria de prêmios (Prêmio de Vendas, Prêmio de Produto, Prêmio de Infraestrutura etc.). Todas as categorias de prêmios são somadas para determinar o custo total estimado para a localização em um novo mercado.

Os custos podem incluir os estimados para marketing, os administrativos derivados do estabelecimento local da empresa, além dos recursos necessários para estoque e salários/benefícios. Os custos de mão de obra devem incorporar as pessoas do mercado local e aquelas ligadas à expansão no QG. Vale a pena observar que os custos iniciais para a entrada no mercado são muitas vezes mais elevados para as empresas que comercializam um produto físico em comparação com aqueles baseados em software, em virtude dos custos normalmente associados à cadeia de fornecimento e à localização de embalagens, bem como às exigências da regulamentação local, dependendo do tipo de produto. As barreiras à distribuição de software tendem a ser muito menores, uma vez que muitos daqueles custos são eliminados.

É importante verificar os custos em um cronograma realista para determinar o TCE. Não obstante a quantidade de tempo dependa do setor de atividade e dos recursos, você deve levar em conta ao menos 2 anos de custo. O fator tempo [Time Multiple — TM na sigla em inglês] também deve ser considerado. Isso é muito relevante para o custo de recursos humanos relacionado com a mudança necessária e o apoio à iniciativa de expansão, e pode ser listado em termos de meses ou anos. Ao incorporar o fator tempo, é melhor separar os custos únicos dos recorrentes/variáveis no tempo e considerar apenas o tempo nestes últimos.

Modelo da Fórmula do Custo Total de Entrada

[Custos de Entrada Únicos] + [Custos de Entrada Recorrentes x TM] =
Custo Total da Expansão (TCE)

Ou para detalhar os custos de entrada (que incluem as categorias LPA):

Os custos de entrada incluem [siglas em inglês]:

- Prêmio de Vendas (SP)
- Prêmio de Produto (PP)
- Prêmio de Marketing (MP)
- Prêmio Administrativo (AP)
- Prêmio de Infraestrutura (IP)
- Prêmio Organizacional (OP)

Alguns custos de entrada são únicos, como a alteração de uma característica do produto (software) ou da embalagem (produto físico), ao passo que outros são recorrentes, como o custo de manutenção de uma equipe local. Para os custos de entrada recorrentes, é considerado um TM, ou seja, um fator tempo, (que deve contar de 2 a 3 anos desses custos recorrentes). Some os custos únicos e recorrentes para obter o custo total de entrada:

[Custos de Entrada Únicos SP + PP + AP + OP + MP + IP] + [[Recorrentes SP + PP + AP + OP + MP + IP] x TM] = TCE

Fórmula do Custo Total de Entrada na Prática

As Empresas Global Class sabem que algumas mudanças terão mais impacto para ajudá-las a alcançar o mercado da empresa. Diante disso, as Empresas Global Class priorizam cada localização (ou prêmio da categoria), separando-as em diferentes camadas. A Fórmula TCE adiciona uma camada de custos à análise, orientando as tomadas de decisão e auxiliando as equipes a responder à pergunta: quanto custaria implementar nossas localizações de maior prioridade?

As Empresas Global Class percebem que iniciativas eficazes de localização não tentam fazer todas as mudanças necessárias de uma só vez. A Fórmula TCE também é útil para determinar os custos de cada fase de uma entrada multifásica no mercado, ajudando as equipes a responder perguntas como: quanto custará para concluir a primeira etapa de implementação no novo mercado?

Relembrando a expansão da Apple no Brasil, a empresa incorreu em Prêmio de Infraestrutura devido à reformulação de seu layout de varejo, Prêmio Organizacional para contratação e treinamento de novos funcionários e Prêmio Administrativo na questão das tarifas e outros requisitos de conformidade etc.

O TCE, então, precisa ser colocado no contexto do potencial de mercado, o que por sua vez ajuda a estimar a taxa de retorno e o período de recuperação do investimento. A Apple, por exemplo, teve que reajustar suas métricas e metas de vendas para compensar o menor volume de vendas de suas lojas brasileiras, cujo foco estava mais voltado à manutenção do que à venda de dispositivos.

Após calcular o Custo Total de Entrada ao longo do tempo, sua atenção muda para *como* implementar essas mudanças de localização.

A combinação de descoberta da localização eficaz, do uso adequado da Análise do Prêmio de Localização (LPA) e a Fórmula do Custo Total de Entrada (TCE) têm competência para direcionar as ações de identificação das coisas certas e estar consciente dos recursos que estão sendo despendidos. Se essas peças faltarem, o êxito de qualquer iniciativa de crescimento global estará em risco. Como diz Claudia Makadristo, da MetaMap: "Você não quer gastar dinheiro fazendo a disrupção de um mercado sobre o qual não sabe nada com uma estratégia não localizada."

AMENIZANDO O PRÊMIO DE LOCALIZAÇÃO

Acumular prêmios de localização é inevitável (e não deve ser considerado um fator decisivo); o importante é implementar sistemas e estratégias para amenizar o valor do prêmio incorrido e a escala de seus efeitos. Elaborar a estrutura correta dos procedimentos em torno da expansão e envolver as partes interessadas certas no QG para apoiar as equipes internacionais compensam tempo e esforço. Lembre-se de que a questão não é somente a velocidade de lançamento no mercado.

Só de tornar o prêmio de localização parte da conversa pode limitar as complexidades. Ao solicitar recursos do QG, as equipes locais devem fornecer uma visão de alto nível das complexidades/prêmio de localização associada à solicitação. Isso garantirá uma tomada de decisão direta e expectativas precisas.

Internacionalização

Uma das estratégias mais eficazes para minimizar o prêmio de localização é empreender ações de internacionalização. Este é o processo (usado com frequência no contexto do desenvolvimento de softwares) no qual você projeta processos centralizados que podem ser personalizados (ou localizados) para se adequar a cada mercado individual em que você se lança. Tal abordagem ajuda a restringir as áreas em que podem ser geradas complexidades, adotando uma atitude mais proativa para minimizar o prêmio de localização. Isso é feito padronizando certas partes do modelo operacional ou do "go-to-market", ao mesmo tempo em que se cria flexibilidade onde as localizações podem ocorrer. Tudo, desde a funcionalidade ou a aparência do produto (capacidade de usar um estilo visual específico do país em um software ou uma cor diferente em um produto físico) até o processamento de pagamentos e processos de RH, pode ser visto sob essa ótica. Em resposta às regras do GDPR já mencionadas, por exemplo, algumas empresas estão decidindo cumpri-las no mundo todo, valendo-se delas como política única para dados em todos os países onde têm clientes.

Embora a localização seja o que as Empresas Global Class fazem, a internacionalização é o mecanismo pelo qual elas fazem isso em escala.

A título de exemplo, uma estratégia de internacionalização poderia ser contratar um fornecedor terceirizado de processos de negócios [BPO, na sigla em inglês] ou uma organização de empregadores profissionais [PEO, na sigla em inglês] para o lançamento inicial de cada mercado. Isso reduziria as complexidades de estabelecer administrativamente a empresa em cada novo mercado antes da comprovação de que há impulso em um mercado (Prêmio Administrativo). Outro exemplo é a constituição de uma equipe de localização centralizada responsável pela gestão de todo o conteúdo em um idioma não nativo (site, marketing etc.). As equipes locais podem compartilhar insights importantes e ajudar as equipes locais a personalizar para se adequar a seus mercados locais (Prêmio de Marketing). A internacionalização também pode incluir a escolha de um parceiro de distribuição com uma forte presença em múltiplos mercados-alvo, fazendo do parceiro o único ponto focal para a distribuição do canal em uma iniciativa de expansão internacional mais ampla (Prêmio de Vendas).

Como parte das atividades de internacionalização, a Canva criou modelos e ícones para cada mercado local em cima de uma base de produto flexível que permitiu a localização controlada (Prêmio de Produto).

Klaus Holse, ex-CEO da SimCorp, compartilhou uma experiência que teve como executivo na Dynamic Products Division, da Microsoft, na qual uma estratégia Global Class se contrapôs a uma estratégia tradicional. A Microsoft, na ocasião conhecida por uma cultura de competição interna, havia adquirido os produtos Navision e Great Plains com 6 meses de diferença. Aparentemente, o Great Plains era superior, mas a equipe não tinha considerado o prêmio de localização e enfrentou problemas ao precisar se adaptar a novos mercados. A equipe da Navision, por outro lado, tinha uma mentalidade Global Class e construiu seu produto para ter uma fração do código base. O código, por sua vez, tinha aspectos "componentizados", facilitando a adaptação. A componentização permite que as equipes de desenvolvimento de software reutilizem componentes e façam alterações ou substituam partes do código com mais facilidade para atender aos requisitos exclusivos de um novo mercado. Isso permitiu uma localização mais rápida e eficaz, levando a Microsoft a aumentar a escala com o produto da Navision em detrimento do Great Plains (Prêmio de Produto).

Pode-se também adotar uma estratégia de internacionalização em vários mercados efetuada pelos mesmos membros da equipe de lançamento, dando consistência à abordagem (Prêmio Organizacional). A internacionalização envolve dar uniformidade aos elementos centrais da LPA, mas também pode ser uma ferramenta utilizada para padronizar as estruturas e os recursos de apoio às iniciativas de crescimento internacional. ***A internacionalização também pode ser vista como barreiras de proteção que limitam os desvios-padrão das mudanças que podem ser implementadas.***

É preciso compreender que existem obstáculos à internacionalização que requerem aceitação ou superação. Já mencionamos neste capítulo que a decisão de fazer com que a equipe use o e-mail e as ferramentas de produtividade do Google Workspace em todo o mundo pode ser aparentemente simples ou desafiadora, uma vez que os funcionários na China estão proibidos de usar os produtos do Google. Se você investir na implantação do Google Workspace em seu mercado inicial e depois precisar mudar para outra plataforma global, isso poderá levar meses e custar muito dinheiro. Decisões simples podem ter impactos profundos. Por exemplo, a Rakuten mudou seu idioma oficial para o inglês, mesmo no QG japonês, para melhor se posicionar como uma empresa global capaz de se comunicar com talentos/clientes globais (algo que chamaram de "inglenização").

Tradicionalmente, a Workday, que oferece para empresas soluções de RH e gestão financeira baseadas em SaaS, teve de reformular sua estratégia e introduzir um novo modelo de precificação ao entrar em determinados mercados em face da maneira como o emprego estava estruturado no país. A Workday baseava seus preços no número total de funcionários do cliente (com especificações para funcionários em tempo integral ou equivalente e trabalhadores horistas). Isso não era aplicável em países com regimes de pagamento mensal, onde há mais sazonalidade de emprego ou ainda onde os clientes estavam habituados a serem cobrados pelo número de usuários ativos, e não pelo porte da empresa.

Para lidar com essas diferenças, a empresa passou por um difícil processo de globalização de preços para baseá-los em valor, minimizando a customização (uma iniciativa de internacionalização que reduziu o Prêmio de Vendas, definida no próximo capítulo).

No entanto, as iniciativas com vistas à internacionalização não precisam ser implementadas no mundo todo. As empresas podem classificar e segmentar áreas geográficas com base em semelhanças, visando alinhar modelos operacionais em vários países. É importante, contudo, não agrupar apenas continentes inteiros, pois existem diferenças fundamentais na forma como os negócios funcionarão em países de um continente tão vasto e diversificado como a Ásia (o mesmo acontece com os demais continentes também). Esses aglomerados de vários países podem ter uma linha comum qualquer, desde o idioma — por exemplo, excluindo o Brasil, ao agrupar a América Latina para agilizar as ações de localização no idioma espanhol — até os sistemas jurídicos e muito mais.

MUITAS VEZES NEGLIGENCIADO

Fazendo Coisas que Não Aumentam a Escala

Não obstante grande parte do foco esteja na eficiência e na minimização do prêmio de localização, não há problema (e às vezes é bom) fazer algumas coisas que não se adaptam adequadamente, como se envolver com "early adopters"** em um novo mercado (e o processo de descoberta da localização). São esses envolvimentos mais diretos (e manuais) que levam a aprendizados importantes e à adequação empresa/mercado em novos mercados.

Um princípio central da agilidade global é que você precisa levar em conta a natureza cumulativa [camada sobre camada] da metodologia ágil ao examinar o contexto de mudanças em vários países. Nenhuma localização é isolada; cada uma se mescla com todas as outras para se tornar um emaranhado complexo e difícil de gerir. ***Implementar uma metodologia ágil consciente da complexidade é fundamental.***

O uso eficaz da metodologia ágil global revelará as localizações necessárias para obter a adequação produto/mercado em um novo mercado (etapa um), enquanto a utilização eficaz da LPA ajudará as equipes a controlar as complexidades decorrentes da localização em vários países, mantendo a organização no rumo certo para criar impulso, alcançar a adequação empresa/mercado e conquistar a escala global (etapa dois).

Além dessas táticas, concentrar esforços na manutenção dos Três Pilares para Obter Escala Global descritos na Parte 3 o ajudará a gerenciar com eficácia o prêmio de localização.

Entenda as complexidades (o prêmio de localização) que a atuação em vários países criará e equilibre-as com o impacto que terão as localizações que você implementar. Esteja consciente do processo, faça da complexidade parte da conversa e busque meios de minimizá-la e monitorá-la.

** Consumidores (indivíduos ou empresas) que adotam um produto ou um serviço assim que disponibilizado. São uma espécie de pioneiros cujo feedback ajuda as empresas criadoras a identificar deficiências nos produtos [N. da T.].

Os capítulos restantes mostram como construir o equilíbrio entre localização e complexidade para obter a adequação mercado/empresa por intermédio da formação de capacidades organizacionais — estabelecendo as estruturas e a equipe certas, gerenciando a organização e equilibrando diferentes culturas para dar sustentação ao aumento da escala global.

Com uma sólida compreensão das localizações necessárias para ter sucesso em um mercado, junto a uma bem estruturada Análise do Prêmio de Localização (LPA) para limitar as complexidades, você está pronto para dar o próximo passo no sentido de alcançar a verdadeira escala global: estabelecer processos e estruturas operacionais que geram impulso e facilitam o aumento de escala.

CAPÍTULO 6 — RESUMO

- O processo da localização gera *complexidade*. Por meio da segunda etapa do ágil global, as Empresas Global Class aprendem como equilibrar localização e complexidade para deslanchar nos mercados locais e gerenciar a escala em vários mercados internacionais.
- Essas complexidades (*prêmio de localização*) se enquadram em duas categorias: "Go-to-Market" (Prêmios de Vendas, de Produto e de Marketing) e Operacionais (Prêmios Administrativo, Organizacional e de Infraestrutura), que podem ser amenizados com esforços direcionados (*internacionalização*).
- A LPA tem usos variados, inclusive como uma nova ferramenta de análise de mercado, priorizador de mercado, ferramenta de comunicação, visualização de riscos, ferramenta de alinhamento de roteiro, monitoramento da implementação e mercados vinculados/identificador de padrão.
- A Fórmula do Custo Total de Entrada (TCE) pode ajudar a determinar o custo associado às localizações.

CAPÍTULO 6 — PERGUNTAS DE REFLEXÃO E AÇÃO

1. De que modo você está equilibrando localização e complexidade?
2. Com quais prêmios você está tendo mais dificuldade ou quais foram inesperados ao expandir internacionalmente?
3. Quais desafios você enfrenta quando acontece de membros da equipe de liderança da organização terem visões míopes sobre as iniciativas de crescimento global?

7

IMPULSO

Como as Empresas Global Class Facilitam o Crescimento Rápido

A UBER É um estudo de caso de Empresa Global Class único.

A partir de 2012, quando começou a entrar em vários mercados internacionais, a Uber configurou um sistema que tornou a empresa incrivelmente eficaz ao penetrar em um mercado, aproveitando-se da lentidão da concorrência, da demora do governo local em agir e mobilizando enormes recursos financeiros para incentivar a rápida adoção. Mas a reação veio, e a empresa deixou a desejar ao gerenciar a disrupção que causou, às vezes falhando em localizar o negócio para se adequar às nuanças da cultura local durante essa situação adversa.

De forma nada global, a Uber muitas vezes priorizou o "jeito da empresa" em prejuízo do "jeito local" e não construiu valores fundamentais com apelo universal. Ao mesmo tempo, a capacidade da Uber de criar e alavancar processos e estruturas para facilitar a entrada no mercado e o rápido crescimento foi a melhor da categoria.

Valendo-se de uma combinação de concorrência colaborativa, transparência no desempenho e compartilhamento de melhores práticas, a Uber conseguiu expandir-se para inúmeros mercados a uma velocidade espantosa.

A Uber criou um sistema repetível que envolvia equipes de lançamento com acentuada experiência empresarial, manuais para incorporar e socializar métodos eficazes de superação de obstáculos e painéis de controle para monitorar métricas claras e direcionadas capazes de fazer com que a equipe fique concentrada em alcançar marcos rapidamente.

O desempenho de cada mercado, mensurado por métricas transparentes, foi informado para toda a organização em nível global e ativamente monitorado. Uma equipe centralizada formou um rol de cérebros mediante documentação detalhada, coletada e compartilhada, cujo trabalho resultou na reunião de um conjunto de conhecimentos sobre o que normalmente funcionava ou não.

A comunicação transparente foi priorizada, e estruturas foram criadas para identificar e recompensar o crescimento rápido, assegurando ao mesmo tempo que as melhores práticas fossem transferidas para outras equipes.

A complexidade discutida no capítulo anterior foi evitada a todo custo. Conforme a Uber se valia de sua proposta de valor universalmente reconhecida e solucionava os ininterruptos problemas que apareciam, a equipe procurava descobrir soluções escaláveis para os obstáculos que surgiam durante a entrada e o crescimento do mercado, de modo que todas as equipes globais pudessem se beneficiar.

Apesar de a maioria das empresas não poder se dar ao luxo de tal universalidade de sua proposta de valor e solução (nem dispor do mesmo montante de recursos), lições podem ser tiradas da capacidade da Uber de criar recursos centralizados e estruturas capazes de reunir e comunicar as melhores práticas e progresso.

Com um equilíbrio entre localização e complexidade, o que resta é uma questão de escala. À medida que as Empresas Global Class transitam do planejamento e da entrada no mercado para o crescimento do mercado, a liderança precisa prestar atenção específica à geração de impulso a fim de alcançar a escala global.

Uma equipe, um produto e uma cultura empresarial sólidos não bastam para ter êxito globalmente. O passo que se dá do sucesso do mercado único para a escala multimercado é um elemento vital na jornada de crescimento de uma empresa, algo que requer um modelo de suporte adaptativo. As Empresas Global Class não visam à validação no mercado único; o objetivo é a penetração global. Não se trata de entrada exitosa no mercado e de expansão em qualquer país, mas sim de operar em escala global. **Processos e estruturas eficazes que apoiam e protegem as localizações são os determinantes da escala.**

Conceber e implementar essas estruturas também dão impulso a cada um dos Quatro Compromissos para um Crescimento Global de Sucesso descritos no

Capítulo 4. Uma vez implementados processos eficazes, os recursos podem ser mais bem alinhados, e a comunicação, ter maior eficácia, promovendo melhor clareza e alinhamento em uma presença distribuída; a confiança é fortalecida, o QG fica mais confortável em conceder autonomia, e as iterações que integram o processo ágil global podem ser aceleradas.

A passagem da entrada para o crescimento do mercado requer atenção tanto das equipes de mercado locais quanto do QG. Adotar os Quatro Compromissos — em especial os recursos amplos — é essencial. Para essa transição, são necessários processos e estruturas que suportem a escala e uma equipe cada vez mais distribuída. Ao mesmo tempo, tais sistemas e processos precisam limitar, não criar mais complexidade.

Os processos são o fundamento da escala, colaborando na gestão do salto entre a entrada no mercado e o crescimento. Tornam-se cada vez mais necessários quando uma empresa toma a decisão consciente de passar de operar em vários países para operar globalmente, validando sua solução como universal ou se é relevante apenas em um número limitado de mercados. A Curva de Autonomia apresentada no Capítulo 4 fornece um guia para as estruturas e os processos apropriados que devem ser elaborados para corresponder ao nível de autonomia merecida para o estágio de expansão (entrada no mercado, crescimento do mercado ou maturidade do mercado). Conforme discutido no último capítulo, um investimento nessas estruturas (que se encaixa na categoria Prêmio Organizacional) ajuda a minimizar o prêmio geral de localização (complexidade) incorrido conforme uma empresa entra em mais mercados.

Para gerar o impulso necessário, é importante fazer uma avaliação organizacional para compreender melhor quais desafios podem surgir durante a transição da adequação empresa/mercado em um único novo mercado para uma verdadeira expansão internacional da organização em vários mercados. É nesse ponto que a complexidade pode atingir níveis incontroláveis, e os vieses organizacionais se tornam mais explícitos à medida que a organização tem pela frente a difícil tarefa de alinhar pessoas, equipes, sistemas, orçamentos e recursos.

Empresas Global Class estabelecem estruturas e processos para apoiar as iniciativas de localização e expansão, viabilizando a comunicação, a alocação de recursos e a gestão da complexidade. O QG cria processos e estruturas para facilitar a localização mediante o desenvolvimento de estratégias, suporte à implementação e ao monitoramento, porém, ao mesmo tempo, dá às equipes locais a liberdade de descobrir e validar quais localizações são necessárias. Para melhor caracterizar essa categoria de mecanismos de apoio, iremos denominá-los coletivamente de *Indutores de Impulso*.

INDUTORES DE IMPULSO PARA ENTRADA DE MERCADO

Como vimos no Capítulo 5, os objetivos da entrada no mercado são avaliar os mercados-alvo, descobrir as localizações necessárias e ganhar impulso. O principal marco no final é validar o mercado, obtendo a adequação produto/mercado.

Passar pela entrada no mercado é um pouco como gerir uma startup dentro de uma organização maior. As equipes locais ficam satisfeitas desde que tenham os recursos necessários, a adesão da liderança, a atenção e a autonomia para que possam se concentrar na busca pelas localizações necessárias, no impulso e, em última instância, na adequação produto/mercado. Contanto que as equipes locais possam mudar rapidamente e realizar testes no mercado local, seus componentes permanecerão motivados e envolvidos. Estabelecer Indutores de Impulso dá um passo adiante.

As estruturas destinadas a acelerar a entrada no mercado incluem:

- Descoberta da Localização
- Business Model Localization Canvas (BMLC)
- Pitch Deck de Crescimento Global
- Equipes de Lançamento
- Separação entre Mercado Inicial e QG

Descoberta da Localização

Conforme delineado no Capítulo 5, descoberta da localização é o processo de fazer pesquisas em um mercado local "na rua", ou seja, onde as coisas acontecem, e compreender de verdade as nuanças do mercado para ajudar na localização dos modelos operacionais e de "go-to-market".

No Capítulo 6, já discutimos que, ao considerar a Análise do Prêmio de Localização, é importante desenvolver uma lista de perguntas para compreender bem o potencial do novo mercado e a melhor estratégia de "go-to-market". Para responder a essas perguntas e ouvir de fato a voz do cliente, é bom visitar os mercados-alvo. Descobrimos que esse é um ingrediente em comum na análise feita por muitas Empresas Global Class que se expandiram de maneira eficaz. Algumas delas se referiram à jornada investigatória como uma "viagem de escuta" (um rótulo apropriado, pois escutar é fundamental), mas nós a chamamos de *descoberta da localização.* Adotamos essa denominação porque o objetivo não é somente identificar as oportunidades de mercado, mas também *descobrir* insights relevantes sobre como uma empresa precisaria *se localizar* para entrar com eficácia em um novo mercado.

A descoberta da localização no mercado é vital para compreender verdadeiramente as particularidades do mercado local. Elise Rubin, head global de Gestão de Programas, Internacionalização e Lançamento de Produto do Google Nest, explicou como até mesmo "ar fresco" pode significar algo totalmente diferente, dependendo do mercado local. Ao reunir insights sobre o desenvolvimento de novos produtos Nest, Elise verificou que, no Japão, a noção de ar fresco envolvia abrir uma janela e deixar entrar o ar de fora. Já para os sul-coreanos, "ar fresco" significa manter as janelas fechadas e ligar o ar-condicionado. Os sul-coreanos preocupam-se bastante com a poluição do ar devido ao que chamam de "poeira amarela" (também conhecida como "Poeira Asiática"), trazida por ventos fortes dos desertos da China e da Mongólia. Em face do enorme desenvolvimento industrial da China nas últimas décadas, esses ventos carregam poluentes industriais das fábricas e centrais elétricas na China para a Península Sul-coreana. Purificadores de ar são aparelhos essenciais lá, e os sul-coreanos se habituaram a usar máscaras quando estão ao ar livre.

O papel das equipes locais é crucial. Troy Malone, ex-diretor geral de Expansão Internacional da Evernote, ressalta que "chegar ao ponto de compreender um mercado o suficiente para executar uma estratégia coerente é a coisa mais difícil na expansão. Não se pode fazer isso do QG. Para criar uma estratégia coerente, a chance maior é combinar a análise inicial que você tem de sua primeira pesquisa com a pesquisa que foi feita localmente". Relembre o papel que o Anirban desempenhou ao influenciar a estratégia da Evernote na Índia.

MUITAS VEZES NEGLIGENCIADO

Obtendo as Perspectivas das Pessoas Comuns

Incluímos de propósito "pessoas comuns" na lista de partes interessadas com quem conversar no decorrer da descoberta da localização (Capítulo 5), em parte porque a categoria é contraditória e muitas vezes negligenciada, porém mais importante ainda por ser incrivelmente valiosa. Ao conversar com pessoas comuns durante a descoberta da localização, mesmo que aleatoriamente, a precisão de suas percepções sobre o mercado que está almejando é muito maior. Nenhuma interpretação como a que você receberia de uma agência governamental que está tentando encobrir as questões econômicas do mercado, nada de parceiros em potencial tentando dourar a pílula para convencê-lo a colaborar com eles: apenas opiniões sinceras e sem filtro. Cada motorista, garçom de restaurante, recepcionista e dono de loja com quem você interage — todos eles têm informações potencialmente valiosas. Isso é especialmente verdadeiro para produtos e serviços de consumo.

Business Model Localization Canvas (BMLC)

Durante a fase de preparação e planejamento, você deve preencher o Business Model Localization Canvas (BMLC) descrito no Capítulo 5. Isso lhe permitirá obter insights da descoberta da localização e torná-los acionáveis, incorporando-os em um novo conjunto de hipóteses a serem validadas no novo mercado após colocar em prática os modelos operacionais existentes considerando a regulamentação governamental e os filtros culturais. Você precisa utilizar os blocos do Business Model Canvas, os seis prêmios de localização (Vendas, Produto, Marketing, Administrativo, Infraestrutura e Organizacional) ou seus próprios critérios para colocar em execução o atual modelo de negócios validado em hipóteses para testar como o novo mercado funcionará.

Pitch Deck de Crescimento Global

Semelhante ao clássico "pitch deck" para um investidor em startup, Pitch Deck de Crescimento Global é uma explicação resumida, simples e fácil de comunicar da sua estratégia de crescimento internacional e iniciativas de localização para obter a adequação empresa/mercado. Essa apresentação deve incluir insights descobertos durante a descoberta da localização. Embora curta e direta por natureza, ela precisa compartilhar pesquisas detalhadas e a visão do cliente. Segue, adiante, um esboço do pitch deck que você pode usar para comunicar melhor sua estratégia de expansão, o Pitch Deck de Crescimento Global (observe que, obviamente, você deve ter um pitch deck à parte para cada país-alvo):

- **(Slide 1) Por que Este Mercado?** — Apresente o país para o qual você planeja expandir, com informações básicas sobre o mercado, principais indicadores econômicos, tendências e detalhes sobre a dinâmica do mercado local.
- **(Slide 2) Revelações da Descoberta da Localização** — Compartilhe o que você encontrou durante a descoberta da localização no mercado. Ressalte o que há de peculiar na cultura do país, as oportunidades gerais de mercado e as prováveis localizações necessárias para ter êxito ali.
- **(Slide 3) O Cliente** — Descreva os clientes típicos, que tipo de proposta de valor repercutirão e seu poder aquisitivo. Personifique seu cliente-alvo. Incorpore elementos da cultura do mercado local, destacando padrões de comportamento do cliente e critérios de tomada de decisão.
- **(Slide 4) Análise do Prêmio de Localização** — Indique o quanto o modelo local previsto se afastará dos atuais modelos operacionais e de "go-to-market" para ter adequação empresa/mercado no novo mercado com a estrutura da Análise do Prêmio de Localização (LPA). Inclua detalhes sobre como você planeja minimizar e monitorar a complexidade, bem como seu impacto na organização. Esse slide serve como uma visão

geral para os dois slides seguintes que detalham o que consta na LPA.

- **(Slide 5) Roteiro da Adequação Empresa/Mercado: Estratégia de Go-to-Market** — Descreva o canal de distribuição planejado e as estratégias de marketing. Onde seus clientes "circulam" (ou seja, obtêm informações)? O que mais tem influência sobre eles? Quais são os elementos que os estimulam a comprar? Como você transmitirá mensagens de marketing aos clientes? De que maneira colocará seu produto nas mãos deles? Isso está na metade superior da LPA (Prêmio de Vendas, Prêmio do Produto e Prêmio de Marketing). Descreva as hipóteses relevantes derivadas do BMLC, conforme explicado no Capítulo 5.
- **(Slide 6) Roteiro da Adequação Empresa/Mercado: Modelo Operacional** — Delineie as considerações legais e regulatórias, além de como serão as operações, desde a folha de pagamento e impostos até a infraestrutura. Inclua possíveis ameaças, riscos e complexidades das políticas públicas ocasionadas por regulamentações diferentes daquelas de seu mercado doméstico. Isso está na metade inferior da LPA (Prêmios Administrativo, de Infraestrutura e Organizacional). Descreva as hipóteses relevantes derivadas do BMLC que serão testadas e iteradas aqui também.
- **(Slide 7) Estratégia de Formação de Equipe** — Explique qual equipe necessita ser contratada no mercado local, o montante de recursos solicitados ao QG e a estrutura organizacional (descrevendo relatórios funcionais e o que é centralizado/localizado).
- **(Slide 8) Indutores de Impulso** — Descreva as estruturas e os processos existentes que a nova entrada no mercado utilizará e realce os novos que precisam ser elaborados para garantir o apoio e os recursos necessários. É aqui que se discute a Equipe de Recursos da Localização bem como o Manual de Crescimento Global (veja na próxima seção) e outros Indutores de Impulso.
- **(Slide 9) Custo Total de Entrada** — Use a Fórmula do Custo Total de Entrada [TOE, na sigla em inglês] para calcular os fundos e os recursos necessários para apoiar essa iniciativa. Isso pode ser categorizado por nível de importância ou estágio de implementação, conforme discutido no Capítulo 6. Destaque o cronograma do plano e inclua quando cada localização será criada, com base no nível de prioridade e/ou estágio de implementação.
- **(Slide 10) Quatro Compromissos para um Crescimento Global de Sucesso** — Destaque os Quatro Compromissos para um Crescimento Global de Sucesso, como cada um deles se aplica ao país específico e os planos para assegurar a adesão dos executivos em todos os países.

Baixe um modelo de exemplo no site do livro [edição original, em inglês], *www.GlobalClassBook.com.*

Apesar de o objetivo da criação de um Pitch Deck de Crescimento Global ser principalmente obter apoio dentro de sua organização, passar pelo processo ajuda a compor formalmente seus pensamentos, construir uma narrativa mais forte e descobrir "buracos" em suas análises. Ademais, é um ponto de referência simples que está à mão no lançamento efetivo. Considere a criação do Pitch Deck de Crescimento Global como um passo importante a ser dado antes de entrar em cada novo mercado internacional; veja-o também como um documento dinâmico que pode ser adaptado conforme você reavalia a estratégia e aprende com a nova entrada no mercado. Mais importante ainda, esse documento (ao lado da Análise do Prêmio de Localização) é uma excelente base para a criação de uma ferramenta essencial para escalar, o seu Manual de Crescimento Global.

Equipes de Lançamento

Ainda que não seja aplicável a todos os negócios, a formação de uma equipe de lançamento, cujo único foco seja construir as bases para uma presença de sucesso em um novo mercado, pode ajudar a acelerar a entrada no mercado e gerar impulso em torno das iniciativas de expansão global.

Embora a localização seja personalizada para cada mercado, muitos dos primeiros passos para um lançamento são semelhantes. Uma equipe direcionada necessita desenvolver habilidades associadas capazes de serem replicadas em muitos mercados, e rapidamente. No caso da Uber, Sam Gellman, ex-head de Expansão Asiática e o primeiro funcionário que a empresa contratou fora da América do Norte, assumiu a tarefa de fazer o lançamento e, com outros membros da equipe de expansão global, constituiu o grupo inicial a pôr as mãos na massa.

Para Sam e outros lançadores da Uber, o objetivo maior era evidente: contratar uma equipe para crescer e aumentar a escala no mercado o mais rápido possível. Outros objetivos importantes incluíam obter "early adopters" (passageiros e motoristas) e alcançar um marco no qual a maioria das chamadas pelo aplicativo da Uber no centro da cidade fosse atendida em 5 minutos ou menos. Então, Sam passaria para um novo mercado, fazendo exatamente a mesma coisa. Para garantir o foco e aumentar a chance de sucesso, limite as métricas dos mercados locais durante a entrada a um máximo de três. A Uber se concentrou em apenas duas.

O conhecimento especializado que uma equipe de lançamento desenvolve pode ser extremamente valioso em situações nas quais a rapidez é fundamental. Habilidades aprimoradas, objetivos claros e forte compartilhamento de melhores práticas por meio de um manual dinâmico e colaborativo formam um conjunto de ferramentas que prepara as equipes de lançamento para o sucesso.

Separando Mercado Inicial e QG

Um passo importante (e muitas vezes negligenciado) que auxilia as empresas a progredir desde a entrada no mercado até o crescimento do mercado e mais além é separar a estrutura organizacional inicial do mercado e a estrutura organizacional do QG. No transcorrer dos estágios iniciais da expansão global, o QG e as operações iniciais de mercado são uma e a mesma coisa. Os membros da equipe que lideram determinadas funções no mercado inicial (vendas, marketing, engenharia etc.) são as mesmas pessoas encarregadas de liderar todas essas funções globalmente conforme a empresa começa a se expandir, pois até aquele momento havia apenas um mercado. Manter-se nesse caminho gera um viés de mercado inicial. É natural que os líderes privilegiem o mercado inicial que administravam e do qual provém grande parte das receitas da empresa. Como explica o CEO e cofundador da Hotmart, João Pedro Resende: "É difícil para os mercados internacionais competir por recursos quando você tem um grande país auferindo quase todas as receitas." Infelizmente, tal viés pode se revelar um obstáculo à obtenção dos recursos necessários para as iniciativas do mercado local e afetar negativamente a priorização das localizações requeridas para buscar a adequação empresa/mercado nesses novos mercados.

As Empresas Global Class sabem que os mercados iniciais e os novos mercados locais precisam ser colocados em pé de igualdade. Em vez de o QG e o mercado inicial trabalharem juntos, é necessário que as operações iniciais do mercado sejam separadas e estruturadas como qualquer outro mercado local. O mercado inicial deve ter a mesma estrutura organizacional dos demais mercados locais; se os mercados locais têm um gerente-geral, o mercado inicial deve ter seu próprio gerente-geral; o mesmo se daria no mercado inicial se os mercados locais tivessem suas próprias equipes de marketing e atendimento ao cliente.

Essa separação permite uma série de coisas, incluindo:

- ***Eliminar a mentalidade "nós contra eles"*** — No Capítulo 1, discutimos como a mentalidade "nós contra eles" é tóxica para as iniciativas de expansão internacional. Quando o QG privilegia o mercado inicial (o que é natural se a mesma liderança estiver à frente tanto do QG quanto do mercado local), as necessidades das equipes locais nos mercados internacionais podem ficar subordinadas às necessidades do mercado inicial. Desmembrar o mercado inicial do QG e pôr a equipe do mercado inicial no mesmo nível das equipes locais é um equalizador deveras necessário.
- ***Ativar o trabalho distribuído*** — Já mencionamos no livro que o conceito de QG é diferente para as Empresas Global Class hoje graças à acentuada ampliação do trabalho distribuído. Separar o QG do mercado inicial desassocia o QG de um local específico, providência que se alinha bem

com as organizações cuja força de trabalho é distribuída; nenhum local tem mais relevância que o outro, e a posição dos participantes da equipe que está fora do mercado inicial é menos desvantajosa. Como discutido no estudo de caso do Capítulo 2, o ato da Canva de remover o rótulo QG dos canais de comunicação manifesta essa separação, justapondo as equipes do mercado inicial e dos mercados locais internacionais.

- ***Permitir que o QG se torne um facilitador*** — A separação induz o QG a não ser um operador com equipe centrada no mercado inicial. Ela torna o QG uma estrutura interna à parte cujo objetivo precípuo é ser um facilitador e apoiador de múltiplas operações locais (com o mercado inicial sendo uma delas). Após a separação, o QG não é mais uma operadora da região do mercado inicial, mas sim um grupo separado, focado na capacitação global.

É importante que essa transição seja efetuada logo após uma empresa entrar em vários mercados, a fim de não consolidar em demasia o mercado inicial no QG. Na verdade, trata-se de um pré-requisito importante para ter a adequação empresa/mercado. Como diz Jan van Casteren, você não quer que as raízes (do mercado inicial) cresçam fundo demais (dentro do QG).

MUITAS VEZES NEGLIGENCIADO

Onde se Deve Situar o "Internacional" na Estrutura Organizacional?

"Internacional" não tem, com frequência, um espaço padrão dentro da estrutura organizacional de uma empresa. Algumas empresas têm uma equipe internacional (como a que Abe Smith gerencia no Zoom), ao passo que em outras há uma abordagem funcional mais centralizada. Durante a transição internacional, o conceito e a mentalidade Global Class proporcionam um porto seguro e um campo de testes para um compromisso de toda a empresa em ter sucesso na empreitada, mas ainda há uma necessidade de proteção até que o setor internacional gere receitas suficientes para receber recursos por seu próprio mérito. Até aí, as iniciativas globais precisam de um guardião de todas as ações de crescimento internacional capaz de trabalhar de forma multifuncional e com autoridade para agrupar a equipe; caso contrário, será mais difícil para, globalmente, conseguir a adesão de toda a empresa.

INDUTORES DE IMPULSO PARA O CRESCIMENTO DO MERCADO

À medida que uma organização começa a obter a adequação empresa/mercado em vários mercados, desponta uma série nova de desafios. O foco muda do impulso para o aumento de escala. A velocidade da expansão requer impulso, facilitado por uma organização transfronteiriça que opera sinergicamente por meio de Ciclos de Respostas eficazes e estruturas que eliminam o atrito e a complexidade. Remover vieses, evitar a mentalidade "nós contra eles" e manter o equilíbrio são fatores importantes de se ter em mente.

Embora ter a adequação durante a entrada no mercado seja um marco vital, o impulso procurado ao longo do crescimento do mercado deve ser sustentado.

Ao entrar na fase de crescimento do mercado, a mentalidade da equipe muda em face da maior experiência local e de processos que auxiliam os esforços de expansão local. É nessa fase que as equipes locais normalmente desejam assumir mais responsabilidades para conduzir as coisas localmente sem precisar de permissão do QG. O desafio consiste em saber até que ponto a autonomia deve ser concedida (à luz do objetivo maior de alcançar a escala global e como a autonomia se contrai em cada mercado local para criar impulso, como refletido na Curva de Autonomia). Conforme uma empresa começa a atingir a fase de crescimento de mercado em múltiplos mercados, o foco deve mudar para facilitar o crescimento global em detrimento da penetração em um só mercado.

As estruturas destinadas a acelerar o crescimento do mercado incluem:

- Análise do Prêmio de Localização
- Equipe de Recursos da Localização
- Manual de Crescimento Global
- Pêndulo da Função de Trabalho

Análise do Prêmio de Localização

A Análise do Prêmio de Localização (LPA) discutida no Capítulo 6 é útil durante a entrada no mercado para mapear localizações que sirvam de ponte entre o planejamento e a implementação, ficar à frente da complexidade e priorizar adequadamente os mercados. Também é valiosa no decorrer do crescimento do mercado como forma de identificar e implementar localizações escaláveis para vários mercados.

Mecanismos de monitoramento, como a LPA, podem trazer para o primeiro plano diferenças e complexidades, revelando informações fundamentais. Monitorar em nível global pode trazer à tona padrões de prêmios de localização. Uma área específica do negócio, digamos a cadeia de suprimento e estocagem (categoria prêmio de infraestrutura), por exemplo, pode precisar mudar para ser lançada com êxito em novos mercados. Caso as localizações estejam sendo efetuadas ao mesmo tempo e de maneira independente em vários mercados, a empresa provavelmente criará mais complexidade do que se houvesse um esforço mais centralizado. Usar a LPA pode tornar esses padrões mais nítidos, levando as Empresas Global Class a criar uma solução em comum (internacionalização). Também é um sinal de escalabilidade, mostrando mercados vinculados e descobrindo critérios adicionais para avaliar novos mercados, conforme descrito no último capítulo. Durante os períodos de avaliação, retorne às LPAs criadas no decorrer do planejamento a fim de poder comparar o prêmio real com o previsto; a entrada da Evernote no mercado indiano ilustrou que o esperado nem sempre corresponde à realidade.

MUITAS VEZES NEGLIGENCIADO

O Papel do Ágil Global nos Indutores de Impulso

As estruturas que você cria para facilitar a entrada e o crescimento no mercado precisam colocar o ágil global no centro. Já discutimos no capítulo anterior que o estabelecimento de processos que permitem testar hipóteses de localização e iteração com base nas principais aprendizagens é fundamental para encontrar a adequação empresa/mercado em um novo mercado. Adotar a mentalidade de desenvolvimento do cliente, aliada a recursos para fazer testes e Ciclos de Respostas para compartilhar aprendizados importantes, é crucial para gerar impulso. Também essencial é a validação ao longo das transições de entrada no mercado para otimizar/inovar durante o crescimento. O foco muda, mas a mentalidade permanece constante. Ao fazer isso, as Empresas Global Class continuam buscando insights e melhores práticas de um mercado que sejam globalmente aplicáveis.

Equipe de Recursos da Localização

Idealmente, a Equipe de Recursos da Localização [LRT, na sigla em inglês] é multifuncional e tem diversos departamentos. Ela gera impulso ao remover obstáculos e compartilhar/implementar as melhores práticas. A LRT ajuda a equipe local a comunicar os principais aprendizados e implementar localizações, agregando as melhores práticas a serem usadas em toda a crescente presença global da organização. No lado QG do diagrama (veja adiante), cada círculo menor dentro do círculo maior representa uma pessoa situada na LRT. Elas fazem parte de seus respectivos departamentos na estrutura hierárquica, porém, reúnem-se com a equipe multifuncional para representar seu departamento e auxiliar as equipes locais nas áreas de especialização.

A função da LRT, longe de dizer às equipes locais o que fazer, é servir de canal entre o QG e os mercados locais. Pode ser uma porta de entrada para compartilhar questões e ideias de localização e um grupo de mentes que entende a fundo o que funciona ou não à medida que a organização entra em mais mercados. A equipe não define direção nem toma decisões; ela as facilita.

Na prática, se um líder de mercado local tiver um problema no qual a solução melhor é a do QG ou necessitar de certo aspecto do produto ou modelo operacional localizado, ele poderá recorrer à LRT. Em vez de desperdiçar tempo tentando desenvolver um novo recurso para localizar o produto, a solicitação pode ser levada à LRT, que pode lidar com a questão.

Conceitualmente, os membros da LRT saberiam como fazer isso de forma mais rápida e eficiente do que o líder do mercado local. Além disso, livre dessa tarefa, esse líder e sua equipe poderiam se concentrar em demandas mais importantes, como a descoberta de novos insights, ganhando impulso e obtendo a adequação empresa/mercado.

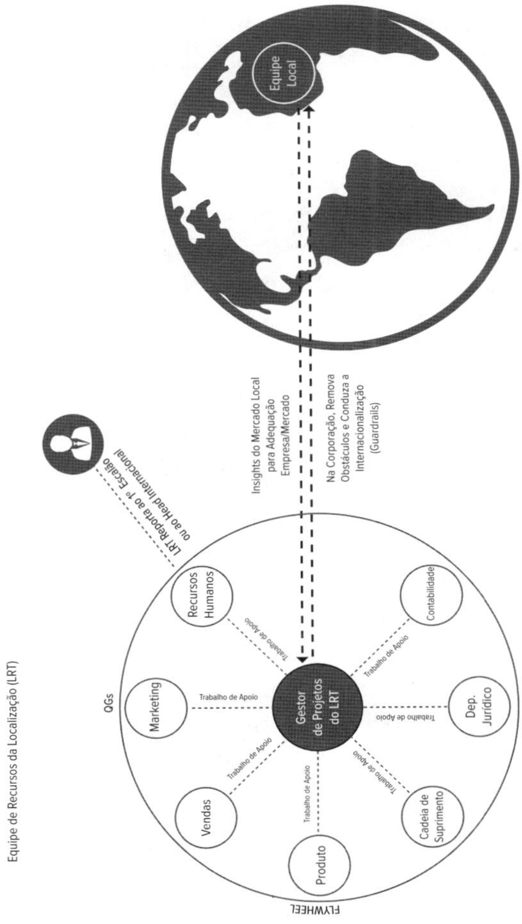

Se for construída com antecedência suficiente, a LRT pode orientar os testes e a preparação para o lançamento completo no mercado. Após o lançamento, a equipe atua como suporte tático, removendo obstáculos para que a equipe no mercado possa se concentrar na busca da adequação empresa/mercado e ganhar impulso. Algumas organizações se referem a esse grupo como equipe "go-to-market" ou equipe "internacional", porém, estamos usando propositadamente a palavra *recurso* para melhor descrever a função central e o objetivo da equipe.

Uma LRT eficaz agiliza os Ciclos de Respostas, traduzindo os valores fundamentais do QG para as equipes locais e decodificando os principais insights das equipes locais para o QG, transitando pelas nuanças culturais. Como se comunicam regularmente com as equipes locais, e também o fazem com o QG, os membros da LRT tomam conhecimento de prioridades concorrentes e possíveis conflitos que poderiam ser um empecilho para o crescimento.

A LRT é um catalisador para o impulso porque facilita as tomadas de decisão abrangentes, a compreensão dos compromissos e das prioridades, muitas vezes adversárias, do QG e das equipes locais. Seus integrantes são ao mesmo tempo uma ponte e um moderador entre o QG e as equipes locais. A LRT pode se tornar um intermediário e a ligação de uma organização a cada dia mais distribuída, mantendo equipes distintas focadas no mesmo objetivo.

Quando fortes e repletas de Interempreendedores, as LRTs têm o equilíbrio certo entre curiosidade cultural e sensibilidade cultural. Elas demonstram a empatia necessária para identificar não só a necessidade de localização, mas também a mentalidade ágil e a resiliência para transitar na estrutura organizacional existente para realizar as tarefas. Os componentes dessa equipe atuam como pessoal interno de vendas, evangelistas e defensores de iniciativas de crescimento global, que podem garantir a adesão dos executivos e apoiadores para motivar todas as partes envolvidas nas iniciativas de expansão internacional.

Ao recrutar membros para a LRT, você deve procurar conhecimentos funcionais e habilidades intraempreendedoras — em particular, *as específicas da empresa*. Em outras palavras, uma coisa é ter mentalidade ágil e ser capaz de caminhar pela burocracia multifuncional; no entanto, o mais importante é ter familiaridade para fazer isso especificamente em sua empresa. Os integrantes da equipe precisam ser hábeis comunicadores, ter a capacidade de influenciar as principais partes interessadas e demonstrar eficácia na gestão de projetos. Relacionamentos internos sólidos, confiança adquirida e histórico de realização de tarefas na empresa — elementos que constroem a força dos membros da LRT.

A LRT traz a experiência da empresa necessária para uma expansão bem-sucedida. Não há necessidade de que cada componente da equipe se dedique inicialmente aos esforços de lançamento, mas todos devem estar empenhados e envolvidos nesses esforços (como um recurso partilhado ou de dedicação total, dependendo dos recursos disponíveis da empresa). Todas as principais funções/departamentos precisam estar representados para diminuir a chance de fracasso. Além disso, a equipe pode ajudar a minimizar a complexidade, pois tem uma perspectiva mais global de como a empresa atua no exterior, algo que não está em primeiro plano para a equipe de mercado local. Ao estabelecer barreiras para o que pode ou não ser alterado, a LRT ajuda a orientar as iniciativas de localização, mantendo ao mesmo tempo o alinhamento dos valores fundamentais e minimizando a exclusividade arbitrária.

Dependendo do setor de atividade, do cliente-alvo (B2B/B2C) e do produto (físico ou digital), exemplos de departamentos representados na LRT podem incluir: Produto, Engenharia, Manufatura, Vendas, Marketing, Cadeia de Suprimentos e Logística, Jurídico, Contabilidade, Recursos Humanos e assim por diante. Cada um deles se torna um Ponto Único de Contato (SPOC, na sigla em inglês) para sua área funcional específica.

De certa maneira, a LRT se parece com a Sala de Controle de uma missão espacial da NASA. A Sala de Controle existe para dar apoio aos astronautas no espaço, assim como a LRT apoia os membros da equipe no mercado — capacitando-os, monitorando os sinais vitais e resolvendo problemas. Tal como a equipe da Sala de Controle descobriu como fazer um filtro de ar contando apenas com os itens que os astronautas da Apollo 13 tinham a bordo, os membros da LRT arregaçam as mangas para encontrar soluções quando surgem obstáculos.

A função mais vital na LRT é a de gestor de projeto. Essa pessoa orientará os esforços da equipe e servirá como porta de entrada, coordenando o envolvimento de cada departamento e agindo como o principal canal entre as equipes locais e a executiva. Cada departamento coloca em condições operacionais o plano de lançamento e as equipes locais o executam. Conforme descrito no estudo de caso no Capítulo 4, a versão da Flexport (com um escopo mais restrito) era o gestor do programa técnico coletando e monitorando as necessidades do produto e assegurando que as localizações dos produtos fossem efetuadas.

Embora seja provável que o pessoal do QG não tenha o mesmo conhecimento detalhado da equipe local, a LRT pode servir de fórum para uma colaboração interfuncional. É importante que a equipe de mercado use a LPA para destacar as localizações, concentrando-se na validação de hipóteses (criadas durante o exercício BMLC) e na execução do Manual de Crescimento Global. Em paralelo, a LRT também utiliza a LPA para acompanhar o progresso dessas localizações em colaboração com a equipe local.

O papel básico da LRT é ser uma rede de conexão entre as iniciativas de expansão internacional e o restante da empresa, colocando em contato uma equipe multifuncional para resolver problemas e manter os executivos atualizados.

O apoio dos executivos é imprescindível para o sucesso da LRT. Quando uma empresa não forma uma equipe internacional nem designa um diretor internacional, faz-se necessário um patrocínio executivo externo. Ainda que ter um executivo apoiando possa ser útil, as pessoas em tal função muitas vezes levantam boas questões, mas nem sempre defendem as ações de crescimento internacional porque estão mais focadas em suas outras responsabilidades profissionais, segundo Kathryn Hymes, ex-head de Expansão Internacional de Produtos do Slack. Daí a importância de um suporte executivo dedicado, de preferência com vários executivos envolvidos.

Embora nem todas as empresas tenham esse nível de recursos ou suporte executivo, o Slack manteve duas equipes multifuncionais atentas ao crescimento internacional. A primeira refletia nosso conceito de LRT — um grupo de trabalho centrado na execução em detrimento do modelo de estratégia.

A segunda, que no Slack era conhecida como Conselho Internacional, era um grupo multifuncional de executivos responsáveis por produtos, marketing e operações. Eles determinaram a estratégia e delegaram responsabilidades ao grupo de trabalho (LRT). Esse rol de cérebros de nível executivo ajudou a delinear e impulsionar ações relativas a todos os principais itens da lista de verificação necessária para a entrada e o crescimento do mercado. Os líderes funcionais fizeram perguntas importantes: como o marketing deseja descrever o que o Slack faz no Japão? Eles gerenciaram as *questões maiores* que chegavam à consideração do alto escalão e *as de menor nível* delegadas ao grupo de trabalho (LRT) e às equipes locais.

MUITAS VEZES NEGLIGENCIADO

Criar Muitos Processos Rápido Demais Pode Retardar o Crescimento

Quando uma empresa está se expandindo, é natural pensar em todos os processos que se quer adotar para ser funcional globalmente e apoiar as operações mundiais. Kathryn Hymes alerta, contudo, que é preciso estar ciente de que as empresas podem cometer o erro de fingir que são maiores do que seu tamanho real, adicionando camadas extras de burocracia e etapas de verificação de dados quando não são de fato necessárias. Os processos para uma empresa com 10 mil pessoas e uma empresa com 200 pessoas são diferentes. Aquela requer muito mais estrutura e processo do que esta. Se você não tiver isso em mente, correrá o risco de implementar processos desnecessários que agregam complexidade e dificultam o crescimento.

Ao surgirem problemas, a LRT pode servir como uma "sala de crise" virtual para apoiar equipes no mundo inteiro. Isso é importante porque, como afirmou James Sherrett, líder fundador da expansão do Slack na Europa: "Todas as coisas grandes começam pequenas, todas as coisas pequenas são insignificantes." É importante para a LRT identificar e rastrear esses problemas porque (1) a equipe local está concentrada no lançamento real e 2) a equipe local talvez não entenda que, mais tarde, coisas insignificantes podem se transformar em problemas maiores (acumulando prêmio de localização). Se a LRT estiver envolvida em vários lançamentos, terá um olhar atento para eventuais problemas e poderá resolvê-los antes que alcancem grandes proporções.

Além do mais, os membros da LRT também têm insights sobre áreas onde não há espaço para mudanças. Como guardiões das iniciativas de internacionalização, conhecem as barreiras de proteção sobre o que pode e o que não deve ser mudado em virtude da complexidade operacional, da adesão aos valores essenciais ou por outros motivos. Por exemplo, a Workday globalizou suas métricas e precificação. Há certas coisas que a equipe local pode querer mudar para atender melhor o mercado, mas que seriam contrárias à estratégia global da organização. A LRT toma para si a função de monitoramento do prêmio de localização.

A precificação precisa ser modificada? Seria necessário um bocado de foco para que um líder do mercado local passasse pelo processo formal, a mudança fosse aprovada e depois posta em operação com todos, desde a equipe de produto até a de marketing e contabilidade. A LRT pode cuidar disso. É necessário um advogado local para redigir novos contratos de trabalho? O representante jurídico da LRT pode estar envolvido na verificação de novas firmas e atuar como contato da empresa para garantir a conformidade com a legislação local, simultaneamente minimizando o prêmio de localização. Há diversos outros exemplos de desafios que desviariam o foco da equipe do mercado local em compreender melhor os clientes, construir novos canais de vendas e adaptar a oferta de produtos ao mercado local.

Existem várias escolas de pensamento no que se refere à continuidade da LRT. Em algumas situações, o melhor a se fazer é montar uma equipe de pré-lançamento e reduzi-la assim que houver impulso no mercado. Em outras (especialmente no caso de planejar uma expansão para vários países), pode fazer mais sentido ter uma equipe permanente. A Uber, por exemplo, colocou em marcha uma campanha de expansão tão generalizada que havia sempre mais mercados nos quais uma LRT se poderia concentrar, razão pela qual valeria a pena manter os recursos do QG dedicados ao apoio a novas regiões. Na Uber, os lançadores de cada mercado tinham fortes laços entre si desde o início, treinando uns aos outros nos obstáculos, em vez de uma LRT formal.

Apesar de não termos a pretensão de ser prescritivos sobre quanto tempo a LRT deve ser mantida intacta para aqueles cujos planos não incluem uma equipe permanente, há um valor estratégico em fazê-lo em graus variados até a equipe local atingir a adequação empresa/mercado. Se houvesse, de modo consistente, novos mercados sendo lançados, a LRT seria um elemento integrante da estrutura corporativa.

A LRT pode ser útil no diagnóstico do motivo pelo qual uma empresa enfrenta problemas para aumentar a escala em um novo mercado, aproveitando insights e melhores práticas de numerosas entradas no mercado, dada a visão global da equipe. Os Ciclos de Respostas são uma ferramenta capital que as LRTs podem ter para identificar por que a empresa não está ganhando impulso ou obtendo escala; também auxiliam a equipe ao reconfigurar a estratégia de mercado, fornecendo um canal para destacar os principais problemas e obstáculos.

Manual de Crescimento Global

Manual de Crescimento Global é um recurso que mapeia todas as etapas requeridas para um lançamento e um crescimento exitosos em um novo mercado, capturando as melhores práticas para a entrada e o crescimento no mercado. Deve ser um repositório centralizado (digital) para o qual a LRT e os integrantes da equipe de lançamento contribuem em tempo real conforme as lições são aprendidas. A denominação de Manual de *Crescimento* Global é intencional, em oposição a Manual de *Entrada* no Mercado, porque, a nosso juízo, um manual deve ter uma amplitude maior do que apenas o lançamento em um novo mercado, devendo ajudar as equipes locais à medida que continuam a expandir os negócios em novos mercados.

Manuais de Crescimento Global eficazes são colaborativos e dinâmicos, adaptando-se ao longo do tempo. Diversas equipes precisam dar sua contribuição, e todos os elementos necessitam ser iterados e otimizados (como o produto e as operações da empresa) para levar em conta as melhores práticas e os principais aprendizados de cada mercado conforme sua presença global amadurece.

Trata-se de um documento que acelera a velocidade com que as equipes locais podem obter impulso em um mercado, limita as complexidades e assegura que erros não sejam cometidos repetidas vezes em diferentes regiões.

Ter um manual centralizado para o qual várias partes contribuíram pode ser uma excelente ferramenta de compartilhamento de práticas recomendadas. A Uber aperfeiçoou o compartilhamento entre regiões, garantindo que as melhores práticas fossem conhecidas e aplicadas por todos os escritórios locais. Quanto à gestão, esses canais de comunicação também podem ser oportunidades sólidas para conquistas e o reforço de valores da empresa em um grupo geograficamente distribuído. Com tantas regiões sendo criadas ao mesmo tempo, o estilo "apenas faça" de princípios orientadores da Uber teria gerado prêmios de localização muito maiores, caso esses pontos de referência e canais de comunicação não existissem.

Como observa Scott Coleman, ex-head de Crescimento e Produto Internacional do Pinterest: "Uma das maneiras mais fáceis de desmotivar uma equipe no mercado é torná-la um braço de execução. Dê-lhes informações sobre a estratégia, crie procedimentos e processos em parceria com eles. Quando as pessoas fazem parte do processo de construção, há uma chance maior de adesão." Incluir as pessoas na criação e no desenvolvimento recorrente de um Manual de Crescimento Global pode ser um ótimo canal para reunir essas informações, uma estratégia marcante das Empresas Global Class.

A Flexport não tinha um manual formal quando abriu seus dois primeiros escritórios internacionais, o que significou que os fundadores regionais tiveram de inventar e codificar eles próprios o processo de expansão. Embora também não houvesse um manual formal para assegurar que a cultura Flexport seria consistente, visitas regulares ao QG e executivos que visitavam as regiões garantiram que esses dois novos escritórios vivessem a cultura Flexport. Baseada nessas primeiras experiências, a empresa agora tem um sistema de manual mais bem implementado. Além de dicas táticas (criar um escritório e abrir uma conta bancária, por exemplo), o mais importante é que ele capta em profundidade as complexidades de diferentes mercados para desenvolver um grupo de mentes que possa ser acessado por outras pessoas na empresa.

Geraldo Thomaz explicou que o manual de crescimento interno da VTEX incluía quatro estágios (Descoberta, Validação, Aceleração, Escala), com cada mercado sendo categorizado em um deles, com suas próprias melhores práticas e métricas-alvo.

Para a Uber, o manual representava uma vantagem por sair na frente em todas as novas regiões. Sam Gellman, ex-lançador da Uber e primeiro funcionário fora da América do Norte, ressaltou que, em vez de as equipes de lançamento começarem sempre do zero, o manual codificava 80% do que precisavam saber e fazer para se lançar com sucesso em um novo mercado. Isso possibilitou que se concentrassem em assimilar os restantes 20%, a maior parte específica do mercado ora em questão. Sam explicou: "Se você aprendeu algo em Bangladesh que não havia funcionado, isso era adicionado ao manual." Não importa onde tenha sido aprendida, a lição era compartilhada com outras regiões para ajudá-las em seus lançamentos. Havia até uma equipe centralizada que gerenciava o manual, recebendo informações de campo (uma espécie de LRT).

Trilhar 80% do caminho por intermédio de um robusto grupo centralizado de cérebros deu à Uber uma vantagem incrível, permitindo-lhe escalar em alta velocidade.

À semelhança de qualquer coisa que um Interempreendedor faça ao lançar um novo mercado, esses manuais devem ter um nível de flexibilidade e precisam ser mutáveis. Como cada mercado é diferente, o caminho para o sucesso também será diferente (é aí que entram os 20% a serem descobertos). Desde que o manual permaneça um documento ágil, e não somente um roteiro a ser seguido sem revisão, pode se constituir em uma ferramenta valiosa para obter impulso e ganhar escala em um novo mercado.

Quer se trate de um tomo abrangente, como é o caso da Uber, quer seja uma simples lista centralizada de verificação do progresso alcançado, um documento de estratégia de lançamento e crescimento foi um ingrediente fundamental para o êxito de muitas empresas que pesquisamos.

UMA ADVERTÊNCIA...

Embora a criação dessas estruturas possa obter impulso e escala, terão o efeito oposto se forem implementadas de modo inapropriado ou em excesso. Tenha uma razão clara para cada processo estabelecido e monitore constantemente sua eficácia, caso contrário sua organização em rápido crescimento será atacada pela palavra que começa com a letra B: *burocracia*.

ESTUDO DE CASO

CRIANDO ESTRUTURAS, PROCESSOS E NORMAS PARA APOIAR UMA ESCALA GLOBAL RÁPIDA — SLACK

O Slack é uma verdadeira história de sucesso internacional em todos os sentidos da palavra. Aprimorando a comunicação empresarial em mais de 150 países por meio de mais de 10 milhões de usuários, a empresa tem sido eficaz na criação de processos e estruturas que auxiliam em cada ponto de parada ao longo do caminho, desde o planejamento inicial e entrada no mercado até o apoio à rápida expansão global.

Eis algumas maneiras práticas pelas quais o Slack apoiou seu crescimento global:

Faça Pesquisas e Perguntas Importantes para Obter Respostas Utilizando a Metodologia Global Ágil

Quando entrou em novos mercados, a equipe do Slack fez perguntas importantes para direcionar a descoberta da localização: como é o trabalho de conhecimento no país X? Quais reavaliações são necessárias? Perguntas mais profundas, "O que é comunicação no mercado local?" (personalizadas para o modelo do seu setor/empresa), podem ser um meio pelo qual a localização seja passível de identificação.

Em seguida, a equipe se concentrou na descoberta da localização, fazendo pesquisas em parceria com novos contratados locais e consultores externos, viajando ao país para entrevistar os usuários atuais e clientes em potencial e observá-los usando o Slack. Ao entrar no mercado japonês, os insights indicavam a difusão e a importância da vida profissional como elemento identitário, mas também como o Slack era uma ferramenta libertadora e transparente interposta à hierarquia e à formalidade da cultura empresarial japonesa.

Reúna a Quantidade Certa de Feedback e Coloque o Produto nas Mãos Certas

A equipe do Slack estabeleceu mecanismos para coletar feedback sobre o produto e entender as solicitações dos clientes. Ao mesmo tempo, fez com que esse feedback fosse medido e analisado de maneira diferente daquele proveniente dos mercados estabelecidos. Como explicou Kathryn Hymes, o feedback do cliente precisa vir na quantidade certa. Considerando que o volume de pedidos para a localização de um produto específico será sempre menor em novos mercados do que em mercados com grandes bases de clientes, faz-se necessária alguma amplificação, bem como de uma estimativa do impacto que uma mudança de produto teria à medida que um novo mercado aumenta de escala. A próxima etapa importante é levar essas informações da descoberta da localização e do feedback do cliente às pessoas que podem agir em conformidade com elas.

Forme Equipes Multifuncionais para Apoiar a Internacionalização

Em seguida, o Slack formou equipes de dois níveis, multifuncionais e centradas internacionalmente, conforme descrevemos anteriormente neste capítulo. O "Conselho Internacional" mais estratégico de líderes funcionais e o grupo de trabalho mais focado na execução desempenham, cada um deles, um papel importante, que vai da garantia do alinhamento executivo e dos recursos até a implementação.

Construa o Processo Mesmo Quando a Equipe Não Está Formada

No início do lançamento do Slack no Japão, a empresa tinha apenas um funcionário no mercado, um membro da equipe de vendas corporativas. Além de ter a necessária mentalidade ágil (descoberta de clientes), essa pessoa participaria das ações de pesquisa de clientes e até das tarefas periódicas, como revisões trimestrais de negócios com o QG, apesar de não ser responsável por Lucros e Perdas do mercado, para que a implementação desses processos não atrasasse até que um gerente-geral do mercado local fosse contratado.

Um dos maiores benefícios do Slack foi sua própria plataforma. Ao fazer o que falava, a equipe do Slack se beneficiou da visibilidade e da transparência que a plataforma

Slack proporcionava e que era especialmente relevante na comunicação entre uma força de trabalho distribuída e virtual.

Promova a Formação de Relacionamentos Internos

Uma combinação entre conhecimento de como fazer as coisas internamente e relacionamentos em toda a empresa é a receita para ser bem-sucedido na expansão global. Ainda que formar relacionamentos deva ser algo orgânico, pode-se criar uma estrutura para facilitar o processo. Os principais impulsionadores são o estabelecimento de rituais consistentes (como sessões regionais mensais de feedback dos clientes) e o convite às pessoas para participarem desses eventos (proporcionando visibilidade e gerando dinâmica de equipe).

Para facilitar, o Slack usa o mantra "criar processos para tornar o mundo menor". Para tanto, as equipes locais do Slack criaram o que chamaram de reuniões Small Hands. Embora as reuniões All Hands fossem de fato usadas para reunir todos, as Small Hands focavam o regional. Tais eventos propiciaram um maior diálogo em vez da partilha de informações de cima para baixo vinda do QG. Os subprodutos foram ligações inter-regionais mais estreitas e compartilhamento de melhores práticas; as reuniões também promoveram um nível de apropriação e identidade regional.

Criar, Manter e Adaptar Manuais

Os manuais foram um recurso importante para a equipe do Slack. Na verdade, um deles versava sobre como lançar um novo mercado e um outro se destinava a um mercado à luz dos investimentos relativos feitos em um mercado específico. Embora seja tentador pensar que você pode calcular as respostas para todas as perguntas, no Slack os manuais se esforçaram para estimar os investimentos necessários para um mercado e a taxa de retorno em relação aos investimentos.

Não Lance e Largue de Mão

Por fim, há uma tendência natural de colocar muito esforço no lançamento de um mercado e depois diminuir gradualmente o foco em favor de outros lançamentos prospectados no mercado. Para ganhar escala em novos mercados, as equipes têm de manter a concentração na busca da adequação empresa/mercado e dar apoio para formar a equipe e as operações no intuito de obter um crescimento sustentável. É como citamos Kathryn dizendo: "Não Lance e Largue de Mão." A LPA ajuda a pavimentar um caminho rumo ao crescimento sustentável, tornando visível à equipe de liderança o que é necessário para ter sucesso no mercado local e uma compreensão dos recursos requeridos para chegar lá.

MUITAS VEZES NEGLIGENCIADO

Pontos de Inflexão

Ao longo de sua jornada para a escala global, é importante estar consciente de um ponto de inflexão que muitas vezes muda a mentalidade com respeito ao crescimento global, em particular entre a equipe executiva e o Conselho de Administração. Desde o início e durante a entrada no mercado, muitas pessoas na organização ainda não "verão a luz" em torno dos benefícios de concentrar recursos e energia no crescimento global. Elas argumentarão que as receitas atualmente auferidas do mercado superam a expansão nos mercados internacionais e começarão a avaliar que a taxa de retorno de curto prazo dos investimentos nos atuais mercados seria muito mais elevada do que a do investimento na nova entrada de mercado. O Conselho do Nubank pediu ao CEO e fundador David Velez que fizesse uma lista de verificação dos marcos que a empresa precisava alcançar antes de permitir que a empresa se lançasse no México; essa lista de verificação levou 3 anos para ser concluída.

Entretanto, quando as receitas internacionais ultrapassam determinado limiar, as coisas mudam. Não há um número específico a atingir, porém, de acordo com nossa pesquisa, no momento em que os mercados globais representam de 30% a 40% do faturamento total da empresa, os ventos mudam. A essa altura, a equipe executiva e o Conselho de Administração passam a ver a importância de crescer nos mercados globais conforme o tamanho da oportunidade e o impacto no negócio ficam mais tangíveis. É aí que o alinhamento dos recursos (um dos Quatro Compromissos para um Crescimento Global de Sucesso) fica muito mais fácil. A luta é gerenciar as expectativas e manter a adesão antes de chegar a esse ponto de inflexão, o que requer coragem e perseverança, algo que os Interempreendedores têm de sobra.

Existem outros pontos de inflexão. Ramsey Pryor, ex-head de Expansão Internacional e Vendas da Branch Metrics e fundador da Port of Entry Partners, comparou o processo de expansão global ao que um caranguejo eremita faz, descartando regularmente sua concha para que uma concha maior cresça. A autonomia se desloca ao longo da Curva de Autonomia com o passar do tempo, as equipes superam as estruturas de apoio e a estrutura organizacional muda entre os modelos funcionais e de gerente-geral, em meio a outros pontos de inflexão que merecem uma nova concha (estrutura e processos de apoio) para a equipe.

Pêndulo da Função de Trabalho

Conforme mencionado, a expansão internacional muitas vezes não ocupa um lugar específico nas empresas tradicionais. Muitas vezes não existe uma função "internacional" centralizada, e, mesmo quando há uma equipe dedicada ao crescimento global, seus membros têm de lidar com contribuições e implementações multifuncionais sobre as quais não têm controle. A responsabilidade internacional pode envolver inúmeras funções, desde as dos executivos responsáveis pelo *crescimento*, *receitas* ou *operações*, passando por vendas e produtos, até as intermediárias, espalhadas em um verdadeiro labirinto funcional.

Não existe uma estrutura mágica ou reduto funcional para a equipe focada no crescimento global; muito está sujeito à "pegada" da empresa — seja ela orientada para o produto, engenharia, cliente, seja algo semelhante. Em vez disso, a questão é controlar melhor a sobrecarga operacional e gerenciar quais funções são centralizadas, regionalizadas ou localizadas, dependendo da dinâmica da função de trabalho específica e do nível de localização requerido.

O fato é que, no momento em que sua empresa obtém o crescimento de mercado em vários mercados, devem ser feitas escolhas importantes sobre como estruturar a equipe para apoiar uma presença global. No processo de expansão em novos países, quando sua presença atingir certo nível de maturidade, será necessário mudar o modelo de suporte. Nessa ocasião, a tendência é ocorrer um processo no qual a empresa escolhe o que localizar, regionalizar ou centralizar, dependendo da função dos negócios, dos recursos financeiros disponíveis, dos recursos humanos e do tipo de produto ou do setor de atividade.

A isso damos o nome de Pêndulo da Função de Trabalho, pois as coisas podem oscilar de localizadas a centralizadas conforme suas iniciativas de crescimento internacional amadurecem ao longo do tempo. Em essência, o pêndulo é impulsionado por distribuição ou centralização dos direitos de decisão, por diretrizes estabelecidas pela autoridade dividida entre o QG e os escritórios locais (esses itens são detalhados no Capítulo 9), por escala das operações e função que impulsiona o negócio. Por exemplo, as empresas orientadas a produtos tenderiam a centralizar as tomadas de decisão e os recursos sobre os produtos em uma estrutura de subordinação ao QG, mas estariam mais dispostas a estabelecer uma presença local para uma área funcional considerada menos central.

No início, algumas funções devem ser locais (vendas, provavelmente, é a que vem primeiro à mente), enquanto outras podem permanecer centralizadas (produto, por exemplo). À medida que novos países são adicionados, uma função localizada pode servir uma região inteira até que certo nível de expansão seja alcançado no novo mercado, ocasião em que uma nova pessoa no país assume essa função. Com o passar do tempo, poderá não fazer sentido ter pessoas diferentes em cada país trabalhando na mesma área funcional, então você pode centralizar. Caso haja atraso nos resultados, ter uma função regionalizada ou localizada poderá fazer sentido novamente. Pode ser melhor, por exemplo, ter apoio administrativo local nas fases iniciais de lançamento e busca da adequação produto/

mercado (para maior rapidez), embora a centralização seja conveniente nas fases de crescimento do mercado. Você deve conduzir uma análise de custo-benefício ao longo do caminho como forma de otimização, e tudo deve considerar o ROI [a taxa de retorno].

Como explica João Barbosa, cofundador do Gympass: "Queremos ser 100%, mas também queremos ser globais, por isso precisamos centralizar e simplificar." Ele explicou que desde o início a empresa identificou muitas oportunidades de localização, mas a velocidade de implementação foi lenta, e a priorização, um problema. A centralização de parte da estrutura organizacional ajudou a solucionar essa questão, porém, ao mesmo tempo, certas funções (como no caso de vendas) também foram mantidas localmente.

Scott Coleman, ex-Pinterest e Google, vê isso como um conjunto de "curvas S empilhadas", no qual um período inicial lento leva a um crescimento mais rápido, depois a um platô, e, em seguida, tudo reinicia. Diferentes modelos de suporte são melhores para diferentes níveis da curva S e diferentes estratégias ditarão a velocidade. Se a empresa tiver levantado uma rodada grande de financiamento de capital de risco, o caminho para o crescimento será muito distinto daquele de uma empresa que cresce de maneira mais orgânica. Na primeira situação, o foco está em validar se há uma iminente oportunidade global e mobilizar capital rapidamente no processo. Na última situação, uma empresa de um mercado menor precisa identificar o mercado grande certo para expandir e testar as operações da forma mais ágil possível, pois os recursos são mais limitados.

O ponto onde o mercado local específico e a iniciativa de crescimento total global da empresa se situam na Curva de Autonomia (discutida no Capítulo 4) tem um papel importante na posição do pêndulo em que determinadas funções de trabalho devem situar-se segundo o cronograma de expansão. É importante permitir que as equipes locais sejam autônomas nas fases iniciais pós-lançamento a fim de maximizar os principais aprendizados e lhes possibilitar se concentrarem nas atividades de maior impacto, em vez de seguir como as coisas são feitas no QG (funções localizadas). Com o tempo, pode fazer sentido retirar alguma autonomia para limitar o prêmio de localização e favorecer a continuidade dentro das regiões (funções centralizadas). No entanto, na fase final de expansão, um nível de autonomia torna-se uma ferramenta importante para capacitar as equipes locais, que sentem que estão no controle de alguns aspectos do negócio, e não apenas têm de fazer o que, à distância de um oceano, o QG diz. Uma consideração notável é que, em todos os casos e fases, o grau de autonomia concedido às equipes locais deve estar alinhado com a cultura da empresa.

Com os processos e as estruturas organizacionais certos gerando um impulso positivo no decorrer da entrada e do crescimento do mercado, você terá o equipamento necessário para construir uma organização em escala global. Esses processos "hard-coded" [rígidos] também devem estar alinhados com um conjunto de princípios "soft-coded" [flexíveis] que mantêm as organizações em rápida evolução alinhadas e avançando no rumo certo. Esses três catalisadores de iniciativas de crescimento global bem-sucedidas são a espinha dorsal das Empresas Global Class (discutidas na Parte 3).

CAPÍTULO 7 — RESUMO

- A fonte de impulso conforme uma organização passa da fase de entrada no mercado para a fase de crescimento são os processos e as estruturas (Indutores de Impulso) estabelecidos para apoiar a escala global. São fundamentais, pois validar que um negócio tem potencial global é tão decisivo para a empresa quanto encontrar a adequação empresa/mercado em um mercado inicial.
- Os vínculos de comunicação bidirecional (e todos os Quatro Compromissos para um Crescimento Global de Sucesso) são essenciais para que as equipes locais incorporem a cultura e os valores centrais da empresa e para que o QG obtenha insights dos mercados locais para criar localizações relevantes.
- Há uma série de Indutores de Impulso projetados para apoiar tanto o estágio de entrada no mercado de expansão internacional (*descoberta de localização*, *Business Model Localization Canvas*, *Pitch Deck de Crescimento Global* e *metodologia ágil global*) quanto o estágio de crescimento do mercado (*Análise do Prêmio de Localização [LPA]*, *Equipe de Recursos da Localização [LRT]*, *Manual de Crescimento Global* e *Pêndulo da Função de Trabalho*).

CAPÍTULO 7 — PERGUNTAS DE REFLEXÃO E AÇÃO

1. Como você está criando processos e estruturas para gerar impulso? Qual dos Indutores de Impulso discutidos no capítulo mais repercutiu em você?
2. A quem cabe gerir a expansão internacional da sua empresa?
3. O que você está fazendo para que os executivos tenham visibilidade de suas iniciativas de expansão global?

PARTE 3

EMPODERAMENTO

Os Três Pilares para Obter Escala Global

As Empresas Global Class são formadas com base em três princípios fundamentais. O fator mais importante na busca de qualquer empresa para alcançar escala global são as PESSOAS. Uma estratégia de GESTÃO com mentalidade global proporciona o alinhamento de uma organização distribuída, com o QG assumindo o papel de facilitador, enquanto uma abordagem equilibrada à CULTURA representa uma estrela-guia para uma organização em rápida expansão.

OS TRÊS PILARES PARA OBTER ESCALA GLOBAL

1. **Equipes Global Class.** Como todos os principais líderes empresariais sabem, os membros da equipe são o maior fator na determinação do êxito ou do fracasso de qualquer iniciativa de crescimento global ou empresas em geral. O Capítulo 8 baseia-se no conceito de interempreendedorismo e detalha como criar a equipe certa para obter escala global, concentrando-se nas principais características exigidas nas equipes locais.

2. **Modelo de Gestão Global Class.** Os líderes Global Class percebem que o sucesso em escala global não decorre apenas da mentalidade ou da estratégia correta, mas precisa estar acompanhado de uma implementação eficaz. O Capítulo 9 reúne os conceitos discutidos ao longo do livro em uma estrutura prática que pode ser utilizada para estruturar e comunicar de forma eficaz o melhor modelo para administrar uma organização global.

3. **Cultura Equilibrada.** Os Interempreendedores compreendem que a cultura eclipsa quase todos os outros aspectos da gestão de um negócio global, desde a luta por uma cultura empresarial consistente em uma área distribuída até o trânsito por normas e crenças exclusivas de um mercado local, a cultura reina. O Capítulo 10 discorre a respeito da importância dos três tipos distintos de cultura e oferece insights sobre como ter um equilíbrio sustentável entre eles, ao mesmo tempo que introduz uma nova cultura emergente (Cultura da Comunidade) à qual as empresas que crescem globalmente devem estar atentas e aproveitar para obter bons resultados.

8

PESSOAS

Formando Equipes Global Class

KAMLESH TALREJA ERA o candidato perfeito para aquele trabalho.

De origem indiana, após se formar na Universidade de Mumbai, Kamlesh iniciou sua carreira na Tata Consultancy Services, desenvolvendo um sólido conhecimento da cultura empresarial indiana. Ainda que já estivesse seguindo uma boa carreira, percebeu que queria mais e viu que a oportunidade estava além-fronteira. Esse desejo o levou ao mestrado na UC San Diego, onde teve contato com a cultura americana local.

Depois de uma breve passagem pela RealNetworks, ele conseguiu um cargo de gerente de engenharia no QG da Amazon, em Seattle. Nos 5 anos e meio seguintes, Kamlesh aprofundou seu conhecimento da cultura empresarial norte-americana, porém, mais importante, aprendeu como a Amazon funcionava internamente. Ao trabalhar em cargos de gerenciamento de engenharia nas divisões de varejo e Prime Video, alinhou-se fortemente à cultura da Amazon, aprendeu o modo de fazer as coisas em todos os departamentos internamente, aperfeiçoou suas habilidades de liderança e gestão de pessoas e, por fim, construiu uma forte reputação, ganhando a confiança dos líderes em toda a empresa.

Quando soube de uma posição de liderança na equipe da Amazon Appstore em Bangalore, Kamlesh viu a próxima grande oportunidade. Ao mesmo tempo, a liderança da Amazon percebeu nele o equilíbrio ideal necessário para liderar com sucesso uma equipe em um mercado internacional.

Kamlesh tinha a experiência básica ágil/scrum para liderar uma equipe de desenvolvimento em rápido crescimento e ainda consolidar seu papel; tinha, também, além do conhecimento da empresa necessário para superar obstáculos internos e garantir a adesão, o conhecimento local para compreender as peculiaridades da construção e o gerenciamento de uma equipe de engenheiros em sua Índia natal. Tal percepção aprimorada do mercado local não vinha apenas da juventude; ele tinha, em suas palavras, uma "conexão contínua com o que ocorria na Índia e como o país estava mudando" por meio de relacionamentos estabelecidos. Veio-lhe, finalmente, o desejo de voltar ao seu país natal. Ele tinha todas as qualificações requeridas (e outras mais) e conseguiu o emprego.

Decorridos 6 meses na nova função, Kamlesh enfrentou um problema: uma revolta da equipe contra ele. Na verdade, ela se revoltava contra algumas políticas da Amazon centradas nos EUA. A equipe de Kamlesh se ressentia da falta de empatia e respeito por parte do QG, que estabelecia prazos irrealistas e também marcava reuniões durante o horário comercial norte-americano, esperando que a equipe indiana se reunisse tarde da noite ou no início da manhã, horário local. Além disso, a equipe enfrentava dificuldades com a natureza direta do estilo de comunicação norte-americano, algo atípico na cultura empresarial indiana. Isso levou à demissão de muitos membros da equipe.

Para responder a isso, Kamlesh se valeu de seu conhecimento do ambiente de trabalho indiano, demonstrando empatia com a equipe e buscando compreender seus problemas. Sem demora, convocou sua rede no QG, em Seattle — em especial, nas palavras de Kamlesh, um "defensor radical" com quem ele havia construído um relacionamento — para influenciar algumas das políticas para atender melhor sua equipe na Índia. Ele, então, posicionou-se a favor da cultura local da equipe e garantiu que ela soubesse que ele era o defensor local, trabalhando duro para garantir o apoio do QG.

Kamlesh conseguiu que a equipe do QG encontrasse uma solução que ficasse no meio do caminho, agendando algumas reuniões durante o horário comercial indiano e outras durante o horário comercial norte-americano. Kamlesh também estabeleceu processos de comunicação mais consistentes, com reuniões mais regulares, treinando sua equipe na Índia para se comunicar e ser mais transparente do que o habitual, no intuito de se adequar melhor à cultura empresarial norte-americana. Em resposta, o moral, o desempenho e a retenção aumentaram. Além disso, as equipes na Índia e no QG construíram confiança mútua e um relacionamento mais forte que levou a mais autonomia. No terceiro ano, a equipe na Índia recebeu a responsabilidade de uma nova linha de produtos e de sua própria meta S-Team (um dos níveis de meta mais críticos da Amazon).

Kamlesh representa um ideal para a maioria das empresas ao formar equipes em novos mercados — conhecimento da empresa e local combinado com habilidades de liderança para realizar tarefas. As experiências internacionais de Kamlesh ajudaram a fortalecer sua mentalidade interempreendedora, enquanto seu estilo de liderança reflexivo e capacidade de influenciar a autoridade e remover obstáculos deram-lhe o conjunto de competências certo para liderar eficazmente uma organização remota. Embora a maioria das empresas não tenha um banco de talentos como Kamlesh para recorrer conforme constroem equipes internacionais, há estratégias e uma estrutura que podem ser usadas para formar equipes Global Class que tenham coletivamente as habilidades de Kamlesh.

Quando entrevistamos executivos para este livro, perguntamos quais eram os aspectos mais *importantes* e *desafiadores* do crescimento internacional. O principal aspecto para ambas as categorias era formar a equipe certa de pessoas. **Fizemos isso porque o primeiro pilar da eficácia do aumento de escala é a formação de uma equipe Global Class.**

Em nossas entrevistas, Sankar Venkatraman, do LinkedIn, caracterizou a parte mais árdua do aumento global de escala: "Encontrar as pessoas certas, para fazer o certo e no tempo certo, algo inúmeras vezes mais difícil internacionalmente." Polly Sumner, diretora de Adoção de Inovação da Salesforce, acentuou a importância da equipe ao dizer: "É preciso ter um talento diferenciador." Isso tudo contribui para a expressiva participação do Prêmio Organizacional na Análise do Prêmio de Localização (LPA); contratar a equipe certa e lidar com a questão operacional de ter membros da equipe no mercado local pode ser algo complexo e afetar outros aspectos de um negócio.

Embora as leis locais determinem termos de emprego, como pacotes de indenização por demissões, na verdade é a distância física, além das diferenças de cultura e mentalidade, que criam dificuldades. É mais difícil construir confiança de longe, ainda mais em meio a traduções linguísticas e elementos culturais.

Houve uma mudança no lado humano dos negócios internacionais.

A imagem romantizada de um expatriado desbravando uma nova terra com seu motorista e relatório de despesas, assinando novos acordos de parceria e dando curso livre ao vasto potencial de um novo mercado, é coisa do passado e está muito longe da realidade no novo ambiente de negócios global.

As equipes, hoje, estão distribuídas por todo o mundo, e as empresas começaram a compreender a importância de ter membros com conhecimento nativo dos mercados locais. As Empresas Global Class sabem que uma estratégia de contratação centralizada ou mesmo agrupada limita o acesso ao rol de candidatos talentosos.

Os antigos critérios de que as empresas se valiam para formar equipes locais estão ficando obsoletos. Nicole Sahin, fundadora e CEO da Globalization Partners, destaca quantas empresas norte-americanas que se expandem para novos mercados escolheriam candidatos fluentes na língua inglesa em vez de ter alguém com todas as outras competências apropriadas ao trabalho no novo local.

Para ter êxito nesse novo mercado global de talentos, será necessária uma nova estratégia que leve em conta todos os aspectos requeridos para acelerar os estágios de entrada e crescimento no mercado. Entre na Estrutura de Formação de uma Equipe Global Class.

VISÃO GERAL DA ESTRUTURA DE FORMAÇÃO DE UMA EQUIPE GLOBAL CLASS

Cada empresa tem seu próprio mantra de contratação. O LinkedIn, por exemplo, procura pessoas com os 3 Cs:

- **Conecte os pontos** — entenda o que está acontecendo em uma área da empresa e leve essas práticas recomendadas para outras partes
- **Comunique-se** — dirija-se aos outros de forma persuasiva, por escrito e verbalmente, em diferentes fusos horários, mantendo um ponto de vista firme e empatia pelos outros
- **Colabore** — trabalhe com outras pessoas de modo a exercer influência em quem tem autoridade, mesmo sem uma autoridade direta própria

Para outras empresas, a fórmula é completamente diferente.

Sejam quais forem as práticas correntes de contratação de uma empresa, os líderes globais precisam considerar um conjunto único de fatores ao formar uma equipe internacional.

As equipes Global Class se caracterizam pelo seguinte, que chamamos de Estrutura de Formação de uma Equipe Global Class:

1. ***Mentalidade de Interempreendedor*** — combinação das mentalidades ágil, empresarial e cultural descritas no Capítulo 3.
2. ***Conhecimento Local*** — transmite uma compreensão da cultura e práticas comerciais locais, além da experiência no mercado local.
3. ***Conhecimento da Empresa*** — revela compreensão e alinhamento com a cultura da empresa e confiança construída com o QG.

4. ***Habilidades de Liderança para Organizações Distribuídas*** — relacionam-se especificamente aos requisitos para operar efetivamente equipes distribuídas fora do QG.

Um aspecto particularmente exclusivo da estrutura é que os critérios são usados para avaliar uma equipe coesa, e não apenas candidatos individuais. Não é fácil, como você verá, encontrar alguém que seja totalmente apto em todas as quatro categorias principais da estrutura, porém, é vital que todas as categorias sejam cobertas para alcançar o grau de Global Class. De fato, para a maioria das empresas, alguém que cubra todas essas qualificações é *um unicórnio, ou seja, provavelmente não existe* (ainda que, conforme os Interempreendedores se tornem mais proeminentes no conjunto de talentos, surjam mais desses líderes).

Empresas com pessoas que tenham características que incluem todas as quatro categorias, como Kamlesh, são raridade. É por isso que muitas vezes é mais eficaz construir equipes Global Class que, coletivamente, têm todas essas qualificações em uma equipe inteira.

As equipes Global Class são capazes de identificar as localizações necessárias e as oportunidades de mercado, percorrer o processo de desenvolvimento do cliente para buscar a adequação empresa/mercado, elaborar e utilizar processos e estruturas para gerar impulso e alcançar escala, tudo isso mantendo sólidos canais de comunicação e alinhamento com o QG e a liderança da empresa — um conjunto de tarefas que não é para os fracos de coração.

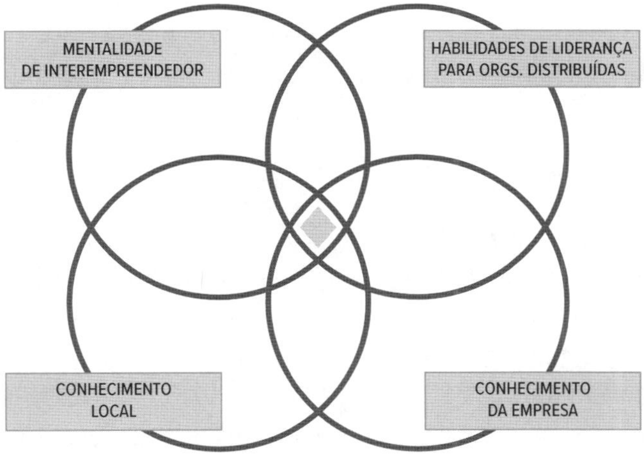

Mentalidade Interempreendedora

Conforme discutido ao longo do livro, os Interempreendedores são o ingrediente secreto das Empresas Global Class. Sua mentalidade ágil ajuda a transitar no processo de desenvolvimento do cliente, a mentalidade de sua empresa os ajuda a transitar pelo QG na realização de tarefas, e sua mentalidade cultural os auxilia a transitar no mercado local e a identificar a localização necessária para buscar adequação e aumentar a escala ali.

As características interempreendedoras incluem:

Mentalidade Ágil – Empreendedor

- **Garra** — Persistente e teimoso, não deixa pedra sobre pedra, supera obstáculos e nunca desiste
- **Conforto com a Ambiguidade** — Em face da incerteza, avança gradualmente
- **Abertura ao Fracasso** — Sabe que o fracasso faz parte do processo, assume riscos calculados
- **Resolução de Problemas** — Voltado para soluções criativas
- **Mentalidade de Desenvolvimento do Cliente** — Capaz de realizar diversas funções ao trabalhar de forma multifuncional na implementação da metodologia ágil global

Mentalidade Empresarial – Intraempreendedor

- **Colaboração Forte** — Transfronteiriça, multifuncional, intercultural; obtém adesão e gera resultados por meio de outras pessoas
- **Transita pela Burocracia** — Supera as complexidades de obter adesão dentro de uma organização estabelecida com processos definidos
- **Mentalidade de Construtor** — Cria impacto duradouro, constrói blocos para algo maior

Mentalidade Cultural – QE [Quociente Emocional] Cultural

- **Escopo Global** — Vê oportunidades em todo lugar, um Cidadão Global
- **Diversidade de Valores e Inclusão** — Busca diferentes perspectivas
- **Vieses sob Controle** — Suspende crenças, suposições e julgamentos
- **Curiosidade Cultural** — Aberto à aprendizagem cultural, tradutor intercultural
- **Empatia** — Entende (e age de acordo) novas perspectivas

Como Jennifer Cornelius, diretora de RH na Ritual e ex-diretora de Design Organizacional da Divisão de Varejo da Apple, compartilhou conosco, é importante permitir a experimentação funcional entre o QG e a equipe local; isso é fundamental para aprimorar a mentalidade empreendedora e as habilidades intraempreendedoras que fazem parte de ser um Interempreendedor eficaz. Como afirmou Emil Michael, ex-Uber: "É preciso aperfeiçoar uma ética de resolução de problemas em toda a empresa." Isso parte da criação da equipe certa e segue com a definição de processos e treinamento para promover esse comportamento.

Essas habilidades Interempreendedoras são essenciais no decorrer da entrada no mercado, mas também são importantes durante o crescimento dele. As equipes locais precisam trabalhar continuamente para otimizar os processos e se desafiarem a melhorar, iterando constantemente. Essa habilidade interempreendedora é necessária para otimizar as operações e, ao mesmo tempo, ter o posicionamento cultural para entender o que funcionará no mercado.

Pode levar algum tempo para encontrar alguém que pense dessa maneira em países com culturas empresariais altamente estruturadas. Como salienta Jan van Casteren, fundador dos negócios europeus da Flexport e ex-head Europa: "Você ficará desapontado caso sua equipe não tenha uma mentalidade interempreendedora, e encontrar pessoas assim em alguns países é muito difícil. É o que ocorre na Alemanha, por exemplo, país de cultura empresarial tradicional, mais rígida e hierárquica."

Uma forma de descobrir se um potencial contratado tem a mentalidade global correta é observar aspectos que envolvem sua exposição internacional. John Brandon, ex-vice-presidente internacional da Apple, por exemplo, disse que procuraria "pessoas que tenham passaporte gordo". Em outras palavras, pessoas que tivessem muita experiência em viagens de negócios tinham maior probabilidade de serem empreendedores.

Conhecimento Local

Conhecer o mercado local (de preferência a compreensão nativa) é vital para ter êxito em qualquer novo mercado. Ser capaz de identificar mudanças no modelo operacional e alavancar relacionamentos com potenciais parceiros e clientes para obter impulso é um duplo e importante golpe necessário ao longo da maioria dos lançamentos de mercado.

No conhecimento local incluem-se:

- **Experiência Empresarial Local** — Compreende a Cultura Empresarial Local (idealmente) em um nível nativo
- **Habilidades na Linguagem Local** — Multilíngue, para Local e QG
- **Rede Local** — Relacionamentos sólidos com influenciadores e grupos de partes interessadas no mercado local
- **Orgulho da Cultura Local** — Paixão por gerar valor no mercado local

O conhecimento local é absolutamente fundamental para a conexão com os consumidores do novo mercado, estar a par da legislação em vigor, adaptar soluções e operar um modelo de trabalho lucrativo e escalável. O conhecimento local, conforme definido por aquelas características, não é obtido *visitando* um mercado, mas sendo um *nativo* ou tendo *profunda* experiência trabalhando ali. Em vários países, os relacionamentos locais são cruciais e podem ser necessários anos para serem construídos, não algo que pode resultar de uma visita à descoberta da localização. O conhecimento local também pode auxiliar no translado da cultura da empresa e proposta de valor que se assemelham às dos consumidores e funcionários do mercado local.

Como explica Manas Mainrai, head de Negócios Empresariais da APAC para a plataforma de educação online Emeritus, os melhores candidatos têm a correta visão do mercado, uma sólida rede de relacionamento, experiência no mercado e conhecimentos específicos relevantes. Dependendo do mercado, cada um desses elementos tem um peso diferente. Em Cingapura, por exemplo, a especialização é altamente valorizada, enquanto no Japão se atribui maior valor aos relacionamentos devido à cultura empresarial local. Até conhecer essas nuanças é, em si mesma, uma indicação essencial do nível de conhecimento local.

Algo interessante que descobrimos em nossa pesquisa foi o padrão da última característica, Orgulho da Cultura Local. Embora não seja universal, a maioria dos profissionais empresariais envolvidos com negócios internacionais de rápido crescimento deseja trazer inovações de seus países natais para resolver problemas e melhorar vidas. Eles veem as Empresas Global Class como veículos para aprimorar suas comunidades locais e se dedicam apaixonadamente em acelerar o impacto delas. Kamlesh, da Amazon, é um excelente exemplo dessa mentalidade.

Conhecimento da Empresa

Uma vez que as equipes de crescimento em novos mercados precisam ter acesso a recursos e estruturas do QG, é fundamental saber como transitar pela burocracia da organização a fim de fazer as coisas acontecerem (assegurar recursos, habilitar mudanças no modelo operacional local e mais).

No conhecimento da empresa, incluem-se:

- **Alinhamento dos Valores e dos Princípios da Empresa** — Valor central e visão de comprometimento
- **Adequação Cultural** — Envolvimento com o ambiente no qual a equipe opera
- **Capacidade de fazer as coisas acontecerem internamente** — Um entendimento do funcionamento interno da empresa e de como as coisas acontecem

- **Confiança** — Reputação ilibada, com a liderança e/ou principais partes interessadas promovendo autonomia

As características da categoria conhecimento da empresa traduzem a capacidade de fazer com que as coisas aconteçam se for para ter adesão à localização necessária ou garantir recursos adicionais para o mercado local.

A capacidade de fazer com que as coisas sejam feitas internamente não depende da experiência anterior da empresa no QG, mas isso é extremamente útil. Porém, embora seja uma área valiosa de especialização, o conhecimento da empresa NÃO é tudo. Ele não substitui o conhecimento local nem o espírito interempreendedor. Em outras palavras, é mais fácil contratar/ensinar alguém a incorporar a cultura da *empresa* do que a dominar a cultura *local*.

Embora o conjunto completo de habilidades descritas na Estrutura de Formação de uma Equipe Global Class crie uma equipe completa capaz de lidar com os desafios de gerir um escritório local, há uma característica na categoria de conhecimento da empresa que desempenha um papel mais relevante e afeta diretamente muitas outras características: a adequação cultural. Pode-se dizer que a adequação cultural substitui a do conjunto de habilidades quando uma mentalidade interempreendedora se faz presente. Em termos de empresa, é mais importante garantir a continuidade da cultura empresarial em todas as geografias do que trazer uma estrela do rock que não acredita nos valores essenciais. Individualmente, um vínculo forte com os valores da empresa pode gerar a paixão para desenvolver alguns dos conjuntos de habilidades necessárias para o sucesso, algo que não funciona ao contrário.

A cultura e os valores fundamentais também podem levar as empresas a serem mais prescritivas a respeito das competências que pretendem incentivar em todos os colaboradores, em especial na equipe de liderança. Isso pode ser dirigido em particular para equipes distribuídas, como na Zendesk, que colocou quatro "diretrizes" para impulsionar o desenvolvimento de características específicas dos funcionários:

- Impulsione a produtividade por meio do acesso ao conhecimento
- Cultive a colaboração entre equipes
- Comunique-se prodigamente e encontre novos canais de comunicação
- Automatize fluxos de trabalho essenciais

Tais princípios são um filtro pelo qual os potenciais membros da equipe podem ser avaliados, além de utilizados para selecionar os processos e as estruturas nos quais a empresa investe recursos. Eles combinam bem com uma presença internacional e agem no sentido de minimizar o prêmio de localização (complexidade), em específico o Prêmio Organizacional.

Encontrar um líder que conjugue conhecimentos local e empresarial é o objetivo; entretanto, formar uma equipe em que várias pessoas reúnem esses aspectos basilares em conjunto também funciona. Como disse John Brandon, da Apple, quando se trata de cultura empresarial, queremos pessoas que sejam "inteligentes o bastante para saber o que é ou não negociável". Isso se aplica, igualmente, à cultura local.

Habilidades de Liderança para Organizações Distribuídas

Considerando que as equipes focadas voltadas para o crescimento global estão quase sempre distribuídas entre os mercados locais e o QG, é importante que tenham as competências necessárias para se comunicar eficazmente com o QG, interagindo e influenciando a liderança, ao mesmo tempo que removem barreiras no caminho para o crescimento. Muitas dessas capacidades são tratadas ao lado dos Indutores de Impulso discutidos no Capítulo 7.

Nessas habilidades incluem-se:

- **Sólidas Habilidades de Comunicação** — Promover o discurso bidirecional entre a equipe local e o QG
- **Tomadas de Decisão Autônomas** — Agir de forma independente, com base nos valores essenciais, sabendo no que obter a opinião do QG
- **Capacidade de Influenciar a Autoridade** — Impulsionar a mudança, gerenciando a intervenção de outras pessoas
- **Alta Integridade** — Considerar a verdade acima da autopreservação
- **Liderança Reflexiva** — Compreender as lacunas dentro da equipe e preenchê-las, inteligência emocional (QE)
- **Remoção de Obstáculos** — Afastar distrações e obstáculos para focar a equipe no impulso e no crescimento
- **Construção de uma Cultura de Alta Confiança** — Promover a honestidade, a transparência e o apoio
- **Gestão Culturalmente Consciente** — Criar uma abordagem de contingência para a gestão que leva em consideração a cultura local (descrita mais detalhadamente no próximo capítulo)
- **Formação de Parcerias** — Construir relacionamentos fortes e culturalmente alinhados com a equipe local e o QG

Tais características são particularmente importantes. As equipes locais atuam longe do QG, mas ainda assim precisam ter influência sobre as decisões tomadas lá em face de suas solicitações de dispor de autonomia para adaptar o produto e as operações de adequação das culturas empresarial e do mercado local. A equipe também tem que se valer de maneiras de superar obstáculos anteriores e aproveitar estruturas e processos que o QG disponibiliza para apoiar a equipe global.

Como destacado na história de John Brandon ao gerenciar a equipe da Apple na China (Capítulo 4), a integridade é importante, mas podem ocorrer conflitos em alguns cenários devido à cultura local. Criar uma cultura de elevada confiança pode ajudar nas nuanças culturais e em outros cenários semelhantes e mais agudos.

Nem toda empresa acerta na mosca como a Amazon com relação a Kamlesh quando o alvo é a Estrutura de Formação de uma Equipe Global Class, mas qualquer empresa pode reunir uma equipe que tenha todas as características delineadas na estrutura.

MUITAS VEZES NEGLIGENCIADO

Ausência de Especializações Funcional e Cultural

Embora encontrar o conjunto dessas categorias seja o ideal, ter uma ou outra — ou até nenhuma — pode ser uma receita para o desastre. Como disse Scott Coleman, ex-Pinterest e Google, se você contratar alguém que é, ao mesmo tempo, novo na função E no país, coloca suas iniciativas de crescimento global em desvantagem. Alguém nessa situação não tem condições plenas de cumprir com suas responsabilidades E compreender as nuanças do mercado local. Não contrate uma pessoa que tenha faltas *funcionais* E *culturais*. A Uber diminuiu esse risco em suas equipes de lançamento tendo indivíduos internacionalmente viajados. Apesar de não ter conhecimento profundo do mercado local, ela tinha clareza de como implementar sua estratégia em um novo mercado baseada na repetição. Nosso exemplo da Amazon situa-se no lado oposto do espectro, no qual o entendimento nativo do mercado local e a experiência de trabalhar no QG da empresa eram, com frequência, pré-requisitos de contratação para desempenhar um novo papel.

A Importância da Liderança na Equipe Local

A Estrutura da Formação de Equipe Global Class representa um guia para a contratação de uma equipe inteira que, coletivamente, tem as características para implementar uma iniciativa de crescimento global, mas o líder da equipe local ainda desempenha um papel relevante no êxito da equipe.

Dawn Sharifan, vice-presidente sênior de RH do Slack, colocou essa questão assim: "O líder é peça-chave nas 'island offices' [ele se refere aos escritórios que ficam longe do QG]. Esse líder é mais importante que o tamanho do mercado local para o mercado total. Com o líder errado, a cultura vai por água abaixo, e você não pode concluir quais necessidades serão realizadas pelo lado empresarial."

A liderança local precisa desenvolver estratégias com o QG enquanto faz as mudanças necessárias para garantir o pleno sucesso nas operações do mercado local e inspirar as equipes no QG e no país a atuar em cima dessas oportunidades. Mais importante, ela precisa servir de conduto e tradução entre o QG e sua equipe no país lá fora, estabelecendo expectativas e reparando divisórias culturais. Ela tem que ser tudo isso e mais a pessoa que cuida das contas bancárias, lida com os advogados locais para operar segundo a legislação e é a cara da empresa no mercado local.

Uma imagem mais adequada para esse líder local, partilhada por Jan van Casteren, é a de uma pia de cozinha. O lugar onde toda a louça suja fica empilhada, o lugar por onde tudo flui.

O líder da equipe local deve fazer com que escritório local tenha uma identidade própria, uma presença local e uma posição em que o escritório local se situa em relação ao QG e ao mercado local. Como afirma Ethan Evans, ex-Amazon, o líder local precisa ser "mantenedor e evangelizador da cultura, e aí é importante contratar uma pessoa disposta a se submeter a um processo não apenas de adequação ao mercado local, mas também à cultura da empresa".

Observação importante: embora ter uma liderança local que possa "agir apressadamente" com um espírito empreendedor autônomo seja importante para se movimentar na ambiguidade de um novo lançamento no mercado, é preciso haver um equilíbrio com algumas outras características e cultura da empresa. Como disse Jennifer Yuen, ex-head de Marketing das Américas do Airbnb: "Não se espera muito de um caubói. Eles podem ter sucesso a curto prazo, mas podem queimar pontes internamente. Você quer alguém que seja empreendedor, mas que internalize os valores centrais da empresa para direcionar as tomadas de decisão e a estratégia." Como membro da equipe local, o líder local ainda deve atuar *em equipe* e precisa ter a mentalidade empresarial discutida no Capítulo 3.

ESTRATÉGIAS EFICAZES DE FORMAÇÃO DE EQUIPES GLOBAL CLASS

As Empresas Global Class usam as quatro estratégias a seguir para formar equipes de classe mundial:

- Facilitar a justaposição de conhecimento local da empresa
- Selecionar, promover e criar Interempreendedores
- Habilitar uma estratégia de talentos descentralizada
- Criar o sistema certo para o sucesso

Facilitar a Justaposição de Conhecimento Local da Empresa

Tal como muitas empresas, o Nubank trabalhou duro para garantir que sua presença local estivesse bem alinhada com o QG ao se lançar em novos mercados. No México, apesar de a empresa ter um gerente mexicano, grande parte da equipe era brasileira, carregando consigo um sólido conhecimento da empresa.

Embora o foco no conhecimento da empresa garanta que as equipes possam transitar mais facilmente pelas complexidades do QG, aproveitar a confiança estabelecida e dar guarida à colaboração eficaz com os membros funcionais da equipe, o fato é que um conhecimento local insatisfatório de toda a equipe local pode criar muitos obstáculos para obter impulso no mercado, comprometendo a capacidade de buscar a adequação produto/mercado. Ter um líder de mercado forte e com conhecimento local nativo permitiu à equipe do Nubank mitigar esse desequilíbrio.

É verdade que a fórmula certa de conhecimento local e da empresa depende de fatores como o setor de atividade, os pontos fortes do líder da equipe local e os ciclos de respostas estabelecidos; no entanto, a principal lição que a liderança do Nubank aprendeu foi que é preciso haver equilíbrio, o que ajudou a empresa a ter êxito em seus próximos lançamentos no mercado.

A justaposição do conhecimento local e da empresa impacta principalmente as iniciativas de crescimento internacional. As equipes locais precisam ter conhecimento local para entender como o negócio deve ser localizado, bem como o know-how e a confiança construídos com o QG para tomar as medidas necessárias para apoiar o novo mercado.

Idealmente, a equipe que lidera os esforços de contratação para o crescimento global pode encontrar um "unicórnio" que tenha tudo. Alguém que tenha experiência funcional na empresa em um cargo de liderança, com um forte histórico, confiança estabelecida, relacionamentos interfuncionais estreitos, prática na gestão de pessoas, amplo entendimento operacional, experiência no lançamento bem-sucedido de empresas com culturas e produtos semelhantes nos mercados visados, que esteja bem alinhado com os valores essenciais da empresa e, claro, seja um falante nativo com profundo conhecimento da cultura empresarial local, com contatos locais existentes e experiência de trabalho no mercado local... ah, tem mais: a pessoa não precisa estar magicamente vinculada a um local, mas ser capaz de viajar para onde for necessário. É quase impossível encontrar alguém em sua locação atual que preencha todos esses requisitos.

Quanto maiores forem as diferenças culturais entre o mercado inicial e o mercado-alvo da empresa, mais se requer conhecimento local. Além disso, quanto mais estruturas e processos geradores de impulso estiverem implementados, mais lacunas no conhecimento da empresa e nos relacionamentos internos poderão ser preenchidas.

Ao serem colocados diante de uma escolha, a maioria dos executivos com quem conversamos acreditava que a experiência local tinha mais importância do que a experiência da empresa. Uma compreensão profunda da cultura empresarial local e do cliente-alvo era mais relevante do que saber como resolver um problema de processo interno. O conhecimento da empresa sempre pode ser ensinado, valendo-se de processos e exposição.

Ao mesmo tempo, conscientize-se de que os candidatos de um mercado local carentes de conhecimentos ou experiência internacional podem não ter as competências interempreendedoras essenciais para forjarem uma parceria forte entre a equipe local e o QG.

Quando em uma Empresa Global Class não há justaposição entre o conhecimento local e o da empresa, a estratégia da equipe para construí-la é levar alguém da equipe local para o QG para trabalhar lá por alguns meses. Trata-se de uma ótima maneira de fortalecer os laços entre os membros da equipe local e o QG, ao mesmo tempo que incrementa o conhecimento da empresa.

A BlaBlaCar fez isso de forma eficaz antes do lançamento em novos mercados, contratando pessoas locais para administrar o pré-lançamento do mercado e fazendo-as trabalhar fora do QG. Dois eram os propósitos. Um deles era permitir que funcionários com conhecimento local do mercado-alvo influenciassem o produto e o modelo operacional para poderem trabalhar com mais facilidade no novo mercado. O outro era que esses funcionários fossem capazes de desenvolver um forte conhecimento da empresa que combinasse bem com seu conhecimento do mercado local. Quando regressaram ao mercado de origem, a combinação conhecimento da empresa/mercado levou ao sucesso, pois esses funcionários compreenderam como localizar o produto para o mercado e tratar do que acontecia à distância por meio do QG.

Ao se referir a estar pronto para expansão, Jennifer Cornelius da Ritual, ex-Apple, sugere que os principais membros da equipe local devem participar do processo logo no início, quando a equipe está mapeando o produto e outros elementos.

Para facilitar a justaposição entre o conhecimento local e o da empresa, muitas vezes faz sentido integrar esses membros da equipe do mercado local às fases de planejamento de um lançamento, e não só à execução. Lembre-se de que a contratação pode começar com entrevistas de candidatos a emprego ao longo da descoberta da localização; portanto, caso você descubra bons candidatos, pode valer a pena trazê-los mais cedo ou mais tarde (e não se trata de prendê-los antes que eles aceitem outra oportunidade de emprego). A perspectiva deles pode ser útil na criação do Manual de Crescimento Global, na realização do exercício BMLC e na criação de ferramentas e processos para apoiar o mercado local.

Outra estratégia, usada de forma eficaz na Plaid, é a estrutura "Envie Um, Contrate Um". O papel da liderança local pode ser desempenhado em dupla: um líder vindo do QG e outro contratado localmente. Embora isso definitivamente proporcione a justaposição de conhecimento local e da empresa e forneça um recurso sênior adicional, observe que pode causar problemas nas questões de tomadas de decisão e separação de responsabilidades.

Selecionar, Promover e Criar Interempreendedores

Conforme discutido neste capítulo e ao longo do livro, os Interempreendedores são os catalisadores do crescimento global. As Empresas Global Class sabem como identificar, contratar e fazer com que esses candidatos construam seus negócios globalmente.

"Contrate pessoas tendo em mente que não há projetos abaixo ou acima delas", explicou Sam Gellman, experiente ex-lançador da Uber, ao falar sobre a construção da equipe certa. Os membros da equipe precisam ser capazes de realizar qualquer tarefa que lhes for apresentada; porém, o mais importante, devem ser capazes de lidar com isso sem ter que consultar o QG para obter orientação e permissão a cada passo. Essas necessidades se alinham bem com o conjunto de habilidades interempreendedoras.

Analogamente, Jennifer Yuen, ex-Airbnb e Facebook, disse que a coisa mais difícil sobre o crescimento global é "conseguir a equipe certa que possa levá-lo do nada a alguma coisa, colocando-o no caminho para aproveitar todo o potencial desse mercado. Conseguir pessoas com as habilidades certas e características como honestidade e transparência é vital. A equipe certa é o segredo para compreender a cultura da empresa e traduzi-la para que repercuta nos consumidores".

Para ajudar na identificação de Interempreendedores, é comum as empresas construírem seus próprios arquétipos para melhor descobrir candidatos sólidos.

O Zoom visa contratar pessoas que trabalharam no Vale do Silício (ou pelo menos para uma empresa do Vale do Silício, mas em um escritório satélite) e depois voltaram ao seu país de origem para fazer carreira (uma série de experiências cuja probabilidade é maior hoje com equipes distribuídas e a mudança para o trabalho virtual). A DocuSign tem o mesmo procedimento, procurando pessoas que já lideraram iniciativas de expansão, representando uma empresa norte-americana em seu mercado e sabendo como servir de ponte para o QG. Em outras palavras, ela não contrata alguém para se aprimorar em uma função, mas alguém cuja experiência permitiria que a função se aprimorasse nessa pessoa.

Algumas empresas são mais prescritivas, aderindo a um arquétipo de líder de mercado local, tal como você pode fazer com clientes-alvo. Para lançar novos mercados para a Chazki, Gonzalo Begazo procuraria jovens profissionais que estivessem em busca de uma experiência que lhes desse conteúdo curricular e os ajudasse a ingressar em uma escola de negócios de ponta. Para a Uber, esse arquétipo era alguém que fosse ex-consultor da Bain, com quase 30 anos, formado em uma importante escola de negócios dos EUA, com a capacidade de ser analítico e mergulhar nos números. O foco da Uber nos consultores da Bain foi intencional, pois ela percebeu que os funcionários da Bain eram, em sua opinião, "mais corajosos" do que suas contrapartes da McKinsey e, viscerais que eram, combinavam bem com a cultura da empresa e uma capacidade de receber feedback direto sem mágoas.

O que não fazer ao formar equipes: o Japão tem uma cultura baseada na estabilidade ("próximo da fila"), que pode levar as empresas sediadas lá ao fracasso internacional. Recompensas, status e promoções são concedidos àqueles que estão na empresa há muito tempo e têm as conexões internas certas, algo nada a ver com as habilidades de líderes internacionais eficazes que descrevemos. Criar generalistas é outra camada de complexidade adicionada ao modelo japonês. Um exemplo é fazer com que os funcionários mudem de função a cada três anos, passando da contabilidade, digamos, para o desenvolvimento de negócios. Embora ser generalista possa ser uma característica positiva, a falta de base em áreas funcionais e a não progressão na carreira baseada no mérito podem colocar os líderes errados em funções-chaves, em especial se o conhecimento local não for priorizado nas equipes internacionais.

Em contraposição, as Empresas Global Class priorizam a mentalidade interempreendedora em detrimento da antiguidade. Pode muito bem acontecer de o candidato certo não ter o mais longo tempo de casa ou não estar tão avançado na carreira. A história que ouvimos do gerente de contas do Zoom, que tomou a iniciativa de começar a formar uma base de clientes na América Latina no início dos esforços de expansão internacional da empresa, é um grande exemplo dessa questão. Ele assumiu a responsabilidade de listar os principais prospectos da região a serem alcançados e, após obter a aprovação da liderança, passou a construir a base de clientes empresariais do Zoom no local. Muitas vezes, os funcionários mais antigos serão maus candidatos para o papel de liderança do mercado local porque estão habituados a ter amplos recursos à sua disposição no QG, mantendo-os na zona de conforto. Os líderes do mercado local têm mais a ver com menos recursos e estão constantemente no limite ou fora de suas zonas de conforto; por isso ter uma mentalidade ágil é tão importante.

Ao formar uma equipe, também é importante olhar a questão de forma global, encontrando as pessoas certas para desempenhar funções relevantes na equipe e que sejam as mais apropriadas para esse estágio de crescimento. Como afirma Mads Faurholt, ex-diretor administrativo global e sócio da incubadora e construtora de empresas Rocket Internet: "Tendemos a tentar encontrar alguém que possa desempenhar todas as funções de trabalho, mas a verdade é que selecionar as pessoas certas é um pouco como um time de futebol. Você não quer uma pessoa boa em tudo. Quer o melhor atacante, o melhor goleiro e o melhor zagueiro."

Habilitar uma Estratégia de Talentos Descentralizada

Empresas tradicionais formam grupos de talentos cujo foco é a implantação de escritórios inteiros de pessoas em áreas geográficas específicas. Se a empresa precisa de recursos de engenharia de software, por exemplo, a estratégia é contratar toda uma equipe de desenvolvimento centralizada em Bangalore, conhecida como o Vale do Silício da Índia. As Empresas Global Class veem um caminho diferente.

Longe de serem contrárias ao recente aumento do trabalho distribuído, as Empresas Global Class consideram essa mudança como uma oportunidade. Elas embarcam totalmente no novo mundo distribuído de formação de equipes em que vivemos.

As Empresas Global Class contratam pessoas talentosas onde quer que estejam. Elas entendem que o talento não precisa mais ser centralizado em um único local como um QG nem ser agrupado em locais específicos em face da abundância de determinado conjunto de habilidades naquela área. Elas percebem que é libertador identificar e integrar talentos em qualquer parte do mundo. Por não se restringirem geograficamente, as Empresas Global Class são capazes de tirar partido do crescimento de trabalhadores especializados em todo o mundo, nos mercados desenvolvidos e emergentes, e encontrar os melhores entre eles.

As Empresas Global Class se valem, então, do conhecimento local dos integrantes da equipe sobre seu país de origem para entender melhor e entrar nesse mercado.

Ademais, as Empresas Global Class acreditam que é importante contratar uma equipe diversificada que assuma a cultura da empresa no intuito de buscar interconectividade e evitar isolamentos. Isso pode levar à inovação (pela maneira mais diversificada de encarar os problemas), promovendo, em particular, a inovação bidirecional, na qual a influência mútua entre equipes locais e o QG é equivalente.

Criar o Sistema Certo para o Sucesso

Uma vez constituída a equipe certa, as Empresas Global Class colocam em ação seus talentos, disponibilizando-lhes processos e estruturas que geram impulso e suportam o aumento de escala.*

Esse suporte pode vir de várias formas. A Thoughtworks foi concebida como uma organização global. Os princípios-chaves de liderança e as avaliações dos funcionários estão alinhados com esse ponto de vista. Mais especificamente, a empresa pretende que 20% dos funcionários de qualquer escritório trabalhem fora de seus países de origem. A Thoughtworks envia funcionários específicos para tarefas baseadas em projetos em outros países a fim de ganhar exposição internacional. Os membros da equipe entram em um novo país com uma equipe intercultural para formar um "pod" e encontram líderes locais para serem a equipe fundamental no escritório. Decorridos 1 ou 2 anos, ao grupo internacional são dadas outras atribuições, e as pessoas são trazidas de volta aos seus respectivos escritórios de origem.

Ao criar esses sistemas, o QG dá as mesmas condições de atuação para todos os mercados. Em uma organização na qual existem relacionamentos, alguns mercados têm uma voz desproporcionalmente alta graças à reputação interna da liderança local e ao conhecimento do funcionamento interno da empresa. Os QGs da Global Class trabalham arduamente para eliminar qualquer viés para determinados mercados (incluindo o mercado onde está o QG), criando sistemas para colocar todas as equipes em pé de igualdade.

MUITAS VEZES NEGLIGENCIADO

Invista em Recursos Locais de Qualidade

Para os trabalhadores especializados, o tempo da mão de obra barata está ficando para trás rapidamente. É preciso ter claro que se recebe por aquilo que se pagou. Ao entrar em um novo mercado, não se deixe iludir pelo custo de vida reduzido e pelos salários mais baixos que isso poderá oferecer caso você esteja em um mercado com um custo de vida mais elevado. Você não necessita pagar drasticamente a mais pelos recursos locais, mas oferecer uma remuneração competitiva é melhor do que tentar minimizar os custos. Isso vale para os funcionários, mas aplica-se em especial aos prestadores de serviços, como advogados. Geralmente, paga-se um valor extra por um ótimo advogado, o que vale a pena.

* Um pequeno grupo de indivíduos com habilidades complementares que trabalham com um propósito comum para concluir uma parte de um projeto ou uma campanha maior [N. da T.].

ESTUDO DE CASO

RESILIÊNCIA INTEREMPREENDEDORA — SLACK

Todo negócio, em um único país ou no mundo inteiro, é em essência uma coisa: pessoas. E não somente em relação à produtividade como funcionários, mas a tudo que vem junto: a pessoa como um todo. Em tal contexto, a característica mais importante que qualquer Interempreendedor deve ter, especialmente aqueles que trabalham fora de seu país de origem, é a resiliência. As Empresas Global Class reconhecem isso e procuram pessoas portadoras de uma boa dose de resiliência para superar os obstáculos no caminho para a expansão de um negócio em novos mercados. Ao mesmo tempo, a Global Class entende que as pessoas que impulsionam a expansão em novos mercados não são máquinas, mas indivíduos com relacionamentos e necessidades preexistentes que precisam apoiar a vida profissional e pessoal dos membros da equipe que, situados longe do QG, estão expandindo o negócio.

Como pode atestar James Sherrett, o primeiro funcionário do Slack na EMEA [Europa, Oriente Médio e África] e ex-chefe da região, é difícil contratar e gerir uma equipe, encontrar impulso e obter a adequação empresa/mercado; tudo isso vem com falhas que requerem coragem para superar. Mas a resiliência pessoal também é necessária.

A vida não parou para James quando ele deixou para trás o que o prendia na América do Norte para se mudar para a Europa, mas a mudança de cenário e estilo de vida não afetou apenas ele.

Tenha em mente que alguns membros da equipe estão refazendo suas vidas e se afastando da família para fazer parte do crescimento global de uma empresa. Embora questões do tipo condições de vida e cobertura de cuidados de saúde devam ser consideradas, também é essencial não esquecer das questões que envolvem a saúde mental das pessoas envolvidas (dos trabalhadores e de suas famílias). Já é bastante difícil estar em um novo país para encontrar uma adequação mercado/empresa, mas isso se agrava quando se lida também com o choque cultural de estar longe de casa e do que é familiar.

A esposa e os filhos pequenos de James se mudaram com ele, mas houve ocasiões em que era muito difícil ficar tão longe de casa e da família. A certa altura, a saúde do pai de James estava debilitada, e James estava a um oceano de distância, tendo que planejar a estratégia regional do Slack e fazer planos para a cobertura de saúde de seu pai. Houve sentimentos semelhantes quando seu padrasto faleceu enquanto ele ainda vivia no estrangeiro.

É como James diz: "Somos todos humanos, e são essas [coisas relacionadas à família] que lembramos quando olhamos para trás. O envolvimento na iniciativa de expansão [da empresa] não ficará gravado na lápide de ninguém."

O segredo está em colaborar na criação de um ambiente que apoie a equipe nos mercados locais, especialmente aqueles longe de casa, e que estimule um sentido de resiliência para ajudar o indivíduo e toda a equipe a ser bem-sucedida. É importante que a equipe local seja resiliente porque, sem isso, o ímpeto de todos se ressentiria, desviando-se do rumo correto, levando a falhas que diminuiriam o moral, em vez de exemplificarem a coragem e utilizarem uma situação difícil para melhorar os laços dentro da equipe.

As Empresas Global Class têm as estruturas de contratação certas para alocar as pessoas certas nas funções certas e dotá-las com as estruturas, ferramentas e mentalidade certas para terem êxito.

Uma vez formada a equipe (interempreendedora) certa, a organização deve ser capaz de gerenciar essa equipe distribuída ao longo das fases de entrada e crescimento no mercado, transitando pelas complexidades da localização do negócio. O Modelo Global de Gestão de Classes descrito no próximo capítulo foi concebido para fornecer a estrutura correta para que as organizações saibam exatamente como proceder.

CAPÍTULO 8 — RESUMO

- As pessoas são o ingrediente mais importante das iniciativas de crescimento global bem-sucedidas e precisam ter uma combinação de *mentalidade interempreendedora* e *habilidades de liderança* para *organizações distribuídas*, bem como *conhecimento local* e *conhecimento da empresa*, sendo que uma justaposição dos dois últimos é o mais crucial.
- Como nem todas as características podem estar representadas em uma pessoa, a Estrutura de Formação de uma Equipe Global Class pode ajudar a garantir que a equipe local coletiva tenha as habilidades e a mentalidade para ter sucesso em encontrar impulso e depois escalar.
- As Empresas Global Class fazem o seguinte para formar equipes de classe mundial: *facilitam a justaposição de conhecimento empresa/local; selecionam, promovem e criam Interempreendedores; permitem talentos descentralizados;* e *criam o sistema certo para o sucesso.*

CAPÍTULO 8 — PERGUNTAS DE REFLEXÃO E AÇÃO

1. Como você está garantindo que suas equipes locais tenham uma forte justaposição de conhecimento da empresa e conhecimento local?
2. De que maneira você está identificando e desenvolvendo pessoas diamante/unicórnio que se encaixam em todas as quatro categorias de características de formação de equipes?
3. Para os integrantes da equipe que não têm conhecimento da empresa, de que modo você está incutindo neles a cultura da empresa?

9

GESTÃO

O Modelo de Gestão Global Class

A GESTÃO GLOBAL eficaz reside na conexão entre uma visão clara, comunicação forte, processos eficazes e cultura alinhada.

O Gympass reuniu cada um desses elementos por meio de sua estrutura RASCI, um acrônimo em inglês para *Responsible*, *Accountable*, *Support*, *Consulted* e *Informed* [respectivamente *Responsável*, *Responsabilizável*, *Suporte*, *Consultado*, *Informado*]. Essa estrutura estabelece quem executará e quem apoiará, bem como quem deve ser informado ao longo do caminho. Embora o Ciclo de Respostas garanta uma comunicação inclusiva, o RASCI garante que as responsabilidades sejam direcionadas e claras.

Cada letra no RASCI leva os membros da equipe a responder a questões-chaves:

R — *Responsible*: quem é responsável pela execução da tarefa confiada?

A — *Accountable*: quem é responsável por toda a tarefa e quem responde pelo que foi feito?

S — *Support*: quem dá suporte durante a implementação da atividade/processo/serviço?

C — *Consulted*: quem pode aconselhar ou dar consultas valiosas para a tarefa?

I — *Informed*: quem deve ser informado sobre o andamento da tarefa ou as decisões que foram tomadas para executá-la?

Os membros da equipe utilizam então processos formais, mediante um manual dinâmico que reside em Live Docs, para dar suporte a cada elemento RASCI, desde o acompanhamento do progresso, passando pela comunicação do status, pela garantia de responsabilidade e pela prestação de contas, até o envolvimento das partes apropriadas a apoiar.

Considerando que se trata de um sistema tangível (que serve como um "conselho de consultores" centralizado para a organização), ele permite que os membros da equipe procurem informações relacionadas a um problema atual que estão enfrentando, facilitando o compartilhamento interfuncional de melhores práticas para priorizar a colaboração em vez de criar departamentos isolados.

Ao mesmo tempo, o RASCI, mais do que apenas uma estrutura ou processo interno, é uma manifestação dos valores centrais da empresa. O processo claro e a comunicação aberta que o RASCI facilita criam confiança em toda a organização e a alinham por inteiro em torno de sua missão, valores fundamentais e objetivos estratégicos. Tal clareza também proporciona visibilidade ao QG, permitindo-lhe servir como facilitador das operações locais, construindo uma ponte entre ele e as equipes locais.

Uma exclusividade da estrutura e do sistema RASCI (e melhores práticas que valem a pena considerar) é que os líderes do Gympass o utilizam na análise *post-mortem* para determinar se as tarefas/iniciativas receberam recursos amplos, se as partes responsáveis realizaram as ações necessárias para ter êxito nos objetivos, se as decisões difíceis tomadas em cada fase foram as corretas e se houve apoio e comunicação adequados ao longo do caminho.

Ainda que essa configuração possa promover resultados concretos, para de fato ter sucesso no contexto global, o Gympass se diferencia ao apoiar o RASCI com uma definição clara de prioridades globais e locais, equilibrando resultados (normalmente impulsionados por mercados mais maduros) e sustentabilidade (impulsionada, usualmente, pelo crescimento em novos mercados).

Como ilustra o Gympass, a gestão eficaz em escala global envolve equilibrar os valores primordiais estabelecidos pelo QG com as necessidades do mercado local, estabelecendo uma comunicação bidirecional e a inovação por intermédio de Ciclos de Respostas, transparência e capacitação dos funcionários, tudo isso apoiado por sistemas e processos que facilitam o crescimento global.

Além de formar uma equipe de Interempreendedores forte e com mentalidade global, as Empresas Global Class implementam eficazmente um modelo de gestão que reconhece a cultura e apoia a escala global, ao mesmo tempo em que equalizam a influência mútua dos mercados locais e do QG.

Por isso o segundo pilar da escala global eficaz é a implementação de um sistema de gestão que facilita o crescimento internacional: o Modelo de Gestão Global Class.

GESTÃO NO CONTEXTO DO ÁGIL GLOBAL

Para que a metodologia ágil funcione em uma organização global, as equipes de liderança e a gestão da empresa nos mercados locais precisam criar um ambiente iterativo que aceite testes contínuos, falhas e reavalie os planos estabelecidos. Embora as normas e os direitos de decisão (ou seja, como a tomada de decisão é dividida entre o QG e as equipes locais) sejam fruto de um acordo, há um nível de flexibilidade em cada um para levar em conta a singularidade da cultura local, as demandas do mercado local e a merecida autonomia correspondente derivada da fase da iniciativa de crescimento global, pois cada uma merece sua própria abordagem contingente.

Faz-se necessária uma abordagem de gestão equilibrada para localizar e gerar dinâmica com eficiência, sem incorrer em demasiada complexidade. Gerir uma equipe global distribuída requer, portanto, um modelo que motive e capacite as equipes locais, mantendo ao mesmo tempo a visibilidade e a influência do QG. A implementação eficaz de tal modelo de gestão funciona como um catalisador para que as empresas obtenham a adequação empresa/mercado e a escala global.

CONSTRUINDO UMA PONTE — O MODELO DE GESTÃO GLOBAL CLASS (MODELO GCM)

No Capítulo 2 e ao longo do livro, discutimos a importância da mentalidade Global Class. Por meio do modelo de gestão a seguir, delineamos um sistema sobre como operacionalizar essa mentalidade Global Class e transformar os princípios e a estratégia de liderança em um processo acionável que pode ser aplicado em uma presença global.

A metáfora de uma ponte resume melhor os detalhes e o espírito de como as Empresas Global Class administram uma presença global.

Há lacunas culturais e geográficas entre o QG e o escritório local. Quando se expandem internacionalmente, as Empresas Global Class constroem pontes literais: entre sua marca e os clientes de outro país, entre sua equipe no QG e as equipes fisicamente presentes no local e entre a cultura da empresa e a cultura do mercado local.

Na construção dessas pontes, ágil é a linguagem comum entre o QG e as equipes locais para Empresas Global Class, que utilizam canais de comunicação consistentes (Ciclos de Respostas) e processos como a Equipe de Recursos da Localização (LRT) e o Manual de Crescimento Global descritos no Capítulo 7. O Ágil supera as divisões linguísticas e culturais para unir todas as partes com objetivos comuns e processos aceitos.

A Estrutura da Ponte

Para melhor orientá-lo, visualize uma ponte suspensa com uma margem em cada extremidade. A margem à esquerda é o QG, as funções de apoio que permitem uma organização global cada vez mais distribuída/virtual. A margem à direita é o mercado local e seus clientes. Uma estrada com torres e cabos de suspensão fica no meio, conectando os dois lados.

As Torres

Na ponte há duas torres; a da esquerda representa as estruturas e os processos que o QG estabelece (Indutores de Impulso) para apoiar a equipe local e gerar impulso. Conforme descrito no Capítulo 7, isto inclui o Manual de Crescimento Global e a LRT, entre outras ferramentas e recursos que aceleram a adequação produto/mercado durante a entrada no mercado e a adequação empresa/mercado, bem como o aumento de escala. A força da ligação entre essas duas torres tem um impacto direto na eficácia das iniciativas de localização para esse mercado.

A torre à direita representa a equipe de apoio ao mercado local (no mercado, na região ou no QG). Seu conhecimento local, aliado aos recursos corporativos (a torre esquerda), promove a implementação de iniciativas de crescimento e localizações. O patamar do conhecimento do mercado local da equipe tem um impacto direto na capacidade de obter a adequação empresa/mercado e na eficácia das iniciativas de crescimento.

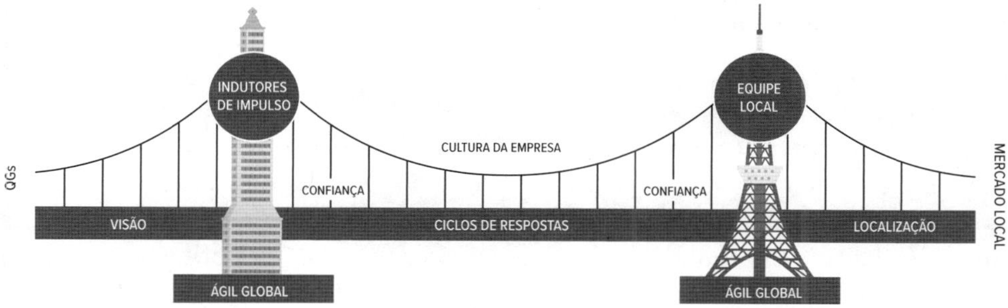

A metodologia ágil global serve como concretagem para as torres esquerda e direita, permitindo que organização obtenha a adequação empresa/mercado e escalar. O tamanho dos pilares sob as torres representa o quão profundamente o ágil está enraizado na cultura, nos processos e nas normas da organização. Quanto mais profunda for a base da metodologia ágil, mais eficaz será a organização em alcançar escala global. Você pode construir muitas estruturas e Ciclos de Respostas, mas, sem uma compreensão fundamental da importância (bem como da adesão) da metodologia ágil em um contexto global, fracassar é o mais provável.

Assim como acontece com uma estrutura real, se uma torre for demasiado fraca, a ponte não ficará de pé. Por isso, é crucial formar uma equipe local forte (torre direita) que possa localizar eficazmente o negócio. O QG deve dedicar amplos recursos, estabelecendo estruturas (torre esquerda) que estejam alinhadas com os valores essenciais e uma estreita colaboração na comunicação entre ambas as partes (a estrada). Tudo isso precisa estar alinhado com princípios de trabalho comuns, como o ágil, para apoiar as iniciativas de crescimento global. Na Salesforce, a confiança é condição número um, e o atendimento ao cliente é a de número dois na matriz [algébrica], portanto, os critérios de tomadas de decisão da empresa foram criados para se alinhar a esses dois valores fundamentais, antes da rentabilidade. Estabelecer valores essenciais fortes é fundamental em locais internacionais porque o risco é maior. Quando surgem problemas nas tomadas de decisão importantes, os funcionários são instruídos a encontrar soluções nas quais esses valores essenciais e a rentabilidade se cruzam. Como afirma Ernest Ng, vice-presidente de Estratégia de Sucesso de Funcionários e Análise de Pessoas da Salesforce: "Se os clientes estão em diferentes regiões do mundo, é melhor ter uma maneira de fazer as coisas e uma cultura consistentes."

A Estrada

É na estrada que acontecem o trabalho e a colaboração entre o QG e as equipes locais.

A parte da estrada à esquerda que se liga ao QG é a Visão e Valores Fundamentais da Empresa (o que facilita as estruturas representadas na torre esquerda). Todos os membros da organização, tanto no QG quanto nas equipes locais, precisam compreender verdadeiramente a visão da empresa e mantê-la como uma estrela-guia em todas as atividades do negócio. O QG define essa visão e é responsável por garantir que as equipes locais entendam e internalizem sua gravidade e princípios.

Como afirmou Abe Smith, do Zoom: "Em momentos agitados e estressantes, uma visão clara e princípios básicos unem as pessoas." Valores centrais fortes criam um ambiente fértil para uma liderança reflexiva. Os valores filantrópicos do Zoom levaram o CEO da empresa, Eric Yuan, a oferecer contas gratuitas do Zoom a milhões de estudantes para que pudessem participar da escola durante a pandemia. Ele fez isso após se projetar mentalmente 20 anos no futuro e se perguntar se naquele momento ele sentiria que fazer isso agora era a decisão certa.

Ao mesmo tempo, deve-se reconhecer que existem valores globais e locais que podem diferir, algo que precisa ser administrado proativamente. Por essa razão, é importante que as Empresas Global Class universalizem seus valores fundamentais. As empresas tradicionais não fazem isso por sua própria conta e risco, o que se constitui como um dos dez principais motivos pelos quais as empresas globais fracassam, conforme descrito no primeiro capítulo.

Conectando a *equipe* local ao *mercado* local estão as localizações (mudanças no modelo operacional ou no "go-to-market") implementadas para atender às necessidades do mercado. Uma equipe forte, com conhecimento da empresa e do mercado local, facilita a localização eficaz, promovendo uma penetração mais profunda no mercado.

O trecho da estrada que conecta ambas as torres é a comunicação e a tradução de mão dupla que se dá entre o QG e as equipes locais. Isso inclui a comunicação dos principais objetivos e a tradução da visão da empresa do QG para a equipe local; no sentido inverso, os resultados e os insights relevantes para o processo de localização da equipe local. "Traduzir" inclui transitar pelas diferenças linguísticas e culturais entre o QG e o escritório local, além dos diferentes pontos de vista.

Ciclos de Respostas eficazes facilitam a comunicação e a tradução, proporcionando transparência e acelerando a empresa desde a entrada até a maturidade no mercado. Esses ciclos ocorrem em vários pontos ao longo da estrada que conecta o QG e a equipe local. Eles ajudam a resolver problemas de forma estruturada e são uma ferramenta eficaz para construir confiança, enraizada na comunicação regular. Referindo-se à necessidade de um forte elo de comunicação entre o QG e os escritórios locais, Scott Coleman, ex-head de Crescimento e Produto Internacional do Pinterest, diz que as equipes locais "morrerão na videira sem acesso ao tronco"*. Os Ciclos de Respostas formalizados podem facilitar eficazmente essa comunicação bidirecional.

A parte da estrada é particularmente importante por ser o ponto de encontro entre a autoridade e as responsabilidades. Essa autoridade e responsabilidade pela comunicação e tradução contínuas precisam ser partilhadas entre o QG e o escritório local; portanto, a comunicação deve ser bidirecional.

A natureza multidirecional do feedback, da comunicação e da tradução é de fundamental importância, pois o QG necessita compreender os principais aprendizados e progressos alcançados no novo mercado, e a equipe local precisa de orientação, recursos e feedback do QG para dar suporte à expansão. A estrada (e seus Ciclos de Respostas estabelecidos por ambas as partes) é também o lugar onde o trabalho de localização é feito e a complexidade é criada e, assim, deve ser ativamente monitorada.

O intuito dessa colaboração ao longo do caminho é o modelo validado para o novo mercado, a adequação produto/mercado no decorrer da entrada no mercado e, em seguida, o impulso e a escala que levam à adequação empresa/mercado na fase de crescimento do mercado. No processo, o QG traduz a cultura da empresa de uma forma que ressoa com o mercado local, e a equipe local traduz as mudanças necessárias para atender às necessidades do mercado local de volta ao QG.

A tradução que necessita ser feita não se restringe somente às palavras usadas, mas também envolve os processos implementados. Por exemplo, em alguns países asiáticos, a elaboração de relatórios formais enviados para a cadeia de comando é um traço culturalmente forte, e muito tempo e concentração são dedicados a essa atividade. Quer sejam revisadas detalhadamente quer não, essas estruturas de comunicação desviam o foco do objetivo principal de buscar a adequação empresa/mercado e expandir-se no novo país. Isso se torna uma fonte de Prêmio Administrativo. Uma equipe que está nos EUA ou em outro mercado com uma cultura empresarial diferente precisa encontrar um meio-termo entre esses distintos estilos de comunicação e cultura empresariais. A profundidade e a extensão de estruturas que facilitam o equilíbrio dependerão do estágio de crescimento da organização. Comece minimamente (como recomenda

---

* Menção a uma passagem do Novo Testamento (João 15:1-5) em que Jesus fala da necessidade de conexão com Ele, usando uma videira na qual Jesus é o tronco, e as pessoas, os galhos; sem a conexão, os galhos não dão frutos e morrem [N. da T.].

Kathryn Hymes no Capítulo 7 do estudo de caso), depois insira mais formalidade conforme for crescendo, sem criar obstáculos e burocracia desnecessários que distraiam as equipes locais em sua busca da adequação mercado/empresa. A comunicação eficaz também é fundamental para a manutenção de uma coligação de apoio no QG. Christina Lee, da Chegg, ressalta que manter essas coligações é essencial para ter sucesso; por causa disso, ela reserva entre 10% e 15% de seu tempo para manter links de comunicação com o QG a fim de apoiar os esforços de expansão dos negócios em novos mercados de suas equipes internacionais.

Isto também se aplica à manutenção do suporte em toda uma organização espalhada pelo mundo. Deixar de adaptar a comunicação em face de uma força de trabalho distribuída é um erro que leva ao fracasso as empresas que aspiram crescer globalmente.

Dito isso, a comunicação tem que ser clara e concisa. A Zendesk tem mais de 200 líderes seniores, que podem interpretar uma mensagem de diversas maneiras, dependendo da perspectiva pela qual a veem. Por esse motivo a empresa garante que as comunicações sejam focadas e que toda a equipe de liderança esteja alinhada para envolver o restante da equipe de mais de 6 mil pessoas em torno dos mesmos objetivos. O Slack faz a mesma coisa utilizando o que James Sherrett chamou de "Resumidores e Simplificadores", que controlam o volume de informações compartilhadas e destacam o mais importante.

MUITAS VEZES NEGLIGENCIADO

Transitando pelos Fusos Horários

Cabe notar que lidar com diferenças de fuso horário para uma organização global pode ser difícil. Encontrar um horário único para os membros da equipe espalhados por todo o mundo se reunirem é um desafio em si e pode, no final das contas, causar fadiga tanto para os escritórios locais quanto para a liderança do QG. Tenha isso em mente e encontre maneiras de acomodar a questão por meio de agendamento de reuniões e alinhamentos de equipe. Uma das unidades de negócios da Microsoft alinhou os escritórios locais por fuso horário, não apenas por região. Já o Slack lidou com os fusos horários utilizando seu sistema Small Hands Meetings, no qual membros de equipes locais em regiões próximas se reuniam para compartilhar melhores práticas sem depender do QG para facilitar as comunicações, conforme mencionado no estudo de caso do Capítulo 7.

Os Cabos

Na analogia da ponte, o principal cabo horizontal que sustenta a ponte é a cultura da empresa. Tal como acontece com uma ponte suspensa, as torres (Indutores de Impulso e a equipe local) sustentam os cabos (cultura da empresa), e estes sustentam a estrada. Assim como o cabo em uma ponte, a cultura é o fio condutor que mantém tudo unido e suporta o peso de todos os outros elementos do modelo de gestão. Se a cultura cabo/empresa não for suficientemente forte (ou romper), ponte e modelo desmoronam; você pode visualizar o famoso colapso da ponte Tacoma Narrows no século passado. Quando há um vento forte (ou seja, desafios), cabos fracos podem romper e causar uma catástrofe. Vale a pena repetir: *sem uma cultura empresarial forte (e consistente), toda a estrutura desmorona.*

Pontes suspensas como a conhecida Golden Gate de São Francisco também têm um sistema de cabos verticais menores que conectam o cabo principal à estrada. Se os relacionarmos à gestão internacional, esses cabos representam os pontos de confiança.

Confiança é uma extensão poderosa de uma cultura forte e, portanto, um dos Quatro Compromissos para um Crescimento Global de Sucesso. Estando presente, a confiança sustenta cada parte da estrada, de uma extremidade à outra da ponte, conforme visualizado pelos cabos verticais que conectam o "cabo da cultura" à estrada e às torres. Enquanto o "cabo da cultura" principal é singular, passando por todas as partes do modelo, os "cabos de confiança" são numerosos e se localizam ao longo de todo o vão da ponte.

Cada líder de mercado local precisa confiar que sua equipe execute o que lhe é solicitado; a equipe local tem que confiar na LRT que apoia suas ações de lançamento; e assim por diante. No caso de algum ponto de confiança (cabo) romper, toda a ponte pode se desestabilizar, levando a outras rupturas e, finalmente, terminando em colapso. Rituais de construção de relacionamento, ao lado de Ciclos de Respostas consistentes, criam confiança, apoiam a adoção de valores primordiais e promovem o alinhamento da equipe do mercado local com a cultura da empresa.

Tal como aprendemos ao conversar com a ex-executiva do Airbnb, Jennifer Yuen, a distância física dificulta a criação de confiança, fazendo com que o trabalho seja feito em departamentos isolados. É importante criar conexões e uma ponte que leve de volta ao QG, bem como uma ligação direta entre as equipes locais e uma base distribuída de funcionários. Como diz Dan Himelstein, membro do corpo docente da Berkeley Haas: "As pessoas querem trabalhar com pessoas de que gostam e respeitam. Isso é universal." Esse fato, aliado a estruturas que cultivam a cultura da empresa, serve como base para estabelecer conexões.

Lembre-se de como os pequenos cabos que vão do cabo principal à estrada no nosso diagrama da ponte representam confiança. Assim como ocorre com uma ponte suspensa, os pontos de confiança precisam existir em toda a organização, entre o QG e o escritório local e dentro do próprio escritório local.

Os pontos de confiança entre o líder do mercado local e o restante da equipe local também são extremamente importantes. Dependendo da localização do escritório, o nível de satisfação com transparência e confiança será diferente, uma vez que tais elementos não são típicos de todas as culturas empresariais. Contratar o líder de mercado local certo é vital para que essas qualidades possam ser devidamente traduzidas no mercado local. Uma confiança elevada facilita colaborar e partilhar desafios de modo a procurar resolver os problemas em vez de varrê-los para debaixo do tapete. Conforme detalhado no estudo de caso do Capítulo 4 sobre a Flexport, a forte confiança entre o COO Sanne Manders e o head da Europa Jan van Casteren foi um catalisador para o êxito da empresa na entrada nos mercados europeus, encontrando a adequação inicial mercado/produto e escalando para obter a adequação empresa/mercado.

Isso posto, é importante compreender que haverá diferentes níveis de confiança em cada mercado local em toda a área de atuação da empresa em virtude da preexistência de relacionamentos ou desempenho. Trata-se de algo que pode afetar a dinâmica do poder, dando mais voz àqueles cujos laços com o QG sejam mais estreitos ou aos que têm melhor desempenho. Monitore essa questão para que ela não atrapalhe as tomadas de decisão e a alocação de recursos.

A força da ponte decorre dos compromissos assumidos pelo QG e pelas partes interessadas do mercado local. Nesses compromissos inclui-se a comunicação bidirecional transparente, utilizando estruturas e processos estabelecidos pelo QG, defendendo a cultura da empresa, construindo confiança (os cabos da ponte) e localizando para o mercado.

CONSTRUINDO A PONTE ENTRE O QG E O MERCADO LOCAL

Os Quatro Compromissos para um Crescimento Global de Sucesso são o início do processo de expansão, no qual o QG e o mercado local podem se alinhar quanto aos princípios operacionais básicos. Garantir o apoio a esses compromissos confirma o alinhamento da visão e dos recursos, ao mesmo tempo que constrói confiança e educa a equipe local sobre a cultura organizacional.

A confirmação do alinhamento com os Quatro Compromissos permite que o QG assuma o novo papel de *facilitador*, evitando quaisquer problemas decorrentes da tradicional estratégia de gestão de comando e controle, estabelecendo as bases para o sucesso futuro.

Toda a estrutura da ponte no Modelo GCM é construída em cima da adesão da equipe aos Quatro Compromissos.

Por exemplo, quando o QG concede o nível adequado de autonomia ao escritório local, e isso está ligado a fortes esforços de comunicação por parte do escritório local, a confiança aumenta. A clareza e a comunicação sobre a importância das métricas de desempenho aumentam a probabilidade de cumprimento das metas estabelecidas. A comunicação em torno dos obstáculos nos mercados locais e das localizações necessárias promove a expansão em novos mercados. O equilíbrio entre localização e complexidade por meio da metodologia ágil global leva à adequação empresa/mercado. Um forte alinhamento de recursos acelera o crescimento, e assim por diante. A mentalidade Global Class facilita a criação de uma ponte entre o QG e as equipes locais, e, valendo-se dessa mentalidade, o QG entende que seu papel mais eficaz é ser facilitador e apoiador das equipes locais, em vez de exercer poder de comando e controle que submete as equipes locais. A adoção, pelo QG, do papel de facilitador e de um estilo de gestão que reconhece e se adapta às diferenças entre a empresa e as culturas locais é um fator-chave para a gestão bem-sucedida de uma organização global.

O Novo Papel do QG

As Empresas Global Class estão construindo uma dinâmica diferente entre o QG e as equipes locais, com a gestão desempenhando um novo papel. As empresas tradicionais mantêm uma estratégia de comando e controle em que o QG atua mais como um general dando as ordens para a equipe local. As Empresas Global Class entendem que as equipes locais são muito mais do que apenas braços de execução e que os gestores precisam engajar e capacitar essas equipes no planejamento e na criação de estratégias.

Conforme mencionado no Capítulo 1, a disseminação do trabalho distribuído mudou para sempre a noção do que é "QG" [a sede da empresa]. O QG, agora, não mais está associado a uma base geográfica. Já não é um único edifício ou campus corporativo onde fica fisicamente toda a estrutura de poder de uma empresa. Funcionários de todos os níveis, incluindo executivos de empresas, agora se sentam em qualquer lugar graças à aceitação do trabalho distribuído e virtual. As forças de trabalho distribuídas tornam a comunicação mais desafiadora, mas também potencialmente mais equitativa, em particular para aqueles que não trabalham fisicamente no escritório da empresa.

Essa tendência, de fato, torna mais fácil para as empresas transformarem o papel do QG, tornando-o um facilitador e apoiador das iniciativas de localização e impulso expansionista conduzidos pela equipe local, conforme descrito no Capítulo 2. Os componentes da equipe em locais remotos não são mais os únicos que precisam se adaptar para se comunicar melhor e influenciar as tomadas de decisão. O QG continua a definir a visão e os valores fundamentais (conforme referenciado pelo trecho mais à esquerda da estrada na ponte do Modelo GCM), mas atua mais como coach, removendo obstáculos e fornecendo observações e insights que auxiliam a equipe a manter o desempenho no máximo. Os QGs ainda precisam contratar bem, colocando os Interempreendedores certos nas melhores funções, mas também necessitam se tornar os encarregados de cuidar das alavancas da autonomia.

Gestão Culturalmente Consciente

No contexto da entrada no mercado e da expansão em novos mercados globais, a gestão precisa ser culturalmente consciente, e as táticas de gestão têm de considerar as normas dos mercados locais. Whitney Bouck, ex-COO da Divisão HelloSign do Dropbox, observa que, nas Empresas Global Class, a estratégia de gestão é, por natureza, muito mais global quando o QG não é mais um edifício único em uma região geográfica e as operações/funções iniciais do mercado são formalmente separadas dele. Em vez disso, o modelo de gestão muda para um modelo mais distribuído, que exige maior consideração pela cultura.

Entre os Quatro Compromissos, "Confiança e Autonomia" são consistentes com uma mentalidade de gestão culturalmente consciente. Um objetivo central dessa mentalidade é reconhecer e reforçar o valor que as equipes locais têm na compreensão das peculiaridades de seu mercado. Construir confiança e conceder autonomia são as melhores formas de alcançar esse desiderato. O conhecimento local é essencial para uma localização bem-sucedida. Conceder autonomia às equipes locais não apenas as capacita, mas também facilita ainda mais as iniciativas de localização. A concessão de confiança e autonomia também dota o QG de um papel mais facilitador e apoiador, no qual a adoção de práticas locais é um fator de contenção de quaisquer medidas de comando e controle. Os Interempreendedores no QG devem ser os guardiões de uma gestão culturalmente consciente, incluindo a tradução das melhores práticas de gestão nas melhores práticas locais.

Nesse conceito está incluída a abordagem contingencial à gestão, segundo a qual as táticas de gestão diferem conforme a situação que a equipe enfrenta e as pessoas envolvidas. Por exemplo, equipes estabelecidas e de alto desempenho nas questões de crescimento precisam ser geridas de forma diferente das equipes recém-formadas com baixo desempenho. A gestão culturalmente consciente se baseia nessa abordagem de contingência e incorpora elementos culturais.

As técnicas gerais de gestão precisam se adequar ao estilo local. Em alguns países europeus, como Holanda ou Dinamarca, é normal ser mais direto no feedback, abordando os problemas de frente, enquanto no Japão os colaboradores ficam mais confortáveis com o feedback escrito. Diferentes culturas estão habituadas a determinadas estruturas empresariais. Os funcionários em muitos países da América Latina estão mais habituados a estruturas de gestão hierárquicas, em comparação com a estrutura organizacional plana do Vale do Silício.

Um QG que centraliza tendências é passível de ser "iluminado" quando são tomadas decisões culturalmente indiferentes, como agrupar três regiões muito distintas (Europa, África e Oriente Médio) sob uma gestão unificada e em uma sigla singular, EMEA. O estilo de gestão culturalmente consciente da Global Class constrói uma cultura empresarial e estruturas organizacionais que consideram as nuanças locais e não agrupam diversas regiões, tratando-as como homogêneas. Klaus Holse, ex-CEO da SimCorp, compartilhou uma história sobre uma experiência que teve em uma empresa anterior trabalhando com uma equipe no Japão. Klaus teve que trabalhar com um gerente-geral (GM) local que não concordava com a forma como o QG queria que os projetos fossem concluídos; contudo, como salvar as aparências e respeitar a autoridade são princípios fundamentais da cultura empresarial japonesa, o GM local não podia discutir abertamente com Klaus (que representava o QG). Klaus, então, disse que, quando expressasse qualquer preocupação, o GM local se comprometeria, publicamente, a resolver o problema. Infelizmente, quando Klaus voltou mais tarde para uma verificação, os problemas só tinham agravado.

A equipe local, sob a orientação do GM, piorou intencionalmente as coisas para provar que sua ideia era melhor que a do QG, uma vez que discordar abertamente do QG seria contra a cultura empresarial local. O experiente GM do mercado local foi demitido porque os executivos seniores da empresa não entendiam essa dinâmica cultural.

Mais tarde, um jovem GM local foi admitido e, posteriormente, explicou essa dinâmica cultural a Klaus e depois ofereceu uma solução culturalmente aceitável: o QG e o líder do mercado local (GM) decidiriam juntos a melhor estratégia e o caminho a seguir, o líder do mercado local garantiria que a equipe realizaria as tarefas, e, depois, os executivos do QG viriam e elogiariam o líder do mercado local. Isso funcionou bem. Conclusão: o modelo de gestão utilizado no mercado do QG de uma empresa não pode ser aplicado universalmente com sucesso em uma presença global.

Essa história é um ótimo exemplo dos benefícios de fazer a contratação certa (um Interempreendedor capaz de traduzir ambas as culturas) que possa se alinhar com uma estratégia (os Quatro Compromissos para um Crescimento Global de Sucesso) e localizar o estilo de gestão Global Class.

As Empresas Global Class mesclam essa mentalidade de gestão culturalmente consciente com a delimitação eficaz de funções, responsabilidades e direitos de decisão entre o QG e os escritórios locais.

DIREITOS DE DECISÃO

Um dos elementos primordiais de qualquer estratégia de gestão internacional é o processo pelo qual as decisões são tomadas. Quais decisões a equipe local pode tomar de forma independente, o que requer acordo mútuo e o que deve ser controlado e ditado pelo QG?

Há uma razão lógica para colocar certas decisões nas mãos de qualquer uma das partes, desde a minimização do Prêmio de Localização por meio da centralização, até a localização para obter a adequação empresa/mercado mediante a descentralização; desde ter experiência para remover obstáculos e ver o cenário global até capacitar as equipes locais.

Não nos cabe determinar quem deve decidir sobre precificação, procedimentos de avaliação de desempenho ou campanhas de marketing. Cada empresa deve decidir o que é melhor para ela. O importante é encarar de frente o tema em questão. Nossa investigação apurou a recorrência com que esse tópico, sob o rótulo de "direitos de decisão" ou "autoridade de decisão", era mencionado. Independentemente de onde as decisões são tomadas, ser transparente é importante, pois promoverá uma comunicação forte, confiança e envolvimento.

O desenvolvimento de um plano para direitos de decisão traz transparência em torno do que é muitas vezes um processo obscuro. Ajuda a estruturar os valores fundamentais e torna mais fácil para o QG e as equipes locais saberem quando assumir a liderança e quando consultar.

Como um dos Quatro Compromissos, a confiança e a autonomia são importantes para muitos aspectos do crescimento global. É algo particularmente necessário na delegação das tomadas de decisão. O empoderamento é um subproduto de deslocar a autoridade de decisão para o nível local, aliado à disposição no QG de aceitar o fracasso (o que está alinhado com a mentalidade ágil global). Confiança é um fator basilar no empoderamento, assim como a criação de um senso de significado e propósito dentro da equipe local. Mais do que tudo, o empoderamento da equipe local é um derivado da renúncia aos estilos de comando e controle do QG em prol de um papel de facilitador e apoiador. No entanto, o envolvimento da equipe local não decorre da autonomia total. Mesmo quando o QG estabelece limites, as pessoas tendem a se sentir fortalecidas quando têm espaço para se movimentar com fluidez, em vez de não terem clareza sobre a quem cabe decidir isto ou aquilo.

Ao longo do caminho, o QG e as equipes locais se encontram em diferentes pontos na estrada da ponte no Modelo GCM. Dependendo do estágio da empresa e da maturidade da presença no mercado local, as decisões são tomadas mais perto do QG ou do mercado local. As equipes precisam adaptar os direitos de decisão no percurso, oscilando para frente e para trás conforme o estágio do mercado (entrada, crescimento ou maturidade), cultura da empresa e outros fatores — todos os quais devem estar alinhados com a Curva de Autonomia discutida no Capítulo 4.

As empresas que sempre se submetem ao QG podem ser menos eficazes na localização. Ao mesmo tempo, deixar em demasia o trabalho aos cuidados da equipe local acrescentará complexidade. É necessário um equilíbrio. As empresas devem encontrar um jeito local de fazer as coisas, em vez de confiar no jeito da empresa. Em paralelo, é preciso estabelecer barreiras de proteção para garantir a continuidade com o QG, que tem um alcance global.

O Gympass operacionalizou com eficácia os direitos de decisão em toda a organização. No centro da estrutura de gestão do Gympass está a *responsabilidade* (o R em RASCI). O cofundador João Barbosa descreve como os direitos de decisão estabelecidos asseguram que a empresa siga no rumo certo. Os direitos de decisão definem as barreiras e impedem que as equipes trabalhem de maneira independente. Antes de estabelecerem e aderirem a direitos de decisão estritos, suas equipes operavam de forma independente, enquanto os departamentos jurídico, de produto, financeiro e outros trabalhavam separadamente em cada mercado local, tornando seus modelos demasiado complexos e difíceis de escalar.

O Pêndulo Revisitado

Tal como acontece com o Pêndulo da Função de Trabalho, existe um pêndulo no caso dos direitos de decisão. Onde você coloca os direitos de decisão é uma decisão estratégica que orienta o pêndulo, e favorecer esses direitos em relação ao QG ou à equipe local muda ao longo do tempo.

É possível conceder diversos níveis de autonomia a equipes internacionais para muitos aspectos do negócio; não há uma resposta certa. A Uber e a Apple estiveram em extremos opostos do espectro quanto à gestão internacional no início da expansão, a primeira concedendo autonomia quase total aos escritórios locais, a última mantendo uma estrutura de controle mais centralizada. Ambos podem funcionar. Contudo, tenha em mente o que disse Scott Coleman: "Há pouco fortalecimento da equipe local se o QG lhe diz exatamente o que fazer."

Como salienta Jose Chapa, ex-diretor de Produto do Programa de Inovação Doméstica da Amazon na Europa, é comum a existência de uma rede complexa de organizações internas que reúne dados para gerar resultados, os quais, em seguida, transferem-se para outras equipes e se tornam seus dados. Em outras palavras, as organizações dentro de uma empresa estão interligadas, e as informações fluem organicamente. Se não houver visibilidade ou processo centralizado, então a burocracia, a complexidade e os isolamentos levarão a problemas. É importante centralizar coisas que precisam de escala. Isso se aplica aos direitos de decisão, entre outros processos e estruturas concebidos para gerar impulso (conforme discutido no Capítulo 7).

Centralizar algumas dessas decisões pode ser um fator de equilíbrio, pois, como mencionado, é típico que uma empresa em múltiplas geografias favoreça alguns mercados em detrimento de outros, dando às equipes em mercados favorecidos uma voz muito mais alta devido à confiança desenvolvida com o QG.

Ao mesmo tempo, pode-se defender a transferência da responsabilidade para os mercados locais, pois, como afirma Jorn Lyseggen, CEO e fundador da Meltwater, "quanto mais longe do problema, mais estúpida é a solução", e o QG muitas vezes fica mais distante do problema do que a equipe local, em especial quanto às mudanças que precisam ser feitas em escala em um mercado local.

Dito isso, o QG deveria ser um facilitador em vez de um comandante. Como afirma Chang Wen Lai, CEO e cofundador da Ninja Van, com sede em Cingapura: "O QG não é uma torre de controle; são os cabos subterrâneos que ajudam a empresa a funcionar."

Mapeando os Direitos de Decisão

A distribuição de responsabilidades é muito específica para o setor de atividade, a base de clientes, os mercados-alvo e o estágio de crescimento de uma empresa. A única coisa em que insistimos, com base nos insights de nossa pesquisa, é que a distribuição do controle e da autoridade nas tomadas de decisão seja orientada (e alinhada) à cultura e aos valores fundamentais da empresa. Isso e o direito de decisão devem ser transparentes e comunicados abertamente em toda a organização.

Repetidas vezes fomos lembrados da importância da cultura (conforme discutido no próximo capítulo). Seja qual for a sua cultura, ela é (e deve ser) uma força motriz por trás de como você gerencia sua presença global.

Permitir a autonomia também pode gerar impulso e elevar o moral. Contanto que você tenha a estrutura de apoio certa, como uma Equipe de Recursos da Localização, a autonomia em áreas específicas de operações pode proporcionar ganhos rápidos que servem como oxigênio para o engajamento e o comprometimento de uma equipe local nascente.

Jennifer Cornelius, diretora de RH da Ritual e ex-diretora de Design Organizacional da Divisão de Varejo da Apple, afirma: "Quanto mais vezes você delegar à equipe as tomadas de decisão mais significativas, maiores serão o aprendizado e o envolvimento no longo prazo."

Citamos Tiffany Stevenson dizendo, anteriormente, "a autonomia permite que a escala aconteça" não apenas no início, mas no decorrer de um longo período de tempo. A autonomia não dá liberdade total à equipe local, mas evita que o QG se prenda a detalhes, tirando o foco de iniciativas mais estratégicas em toda a empresa.

O QG também pode precisar lutar contra as normas culturais para que as equipes locais aceitem e utilizem a autonomia. Embora se espere que isso seja mitigado por intermédio da contratação de líderes locais que tenham as características descritas no capítulo anterior, algumas culturas são mais renitentes por natureza.

No Japão, as tomadas de decisão são muitas vezes baseadas em grupo. No contexto da gestão de uma equipe local no Japão, isso pode significar que a equipe local estará menos inclinada a tomar decisões sem orientação ou aprovação do QG. Essa norma cultural pode beneficiar as organizações durante o crescimento do mercado, quando o alinhamento e a gestão da complexidade são importantes para gerar impulso, mas, em contrapartida, essa mentalidade pode amenizar o impulso ao longo da entrada no mercado. Para superar uma particularidade local desse tipo, o QG deve comunicar a importância de usar a autonomia, mostrando apoio quando a liderança local assume a responsabilidade, mesmo que sejam cometidos erros.

Para responder a uma pergunta feita por Scott Coleman, ex-Pinterest e Google ("Como estabelecer algum nível de controle?"): para o escritório local, receber autonomia estabelece controle; para o QG, ter clareza nos valores fundamentais e nas barreiras de proteção em torno da internacionalização e da uniformidade no controle do equilíbrio.

Equilíbrio é uma necessidade. Manter um ponto de vista de comando e controle centrado no QG impedirá uma localização eficaz, bem como favorecer escritórios locais forçará as empresas a gerenciar uma infinidade de modelos desiguais, difíceis de gerenciar e dimensionar. As empresas devem encontrar um jeito local de fazer as coisas em vez de confiar no jeito da empresa, mas ao mesmo tempo precisam estabelecer barreiras de proteção para garantir a continuidade com o QG.

ESTUDO DE CASO

VIÉS DE FAMILIARIDADE DA GESTÃO — MICROSOFT

O Viés de Familiaridade mencionado nos estudos de caso da LPA pode não apenas afetar a seleção de mercado, mas também impactar a gestão. Isso é especialmente verdadeiro ao gerenciar uma equipe distribuída espalhada pelo mundo. Foi o caso de Scott van Vliet, ex-vice-presidente corporativo de Comunicações Inteligentes da Microsoft.

No QG da Microsoft em Redmond, Washington, Scott gerenciou equipes nas regiões EMEA e APAC, bem como uma equipe a menos de 240km de distância, em Vancouver, Canadá. Ao gerenciar uma equipe virtual, Scott compreendeu a importância do tempo presencial e da exposição à liderança na gestão de uma equipe distribuída. As equipes nos mercados locais não têm a mesma visibilidade sobre o que está acontecendo no QG que a equipe de liderança do QG tem.

Ele entendeu que a melhor maneira de lidar com a visibilidade assimétrica nas operações da empresa e nas tomadas de decisão entre o QG e as equipes remotas é equalizar as condições e promover um ambiente justo. Foi o que Scott fez, de forma eficaz, ao construir uma cultura inclusiva. Ele também dedicou um tempo significativo visitando suas equipes em outros continentes, assegurando que elas tivessem o tipo de encontro que não era típico de equipes tão distantes.

Houve apenas um problema. No esforço que fez para reunir equipes nos lugares mais longínquos do globo, ele negligenciou aquela que estava bem debaixo de seu nariz, a menos de 240km de distância, em Vancouver. É comum que as empresas que estão entrando em novos mercados deem à proximidade um viés exagerado, mas o oposto pode acontecer quando gerenciam equipes. Assim como aconteceu com Scott, há uma tendência a pensar que os membros da equipe distribuídos nas proximidades (geograficamente, culturalmente e na língua falada) não precisam de tanto apoio ou orientação para alcançar os objetivos. Não foi o que ocorreu nesse caso.

Como Scott aponta: "A proximidade pode deixá-lo complacente ou ignorante em relação às diferenças." Em razão da proximidade do escritório de Vancouver, ele não incluiu o escritório em suas visitas trimestrais a todos os outros lugares. Ignorar as diferenças e não tratar o escritório como distinto prejudica o relacionamento com a equipe de lá. A língua que falavam era a mesma, porém, de fato, havia muitas diferenças entre os dois vizinhos.

Por fim, Scott conseguiu endireitar as coisas e colocar sua equipe local de volta nos trilhos. Ele nunca mais esqueceria que eles ainda precisavam da mesma atenção e orientação que alguém do outro lado do mundo.

MELHORES PRÁTICAS DA GESTÃO GLOBAL CLASS

Como diz o provérbio chinês: "As montanhas são altas, e o imperador está longe." Gerenciar uma organização global é difícil, e não só devido às longas distâncias e às diferenças de fuso horário. Administrar eficazmente uma organização multinacional requer certas habilidades e princípios de gestão para melhor lidar com as complexidades relativas ao gerenciamento.

Eis as dez melhores práticas que gestores eficazes em Empresas Global Class usam para estabelecer e manter pontes fronteiriças fortes.

As Melhores Práticas para Construir Pontes e Gerenciar Além-fronteiras Incluem:

- Visão e Alinhamento de Valores Fundamentais
- Gestão Culturalmente Consciente
- Equilíbrio entre Localização e Complexidade
- Formação de uma Equipe de Interempreendedores
- Comunicação Eficaz
- Equilíbrio entre Autonomia e Rapidez
- Transparência e Confiança
- Empoderamento Localizado
- Priorização e Foco
- Remoção de Obstáculos

Visão e Alinhamento de Valores Fundamentais

Embora importante em qualquer cenário de gestão, a visão e o alinhamento dos valores fundamentais são indispensáveis na gestão de uma organização internacional porque os líderes têm de transitar tanto pela distância física como pelas diferenças culturais. É importante que os gestores repitam constantemente os valores essenciais e os vinculem às tomadas de decisão. Estabelecer um conjunto claro de princípios de liderança ajuda os funcionários internacionais a compreender o comportamento apropriado e a adquirir bons hábitos.

MUITAS VEZES NEGLIGENCIADO

Os Gestores de Primeira Categoria São os Verdadeiros Impulsionadores da Cultura da Empresa

Lembre-se de que os gestores de primeira categoria são os tradutores mais importantes da cultura empresarial. O alinhamento dos valores essenciais precisa estar presente na contratação em todos os escalões (não apenas no dos executivos) e os gestores de escalão inferior devem ter o apoio necessário para repassar a cultura e garantir a adesão.

Gestão Culturalmente Consciente

Conforme já discutido neste capítulo, a gestão culturalmente consciente é um estilo enraizado na mentalidade interempreendedora. Ela possibilita que os líderes transitem pelas diferenças e pelas nuanças culturais a fim de proceder a ajustes que respeitem a cultura e melhorem os resultados. A empatia está no centro desse estilo de gestão. É algo que contrasta fortemente com a imagem clássica de uma empresa norte-americana autoconfiante chegando e decidindo que as coisas só podem ser feitas do jeito dela (como ocorreu com o Walmart, que deixou os compradores alemães desconfortáveis ao insistir no "jeito Walmart" de recebê-los nas lojas com uma equipe amigável e sorridente). O ponto central da gestão culturalmente consciente está onde a inteligência cultural e a inteligência emocional se cruzam — o QE cultural. Significa liderar com empatia e compreensão e, ao mesmo tempo, ser capaz de transitar pelas diferenças. Além disso, esse estilo de gestão pode reduzir o Prêmio Organizacional conforme a organização cresce.

Equilíbrio entre Localização e Complexidade

Já discutimos em vários capítulos que equilibrar as localizações implementadas em novos mercados com a complexidade gerada por elas é uma pedra angular do ágil global e uma habilidade das Empresas Global Class. Não ir atrás desse equilíbrio implicará em um cenário de gestão difícil quando a empresa estiver atuando em vários países e administrando múltiplos modelos, prejudicando o impulso e o aumento de escala.

Formação de uma Equipe de Interempreendedores

Conforme discutido no último capítulo, a formação de equipes é a tarefa mais difícil que as empresas que estão em expansão global enfrentam. Equipes eficazes contratam baseando-se nas características e na cultura da empresa, em desfavor da experiência (de acordo com a Estrutura de Formação de uma Equipe Global Class). Cumpre lembrar que as empresas que formam a equipe errada de pessoas comumente falham na implementação de estratégias de crescimento global, perdendo tempo e dinheiro nesse processo.

Comunicação Eficaz

A comunicação é um catalisador para o sucesso ou um obstáculo que leva ao fracasso (por isso a comunicação e a clareza são um dos Quatro Compromissos e uma função essencial no Modelo GCM). Uma verdade para qualquer organização nacional é ainda mais verdadeira para as organizações internacionais em face de um elemento extra: a tradução — não apenas a tradução linguística, mas também a tradução cultural. Líderes interempreendedores de sucesso são capazes de facilitar uma comunicação eficaz.

ESTUDO DE CASO

GERENCIANDO UMA EQUIPE DISTRIBUÍDA — APPLE

Uma vez estabelecidos os Ciclos de Respostas, é importante que os líderes aprimorem suas capacitações no lado direito da Estrutura de Formação de uma Equipe Global Class — conhecimento da empresa e habilidades de liderança.

Quer você esteja liderando uma equipe local no mercado, quer supervisionando os membros da equipe à distância, o conhecimento da empresa é vital para sua capacidade de ser um canal para o QG, garantindo recursos e adesão, movimentando-se em meio à burocracia interna para fazer as coisas acontecerem ou comunicando as mudanças necessárias para escalar em um mercado local.

Os próximos elementos importantes são as habilidades de liderança relacionadas na Estrutura de Formação de uma Equipe Global Class, nenhuma mais importante do que aquela no topo da lista de Habilidades de Liderança para Organizações Distribuídas (Capítulo 8). A comunicação eficaz é uma das ferramentas mais importantes no gerenciamento de uma equipe distribuída e em sua capacitação para alcançar objetivos elevados.

A liderança (seja no nível do QG, seja no nível do escritório local) dá o tom para a comunicação. Além da clareza, uma outra maneira pela qual gestores eficazes definem o tom certo é sua visibilidade.

Ao supervisionar a presença da Apple no mercado mundial, o ex-vice-presidente internacional John Brandon facilitou as comunicações distribuídas por intermédio de vários canais virtuais, mas também incluiu comunicações presenciais.

A estratégia de John incluía os seguintes quatro métodos de contato, que o ajudaram a administrar uma organização global que gerou mais de US$100 bilhões de faturamento anual.

1. **Visitas trimestrais** — Como diz John, é importante "sujar os sapatos". Ele agiu no sentido de agendar visitas pessoais em todos os principais mercados trimestralmente.
2. **Avaliações de negócios lideradas pela equipe** — Acompanhado de um membro da equipe de financiamento de vendas, ele fazia com que as equipes locais o atualizassem, determinando especificamente que todos os membros da equipe estivessem presentes, não apenas os gerentes-gerais [GMs, na sigla em inglês], para poder construir um relacionamento com todos os níveis da equipe local.
3. **Reunião geral anual** — Ao reunir toda a organização, ele se certificava de que as mensagens principais fossem ouvidas diretamente do topo, e não transmitidas por uma estrutura hierárquica.
4. **Reuniões individuais semanais com os GMs** — John definiu um horário para se reunir semanalmente com cada um dos GMs. Independentemente do fuso horário em que estivesse, as reuniões ocorriam no mesmo horário todas as semanas, permitindo um contato regular e harmonioso entre seus subordinados diretos e ele. Mediante esses pontos de encontro regulares, cuja agenda era geralmente aberta, o GM tinha a oportunidade de pedir a palavra e solicitar ajuda na gestão do negócio. Com isso, ele foi capaz de desenvolver um conhecimento profundo das questões locais do escritório e construir confiança, oferecendo aconselhamento e transparência.

Esse método de comunicação consistente realizou algumas coisas produtivas:

- Permitiu que John confirmasse o alinhamento da cultura e dos valores fundamentais em cada mercado.
- Deu aos funcionários locais a sensação de serem importantes e valorizados.
- Possibilitou fornecer lembretes aos funcionários sobre "como vamos pensar e nos comportar", nas palavras de John.
- Apresentou indicações iniciais de desafios e obstáculos.
- Mostrou a ele o que acontecia no mercado e lhe permitiu se conectar diretamente com os funcionários abaixo dos GMs, seus subordinados diretos.

As ferramentas digitais ajudam a envolver uma força de trabalho distribuída, mas estar fisicamente presente ainda é uma estratégia de gestão eficaz para uma presença global. As Empresas Global Class utilizam eficazmente as ferramentas digitais para interligar e envolver equipes distribuídas; no entanto, continua a haver valor nas interações humanas presenciais (especialmente em ajudar as equipes locais a desenvolver conhecimento da empresa e, no QG, adquirir conhecimento local). Mesmo com muitas ferramentas tecnológicas eficazes que viabilizam o sucesso de equipes distribuídas virtuais, certas coisas devem ser feitas pessoalmente.

Manter uma equipe distribuída globalmente gera disparidades no tempo presencial, com os funcionários no QG ou em fusos horários mais convenientes, proporcionando mais chances de interagir com a equipe de liderança da empresa. É importante ter consciência da vantagem que alguns funcionários têm no QG em comparação com aqueles no escritório local. Diferenças na cultura empresarial e no respeito pela hierarquia podem tornar essas disparidades ainda mais pronunciadas. Heini Zachariassen, fundador e ex-CEO da Vivino, garante que as sessões presenciais virtuais sejam facilitadas entre a equipe de liderança global e as equipes locais, permitindo que os trabalhadores distribuídos se comuniquem diretamente com os líderes do QG.

O contato regular e harmonioso mencionado há pouco no estudo de caso da Apple se aplica a todos os níveis da organização: da LRT ao líder do mercado local, depois ao restante da equipe local e entre si. É preciso que sejam feitos esforços no sentido de assegurar a existência de canais de comunicação e Ciclos de Respostas em todos os níveis, tanto virtual quanto presencialmente.

Equilíbrio entre Autonomia e Rapidez

Como dissemos ao longo deste capítulo, autonomia é um dos principais fatores para o equilíbrio entre o QG e o escritório local. O tema levou a respostas diferentes em nossas conversas com executivos. Aqueles com experiência pessoal em um escritório local inclinaram-se mais pela autonomia, diferentemente daqueles cuja experiência na expansão internacional se limitava ao trabalho no QG. No entanto, todos concordaram que se trata de um fator importante que precisa ser gerido proativamente com processos construídos na intenção de apoiar o nível de autonomia escolhido. Na prática, a autonomia, que está diretamente correlacionada ao controle, é uma alavanca que pode ser deslocada dependendo do estágio de crescimento global, conforme ilustrado no conceito de Curva de Autonomia no Capítulo 4. A questão sobre quanta autonomia conceder às equipes locais é mais bem caracterizada como uma resposta à pergunta: o que o escritório local deve ter capacidade de conduzir?

Um aspecto relacionado é a rapidez de execução, que muitas vezes é diretamente proporcional à autonomia. Quanto mais autonomia for dada pelo QG, mais rapidamente a equipe local poderá atuar na dinâmica do mercado local, a não ser que falte alinhamento entre o QG e a equipe local, ocasionando ruído na comunicação.

Transparência e Confiança

A transparência sobre como e por que as decisões são tomadas pode promover a confiança entre o QG e um escritório local, inclusive quando a equipe local deixa de contribuir ativamente nesse sentido. A comunicação eficaz é o principal veículo a favor. Os pontos de confiança em toda a organização permitem a implementação eficaz da estratégia operacional e de entrada no mercado (as duas metades do LPA) e ajudam a facilitar o envolvimento do cliente e a forma como a marca é vista no mercado local.

O EBANX se deu conta de que uma relação de confiança entre a liderança do mercado local e a liderança funcional no QG era essencial. A liderança da empresa verificou que a melhor maneira de promover essa confiança era, em primeiro lugar, garantir que houvesse um forte alinhamento local com a visão e a cultura da empresa e, em segundo, que existiam Ciclos de Respostas para facilitar uma comunicação consistente.

À medida que crescia a presença do EBANX na China, a liderança da empresa constatou que era vital usar os canais de comunicação certos para se conectar com a equipe local. Em vez de insistir em plataformas de comunicação que atendessem às preferências do QG, os líderes da empresa utilizaram os canais de comunicação mais comuns no mercado chinês (WeChat) para obter Ciclos de Respostas. Coisas pequenas, práticas, são importantes. No caso do EBANX, o uso do WeChat ajudou não só a construir confiança e fortes Ciclos de Respostas com a equipe local na China, mas também a eliminar diferenças culturais, dando mais fluidez à comunicação e tornando-a menos formal, gerando resultados mais imediatos.

Empoderamento Localizado

Estimulado pela confiança e pela autonomia, o empoderamento leva as equipes a agir e alcançar resultados. Do ponto de vista da prática de gestão, o empoderamento começa com a motivação. Como Aaron destacou em seu livro *The Young Professional's Guide to Management* [sem publicação no Brasil]: "Em sua essência, a motivação se origina da crença... Geralmente a motivação vem de fontes externas. O empoderamento, por outro lado, é autogerado. Ele se desenvolve quando alguém acredita profundamente no que está fazendo." E mais: "Quando você capacita as pessoas, lhes dá o poder e a autoridade para realizar."

Nesse sentido, ele fornece a seguinte fórmula para traduzir a motivação interna de um funcionário em capacitação: comece com impacto. Permitir que um funcionário tenha impacto o deixa mais engajado. Esse engajamento leva à realização, que por sua vez gera empoderamento. Finalmente, para completar o círculo, esse empoderamento gera mais impacto autoiniciado.

Priorização e Foco

Tendo em vista que os recursos são limitados e há muito a fazer, é importante direcionar os esforços da equipe local para as áreas de maior impacto. A priorização e o foco facilitam isso e indicam o caminho mais provável para o sucesso, razão pela qual foram destacados como princípios fundamentais da mentalidade Global Class (veja o Capítulo 2). Um cuidadoso planejamento e comunicações prescritivas, como as estratégias descritas, além de ferramentas como o Manual de Crescimento Global, podem criar e lembrar a equipe quanto à questão das áreas de foco. O compromisso do alinhamento de recursos deve apoiar as principais áreas de foco e definir barreiras, facilitado pela Equipe de Recursos da Localização (LRT).

Remoção de Obstáculos

Como Aaron também destaca em seu livro *The Young Professional's Guide to Management*, uma função frequentemente esquecida da gestão é remover obstáculos. Outras funções da gestão, como definir visão e motivação, ganham muito mais tempo de atenção, mas a remoção de obstáculos é uma ferramenta oculta que os melhores gestores utilizam. Fazer isso mantém a equipe centrada, gera impulso, aumenta a satisfação no trabalho (em última análise, a retenção) e ajuda a equipe a superar as adversidades. Os Ciclos de Respostas são uma das ferramentas mais eficazes para descobrir os obstáculos e dar informações sobre como estão sendo removidos.

No contexto internacional, tais obstáculos podem ter as mais variadas formas, como a burocracia do QG (processos que dificultam a autonomia local), a falta de recursos adequados ou algum conflito cultural com o modelo operacional corrente que necessita de adaptação para ganhar impulso.

Quando os gestores eficazes têm a equipe certa, eles sabem que devem, simplesmente, sair do caminho e deixar sua equipe atuar. A remoção dos desafios operacionais dá condições para que a organização alcance seu potencial. Isso se alinha muito bem com a escola de pensamento Global Class segundo a qual o QG é facilitador e apoiador, não um ditador de comando e controle.

O objetivo do Modelo GCM é facilitar a localização eficaz no decorrer da entrada no mercado, o impulso e a escala eficazes nas fases de crescimento e maturidade do mercado cuja construção tem como fundamento o ágil global, ao mesmo tempo que controla a complexidade ao longo do caminho.

Por meio do Modelo GCM (uma ponte sólida entre o QG e os mercados locais) e o uso eficaz das melhores práticas de gestão descritas neste capítulo, as

Empresas Global Class podem desenvolver uma estrutura robusta de comunicação e feedback, controlar o Prêmio de Localização, promover impulso e, o mais importante, gerar resultados e escala, ao mesmo tempo em que equilibram princípios fundamentais como autonomia, confiança, definição de rumos, e defesa da cultura e dos valores centrais da empresa.

A localização eficaz abre caminho para a adequação empresa/mercado em um novo mercado. A formação eficaz de equipes coloca no lugar a equipe certa para ter sucesso na localização e encontrar a adequação empresa/mercado. A gestão eficaz facilita ainda mais a adequação empresa/mercado mediante a criação de capacitação dentro da equipe. Depois, há o facilitador final da adequação empresa/mercado, o pilar que mantém todos esses outros elementos (e toda a empresa) unidos: a cultura.

CAPÍTULO 9 — RESUMO

- As Empresas Global Class utilizam um modelo de gestão (Modelo de Gestão Global Class, Modelo GCM) que constrói uma ponte entre o QG e as equipes locais, facilitando cada estágio da escala global: entrada no mercado, crescimento do mercado e maturidade do mercado.
- Partilhar os direitos de decisão é um indicador importante do equilíbrio entre o QG e as equipes locais e determina o papel que cada uma desempenha.
- As Empresas Global Class constroem essas pontes por meio de um conjunto de dez melhores práticas que as ajudam a gerir uma organização global distribuída: Visão e Alinhamento de Valores Fundamentais, Gestão Culturalmente Consciente, Equilíbrio entre Localização e Complexidade, Formação de uma Equipe de Interempreendedores, Comunicação Eficaz, Equilíbrio entre Autonomia e Rapidez, Transparência e Confiança, Empoderamento Localizado, Priorização e Foco e Remoção de Obstáculos.

CAPÍTULO 9 — PERGUNTAS DE REFLEXÃO E AÇÃO

1. Como sua organização gerencia os direitos de decisão entre o QG e as equipes locais? Como você os mapeou?
2. Como você construiu pontos de confiança em toda a organização?
3. Quais melhores práticas de gerenciamento repercutem mais em você? Em que você/sua organização precisa trabalhar? Em que você/sua organização é melhor?

10

CULTURA

Equilibrando as Três Camadas Culturais

APÓS A DOCUSIGN validar e expandir seus negócios nos Estados Unidos, a equipe voltou sua atenção para os mercados internacionais, verificando que a proposta de valor de sua plataforma de assinatura eletrônica também havia ecoado no exterior à medida que a empresa ganhava impulso em vários mercados.

O Japão, todavia, foi um desafio na ação de convencimento mundial da DocuSign de parar de usar assinaturas manuscritas, principalmente porque, como sociedade, os japoneses nunca assinaram à mão. Durante séculos, o Japão manteve um sistema de assinatura não escrita com *hankos*, sinetes esculpidos exclusivos para cada pessoa.

Além de lidar com as complexidades de um sistema de assinatura diferente, a DocuSign também precisou transitar em meio às distintas normas culturais da sociedade japonesa. O Japão é um bom exemplo de cultura local ímpar, e as empresas que tentam penetrar no mercado economicamente maduro têm de se localizar mais lá do que em muitos outros lugares.

Embora a localização de muitas empresas se concentre em Prêmios Organizacionais, de Infraestrutura, de Vendas e de Marketing, a localização da DocuSign no Japão foi claramente balizada para o Prêmio de Produto.

Se a DocuSign fosse condicionada por uma mentalidade tradicional (forma de empresa), sua abordagem envolveria posicionar a assinatura eletrônica como um caminho para o futuro, o que significaria priorizar uma ruptura em detrimento da consciência cultural na tentativa de superar a inércia de um sistema que eles teriam rotulado como arcaico e que necessitava de mudança.

Longe disso, a DocuSign fez algo que muitos líderes empresariais hoje considerariam ilógico. Keith Krach, ex-presidente e CEO, decidiu fazer parceria com a Shachihata, um fabricante japonês de *hanko* físico, para fazer uma versão digitalizada.

Por que uma empresa que tem um produto digital pagaria para fazer parceria com um fabricante de carimbos físicos? Porque Keith, um empreendedor experiente que tinha experiência anterior em negócios no Japão, entendeu a importância de estabelecer credibilidade cultural e honrar a negociação no mercado.

O acordo em si foi selado em um lance cultural. Depois de um jantar e bebidas com um importante tomador de decisões executivas da Shachihata, que mal falava inglês, uma decisão espontânea na viagem de táxi de volta ao hotel levou o grupo a um salão de karaokê. A versão da equipe DocuSign da canção mundialmente renomada de Kyu Sakamoto, "Sukiyaki", seguida pela versão da Shachihata de "I Left My Heart in San Francisco" (onde está localizado o QG da DocuSign), de Tony Bennett, consolidou a parceria (e provou a importância de localizar as habilidades de karaokê).

Os resultados foram evidentes e imediatos. Em um curto período de tempo, o Japão se tornou um dos principais mercados internacionais da DocuSign. Graças à sua sensibilidade cultural, a DocuSign estava bem posicionada para continuar a crescer na esteira das iniciativas de transformação digital do governo japonês, que incluíam uma guerra ao papel, a fim de criar eficiências no combate à diminuição da força de trabalho do país devido ao envelhecimento da população.

Muitos líderes empresariais concordariam que a cultura empresarial é o ingrediente secreto que impulsiona uma empresa e seus funcionários em iniciativas de crescimento global e muito mais. **Por isso equilibrar a cultura é provavelmente o pilar mais importante da escala global eficaz.**

Não obstante as centenas de empresas que pesquisamos fossem muito diferentes quanto a produtos, mercados-alvo e caminhos para o crescimento internacional, todas elas, sem exceção, acreditavam no poder da cultura. Cada uma tinha uma cultura empresarial forte e singular guiando a organização em sua jornada para o sucesso global. A cultura permeia literalmente cada canto deste livro. Na verdade, em sua essência, todo este livro é sobre cultura.

Todas essas empresas expuseram seus valores e princípios fundamentais que foram compreendidos por funcionários em todas as geografias. Tais valores foram repetidos com frequência e internalizados em todos os níveis da organização. A cultura serve como uma linguagem comum, permitindo que o QG e as equipes locais se comuniquem sem a necessidade de tradução.

POR QUE A CULTURA É IMPORTANTE

Cada Interempreendedor tinha sua própria maneira de dizer isso:

"A adequação à cultura supera a adequação ao conjunto de habilidades", afirmou Tiffany Apczynski, ex-vice-presidente de Políticas Públicas e Impacto Social da Zendesk. "Você pode contratar advogados para tratar de questões jurídicas, mas não pode pagar por questões culturais", explicou Hiro Rodriguez, ex-DocuSign.

"A cultura come a estratégia no café da manhã", afirmou Peter Drucker, pai da gestão moderna.

O ex-executivo da Apple, John Brandon, explica que a combinação entre valores fundamentais, cultura e prioridades, ao lado do QE cultural, é um ótimo guia porque "diz o que é ou não importante".

Não importa como você diga isso, tudo se traduz na primazia da cultura. **O crescimento global eficaz começa e termina com a cultura.**

Em uma organização, nada escapa de ser afetado pela cultura. Na empresa, ela se materializa no produto, na marca, no comportamento dos funcionários e na forma como o negócio funciona. É por isso que a cultura da empresa vai de ponta a ponta em nosso Modelo de Gestão Global Class (Modelo GCM); na ponte, é o principal cabo de suspensão entre os Indutores de Impulso e a equipe local (as torres da ponte). A cultura da empresa orienta o nível de localizações que você implementa para alcançar a adequação empresa/mercado em novos mercados, como você forma sua equipe local e cria barreiras de proteção para as tomadas de decisão. Não houvesse essa cultura forte, todo o esforço de expansão falharia, tal como uma ponte iria por água abaixo.

O mesmo vale para a cultura nos mercados locais. A cultura local afeta tudo, desde a forma de comunicação com os clientes, o que os atrai até como tomam decisões. A cultura revela-se de várias maneiras: nos costumes e nas tradições, na alimentação e nas leis, nos hábitos e nas mentalidades. O CEO da Thoughtworks na América do Norte, Chris Murphy, chega a ponto de dizer que "A linguagem é uma manifestação da cultura e das normas culturais", com vocabulário, formalidade e ritmo abrindo uma janela para o processo de pensamento, valores e cultura de seus falantes.

A cultura é particularmente desafiadora na região em que a LATAM atua [América Latina]. Embora a maior parte fale a mesma língua, a cultura em torno do trabalho é diferente; a colombiana admite expedientes com longas horas e trabalho nos finais de semana, o oposto da cultura do México. O cofundador do Rappi, Juan Pablo Ortega, explica que, para transitar por essas nuanças culturais, é importante criar limites, permitindo que certos aspectos da cultura da empresa sejam flexíveis com relação à cultura local (como agendamento de reuniões ou permissão de férias durante feriados culturalmente importantes, como o Carnaval brasileiro), enquanto em outras partes sejam imutáveis — o que para Rappi era dar um feedback claro e honesto.

"A cultura é dinâmica", exclama a ex-head de Marketing do Airbnb para as Américas e APAC, Jennifer Yuen, ressaltando que a cultura não é algo estático a ser dominado de uma vez. As Empresas Global Class estudam a cultura (dela própria e dos mercados locais) para assegurar que haja um alinhamento constante. Troy Malone, que tem vasta experiência na expansão de negócios na Ásia, conduziu, recentemente, descobertas de localização na Coreia do Sul, embora já tenha vivido e lançado negócios lá. Questionado a respeito, ele explicou que, apesar de entender o mercado com base em experiências anteriores, tinham se passado 5 anos desde a última vez que lançou um negócio lá, por isso precisava estar ciente de como a cultura local e a dinâmica do mercado mudaram nesse período; essa é a mentalidade do Interempreendedor.

Para ser bem-sucedido na adaptação empresa/mercado e na formação de uma organização global, é necessário compreender e equilibrar os vários tipos de cultura em jogo.

Importante Aviso sobre Cultura

Estamos longe de ser especialistas em cultura (há extensas pesquisas feitas por outros sobre o assunto), mas, na pesquisa que fizemos, notamos, repetidamente, como a cultura era importante para gerir um negócio global e obter uma localização adequada. Com isso em mente, nossa discussão sobre cultura não pretende ser uma análise profunda; nossa intenção é dar a você uma maneira de enquadrar o tema da cultura como método de abordagem no contexto da gestão de uma organização global. Reconhecemos que existem muitos pontos de vista e sensibilidades em torno da cultura, e não foi nossa pretensão prescrever qualquer forma específica de pensar além de destacar dois pontos-chaves: (1) a importância da cultura é tal que não há como aumentá-la ainda mais e (2) acreditamos que a diversidade de pensamento, opinião e experiência são como oxigênio para as Empresas Global Class, vitais para alcançar escala global. Esperamos que este capítulo forneça alguns insights e enquadramentos sobre como pensar sobre o assunto.

AS TRÊS CAMADAS DE CULTURA

As empresas têm uma boa compreensão de seu mercado inicial e da cultura que o envolve. A legislação é mais familiar; atitudes e crenças são compreendidas, se não alinhadas. Isso torna o salto para alcançar a adequação empresa/mercado muito mais simples, até mais fácil.

Quando você acrescenta outras e desconhecidas camadas, os pressupostos precisam ser descartados, e o ponto de referência tem que ser diferente. É o caso ao se expandir para mercados internacionais. Ainda que a cultura seja importante em todas as fases, essa importância aumenta à medida que a empresa entra na fase de crescimento do mercado, com a organização ganhando relevância nos mercados locais conforme passa da adequação produto/mercado para a adequação empresa/mercado e necessita construir as estruturas para apoiar uma operação de aumento de escala em diversos países.

Ao crescer globalmente, as três camadas de cultura que deveriam coexistir em equilíbrio são:

- **Cultura do Mercado Local** — crenças, comportamentos e normas compartilhados pela população local em um país ou uma região específica
- **Cultura Empresarial Local** — crenças, comportamentos e normas compartilhados de um país ou uma região específica que afetam a maneira como os negócios são conduzidos e como a equipe local opera em um ambiente profissional. A cultura empresarial local é um dos vários subconjuntos da cultura do mercado local
- **Cultura da Empresa** — crenças, comportamentos e normas compartilhados de uma organização que orientam como os funcionários se comunicam, tomam decisões, criam e implementam estratégias

Neste capítulo trataremos dessas três camadas, bem como de uma quarta que surgiu há pouco tempo. O objetivo é equilibrar todos os três tipos de cultura e encontrar uma forma de fazer com que a cultura de sua empresa se encaixe no mercado local.

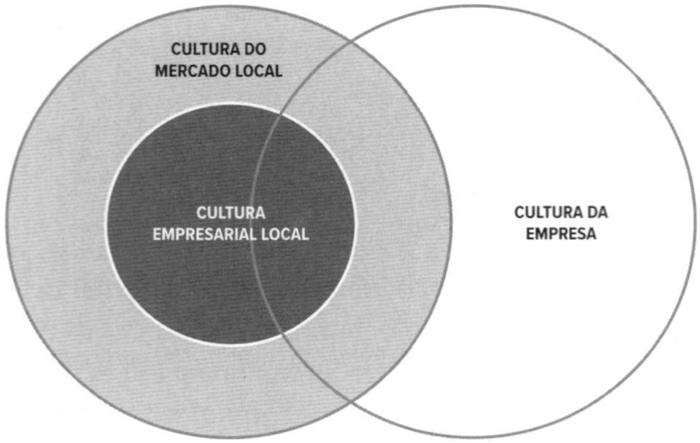

Quando a Cultura do Mercado Local Entra em Conflito

A cultura do mercado local é o principal fator envolvido no modo de pensar, agir e tomar decisões das pessoas em um mercado local. Trata-se de um mecanismo poderoso que requer a maioria das mudanças que uma empresa deve fazer em seu modelo (incorrendo em todos os prêmios de localização — em particular, Prêmios de Marketing, de Vendas e de Produto) ao buscar impulso e adequação empresa/mercado em um novo mercado. Em alguns aspectos, a cultura do mercado local também orienta as leis e os regulamentos de um país (afetando o Prêmio Administrativo), uma vez que a cultura do mercado local tem acentuada influência nas instituições sociais de um país.

As Empresas Global Class buscam compreender como são tomadas as decisões de compra, quais são os critérios das tomadas de decisão, os benefícios mais importantes, casos de uso relevantes para o público-alvo no mercado e hábitos do cliente-alvo. Nas atividades de descoberta dessas informações, elas obtêm muitos insights sobre a cultura local e como ela pode diferir de outros mercados onde a empresa atua. Por exemplo, o conceito de obter "ar fresco" é muito diferente no Japão e na Coreia do Sul, conforme descrito no Capítulo 7.

Aquelas empresas também dedicam tempo para entender a cultura do mercado local e o que é importante para sua população. Mostrar respeito pela cultura do mercado local mediante a adoção de práticas culturais locais e estilos de comunicação com clientes atuais e potenciais, em vez de se apegar ao estilo da empresa contribuirá bastante para construir conexões locais com a marca.

Estar fisicamente no mercado (como durante a descoberta da localização) e interagir com as pessoas comuns proporciona uma visão rica de como é realmente a vida ali. As peculiaridades da cultura do mercado local exigem conhecimento especializado local dentro da equipe, conforme discutido no Capítulo 8.

As Empresas Global Class dão atenção especial às tendências locais e às intervenções governamentais que condicionam o comportamento de um mercado, o que faz surgirem oportunidades. Lembre-se de como a DocuSign percebeu o envelhecimento da força de trabalho e a transformação digital corporativa (política de papel zero) como um catalisador para obter o aval de entrada no mercado japonês (o primeiro sendo uma mudança na cultura do mercado local, e o segundo, uma mudança na cultura empresarial).

Algumas Empresas Global Class dão um passo à frente no processo de conexão com a cultura do mercado local, sedimentando personalidade em suas marcas e encontrando maneiras de integrar seus produtos ao *zeitgeist* cultural. No Vietnã, a Heineken vinculou suas cervejas ao feriado mais popular do país, o Tết (ano novo lunar), gerando um ritual cultural em que as pessoas das áreas urbanas levavam cerveja aos familiares nas áreas rurais. A prática tornou-se tão enraizada que o povo vietnamita adotou a Heine*ken* como se fosse sua e até apelidou a marca holandesa de "Ken".

ESTUDO DE CASO

ENCONTRANDO COMPREENSÃO CULTURAL NAS BATTING CAGES* — DAN HIMELSTEIN

Dan Himelstein, professor de negócios globais e ex-diretor executivo do programa de graduação da Haas School of Business da UC Berkeley, estava em sua jornada interempreendedora no final da década de 1980, trabalhando em vendas para uma startup de distribuição de semicondutores quando conseguiu um cargo no Japão. Ele morava no distrito de Shinjuku, em Tóquio, e, como ex-jogador de beisebol, encontrou alegria e um pedaço de casa frequentando uma batting cage 24 horas nas proximidades. Seus dias consistiam em um expediente integral de trabalho, seguido de jantares, bebidas e sessões de karaokê. Por volta das 3h da manhã, ele se tornava o único nativo não japonês na batting cage, ao lado dos funcionários do local e trabalhadores dos serviços de alimentação que haviam terminado uma longa noite de trabalho.

Ainda que isso possa parecer improvável, foi na batting cage que Dan apreendeu mais a natureza da cultura empresarial japonesa do que na sala de reuniões. Por meio do japonês entrecortado e da comunicação não verbal, Dan conseguiu não apenas mergulhar mais na cultura do povo japonês, mas também obter feedback sobre os erros que havia praticado em determinadas situações de trabalho. Ele aprendeu a etiqueta empresarial apropriada com os habitantes locais, que o aconselhavam

* No beisebol, é uma tela móvel colocada atrás da base para pegar as bolas durante o treino de rebatidas [N. da T.].

sobre como não cometer gafes e o ajudavam a resolver alguns dos problemas que estava enfrentando em face das diferenças nas culturas empresariais.

Uma coisa que ele soube nas idas à batting cage foi quantos dos executivos japoneses da época eram veteranos da Segunda Guerra Mundial. A animosidade que sentiam em relação aos Estados Unidos devido às cicatrizes emocionais que carregavam muitas vezes os deixava frios e distantes. Essa compreensão moldou o comportamento de Dan e lhe ampliou o ângulo de visão em algumas situações que vivenciava no trabalho, ajudando-o a melhorar suas habilidades como vendedor para executivos japoneses.

Nas vendas B2B, a curiosidade cultural e o conhecimento especializado são diferenciais que ajudam quando você está em situação menos vantajosa ou em pé de igualdade com um concorrente. São as habilidades interpessoais (relacionamentos, nuanças não verbais e insights sobre uma cultura) que fazem a diferença. As pessoas querem trabalhar com pessoas de quem gostam e respeitam e também com as que se envolvem profundamente em todos os aspectos de uma cultura (como fazem os Interempreendedores de sucesso).

Como diz Dan: "Conversar com as pessoas comuns é fundamental para trabalhar de forma eficaz com o CEO."

Quando a Cultura Empresarial Local Entra em Conflito

A cultura empresarial local é uma manifestação da cultura do mercado local, das crenças e da mentalidade da população local. A forma singular como os negócios são conduzidos pode apresentar desafios e oportunidades para as empresas que planejam construir uma presença local. Ela orienta as tomadas de decisão e a estratégia, determinando como os membros da equipe interagem entre si e com os clientes.

As diferenças na maneira como são feitos os negócios em vários países variam do pequeno e costumeiro até o amplo e relacionado à mentalidade. Pode haver pequenas particularidades nos processos ou conflitos maiores quanto aos valores fundamentais. Ter uma compreensão profunda de como os negócios são conduzidos localmente é útil para costurar relacionamentos com as principais partes interessadas, e demonstrar sensibilidade cultural pode ser uma forma eficaz de atrair talentos locais para se juntarem à sua equipe.

Os exemplos dessas diferenças são abundantes. Em algumas regiões da Europa, é normal que os funcionários saibam os salários uns dos outros, ao passo que a transparência salarial não é tão comum nos Estados Unidos. Na Turquia, há uma hierarquia de empresas com oito famílias que controlam muitas indústrias locais, e, se você for aceito por uma delas, muitas vezes será aceito pela comunidade empresarial em geral. Conforme já mencionamos, a equipe da Thoughtworks aprendeu que na China é habitual que a fatura final não seja paga, a título de investimento no relacionamento comercial para negócios futuros.

As reuniões têm seu próprio conjunto de normas e rituais. Muitos profissionais de negócios com experiência de trabalho na Ásia estão familiarizados com o costume de oferecer o cartão de visita à outra pessoa, segurando-o com as duas mãos, assim como dar um pequeno presente do país natal quando viajam para se encontrar com alguém. Espelhar essas práticas é frequentemente apreciado, e por isso costumamos viajar com uma mala cheia de chocolates San Francisco Ghirardelli quando visitamos clientes internacionais. Comunicar entendimento por intermédio da adoção dessas e de outras tradições demonstra comprometimento com o mercado e tende a fortalecer as relações comerciais.

MUITAS VEZES NEGLIGENCIADO

Não Existe uma Estratégia de Construção de Relacionamento que Sirva para Todos

A abordagem eficaz para construir um relacionamento comercial varia de acordo com a região e o país. Em certas partes da Europa, pode haver uma tendência para ir direto ao assunto, enquanto que, em alguns países da América Latina, os relacionamentos muitas vezes começam com um aspecto mais pessoal e conversas do tipo "deixe-me conhecer você". Independentemente da linha do tempo na formação de relacionamentos, é importante observar que, embora possa parecer que é em uma reunião formal que os relacionamentos são estabelecidos e os negócios são feitos, é nos encontros fora do escritório que a construção mais profunda de negócios e relacionamentos acontece em muitas culturas empresariais, como visto no estudo de caso da parceria DocuSign/Deutsche Telekom no Capítulo 5.

As horas de trabalho também podem diferir drasticamente de país para país, algo que precisa ser claramente compreendido ao selecionar mercados, formar uma equipe e prever resultados futuros. Ethan Evans, ex-Amazon, descobriu que diferentes culturas empresariais locais tinham diferentes conjuntos de valores e éticas de trabalho. Apesar de a cultura da Amazon baseada nos EUA se assemelhar a uma "busca pelo Santo Graal"** que requer horas intermináveis de

** Trata-se da taça em que Jesus supostamente bebeu na última ceia; em sentido figurado, o termo é usado como algo que se busca incessantemente para chegar à felicidade [N. da T.].

trabalho por semana, alguns países têm uma cultura na qual todos vão para casa às 17h. Essa diferença nas culturas empresariais pode levar a confrontos homéricos entre o QG e as equipes locais. Para muitos funcionários norte-americanos, seu trabalho é sua identidade, orgulho e prioridade, o que nem sempre se alinha com outras culturas empresariais locais, tornando mais difícil formar uma equipe global que se ajuste à cultura da empresa. Por outro lado, na Escandinávia, equilibrar trabalho e família é essencial para a cultura local.

Fazendo referência ao Modelo de Gestão Global Class (Modelo GCM) compartilhado no último capítulo, Ethan explicou que, quando a cultura empresarial local e a cultura da empresa estão desalinhadas, isso enfraquece os cabos (cultura da empresa e pontos de confiança) que sustentam toda a estrutura da empresa internacional. Ele também alertou que tais diferenças na cultura de trabalho muitas vezes não são detectadas imediatamente e podem surgir somente no segundo ano, quando os problemas são mais difíceis de resolver.

Chefes e gestores desempenham vários papéis em diferentes culturas empresariais. Dawn Sharifan, do Slack, teve que aprender por conta própria como pode ser intimidador para os funcionários indianos quando um executivo vem em visita, deixando a equipe inquieta em face da cultura empresarial local. Dawn aprendeu que estar presente nos mercados locais gera confiança e que é importante, para ser visto como pessoa acessível, construir um relacionamento antes de visitar um escritório local com esse tipo de cultura empresarial.

Jennifer Cornelius, da Apple, enquanto se ocupava aumentando a participação do varejo da empresa na China, percebeu como o feedback era compartilhado de maneira distinta lá e nos Estados Unidos. Ela identificou que a norma cultural de "salvar as aparências" e proteger o chefe refletia-se no processo de feedback. Esse traço cultural muitas vezes leva os funcionários a omitirem suas verdadeiras opiniões a fim de respeitar a hierarquia.

A cultura empresarial chinesa não se caracteriza por qualquer "área cinzenta" em torno de certas decisões. É dada prioridade à execução do plano e a escutar a autoridade. Já fazer com que os funcionários compartilhem feedback, falem e se sintam "empoderados" são construções centradas nos EUA, assim como o conceito de "engajamento" dos funcionários, que não se encaixa bem em algumas culturas empresariais.

Para avaliar o engajamento, a equipe da Apple fez uma pesquisa entre os funcionários chineses; os resultados, oriundos de respostas anônimas, mostraram elevado envolvimento e satisfação, mas isso não "batia" com o fato de que a rotatividade era extremamente alta. A cultura empresarial local em torno do feedback foi a razão disso. Embora os líderes das equipes tenham dito que a pesquisa era anônima, isso não fez diferença, dada a preocupação dos funcionários de compartilhar comentários negativos, mesmo sem se identificar. Ao responderem à pergunta sobre se recomendariam amigos e familiares para trabalhar na Apple, eles sempre disseram sim para proteger o chefe, em vez de dizer a verdade. Para enfrentar essa questão, Jennifer e a equipe passaram a fazer diversos tipos de perguntas, tais como a que dizia respeito à felicidade, para transitar nesse elemento da cultura empresarial local e melhorar a retenção de funcionários. Ela aprendeu que, para ter êxito nos mercados globais, as empresas têm de construir equilíbrio e processos que permitam as diferenças na cultura local, ao mesmo tempo que se certificam de alinhar os funcionários com os valores da empresa.

MUITAS VEZES NEGLIGENCIADO

Nomes dos Cargos no Emprego

As diferenças locais nos cargos podem causar confusão quanto à autoridade e ao papel nas tomadas de decisão, algo de grande relevância na construção de relacionamentos em novos mercados locais. Por isso tentamos evitar nomeá-los em nossas estruturas. Acertar o nome do cargo é tão importante em algumas culturas que ajudamos o escritório local de um cliente governamental nosso a obter aprovação de seu país de origem para adaptar esses nomes para melhor se adequarem aos usados no Vale do Silício. Além disso, se você estiver contratando para um cargo na equipe local e não lhe der o nome adequado, não atrairá os candidatos certos.

O título de gerente-geral (GM), por exemplo, é muito importante em vários países asiáticos. É bem compreendido e ajuda a comunicar a autoridade da pessoa nessa função. Se as pessoas no ambiente empresarial local não compreenderem o papel, a responsabilidade e o poder de decisão de alguém apenas olhando para o seu cargo, poderá haver confusão. Torne simples e fácil para as pessoas entenderem as posições dentro da equipe da melhor maneira possível.

Além do mais, quando se trata de culturas empresariais altamente tradicionais, não é possível ser tão criativo quanto algumas empresas de tecnologia do Vale do Silício que têm títulos como “evangelista-chefe”. Às vezes é melhor não ser muito original. No Japão, a cultura empresarial desencoraja ser “alguém especial”. Adaptar-se é mais valorizado do que se destacar, enquanto em outros mercados é completamente normal liberar sua criatividade.

Quando a Cultura da Empresa Entra em Conflito

Dominar a cultura da empresa envolve principalmente encontrar uma forma de manter os valores e os princípios centrais dela em novas culturas locais (de mercado/empresariais). Não obstante seja verdade que as empresas e seus líderes devem ser sempre autênticos, confiáveis e diretos, jamais tentando ser o que não são, haverá a necessidade de transformar os elementos da cultura de sua empresa para a adaptação ao mercado local. Nesse processo, é importante manter uma base sólida para resguardar alguma consistência e continuidade nas tomadas de decisão e nos comportamentos. A cultura da empresa fornece os necessários e claros pontos de referência.

Para Rakuten, é "Rapidez, Rapidez, Rapidez". Para Plaid, é "Aprender e Crescer Juntos". Na Chegg, inclui "Sonhe Grande, Debata, Decida e Faça". No Zoom, é "Comunidade, Clientes, Empresa, Colegas de Equipe, Eu". Embora os valores fundamentais (princípios) das empresas sejam divergentes, cada um serve como estrela-guia para suas respectivas empresas no mundo inteiro. Os valores essenciais orientam o esforço de todos os aspectos da organização, internos e externos.

A cultura da empresa direciona e concentra o esforço da equipe e une as pessoas. Vai além da política: inclui itens não negociáveis e elementos que constituem o núcleo do DNA da empresa. Ao lado dos valores fundamentais, pode orientar no estabelecimento de metas e ajudar a avaliar o que é considerado sucesso. A cultura da empresa ainda dá à equipe um senso de identidade que gera confiança.

A cultura e os valores fundamentais da empresa são, de fato, uma luz orientadora por diversas razões: dizem aos funcionários como tratar os outros, realçam o que é importante, dão indicações do desempenho dos funcionários e possibilitam a conexão de outros funcionários e a empresa em si, gerando um senso de identidade, confiança e real significado. E também podem facilitar a conexão com os clientes quando eles têm valores compartilhados.

Utilizar a cultura e os valores primordiais da empresa como primeiro filtro nas tomadas de decisão difíceis pode proporcionar clareza em ocasiões de grande estresse (é por isso que se trata de um fator na segunda etapa do processo LPA). Também podem ser úteis na determinação das áreas nas quais você está aberto ao fracasso e aos principais aprendizados e nas quais não deve assumir compromissos.

Com uma força de trabalho distribuída, a cultura e os valores fundamentais da empresa são cada vez mais importantes, pois proporcionam uma identidade unificada que une as pessoas no exterior. São também um importante impulsionador dos laços sociais dentro da equipe, haja vista que as interações presenciais são limitadas, reforçando a sensação de ainda ser uma equipe mesmo com pessoas trabalhando descentralizadamente.

Uma ampla compreensão dos três tipos de cultura lhe permite movimentar-se em um mercado local, além de antecipar e prevenir problemas, valendo-se de processos e salvaguardas para limitar as tendências culturais que entram em conflito com os valores da empresa.

Em virtude das diferenças culturais, pode-se ver por que é benéfico ter alguém na equipe que tenha conhecimento de como são feitos os negócios locais, para que uma equipe do QG sem essa experiência no mercado local não tenha que aprender da maneira mais difícil, desperdiçando tempo e dinheiro e queimando oportunidades no processo.

ESTRATÉGIAS PARA ANTECIPAR UM CONFLITO CULTURAL

Não há escapatória, haverá momentos em que a cultura da empresa entrará em conflito com o mercado local e as culturas empresariais locais. Há ocasiões em que a decisão de priorizar é clara para determinado público, como para o público norte-americano quando John Brandon, da Apple, deu prioridade à cultura da empresa ao demitir grande parte da equipe na China por relatar informações financeiras fraudulentas. Essa mesma situação pode ser menos clara para outro público, por exemplo, a forma como um público chinês pode concordar com as ações da equipe local em razão da importância de proteger o chefe na cultura empresarial local.

Claudia Makadristo, head de Expansão na África, da MetaMap, lembra que a cultura empresarial nigeriana é mais conflituosa do que a de alguns países da África Oriental; com isso, é necessária uma base de compreensão e um esforço consciente para adequar a comunicação ao público para as equipes distribuídas nos dois locais. Conflitos culturais assim podem ocorrer regularmente, tornando essencial que as empresas encontrem uma maneira de construir uma ponte entre diferentes culturas.

Levar em conta a cultura e os valores fundamentais por ocasião das tomadas de decisão é um critério eficaz para compreender onde há ou não flexibilidade na priorização da cultura do mercado local ou da cultura da empresa. Como diz Jan van Casteren: "Os valores devem suscitar uma conversa." Além disso, Tiffany Stevenson, do Patreon, pergunta: "Quais são as decisões tomadas pela equipe que colocam os valores à prova?"

Existem também outras estratégias que as Empresas Global Class utilizam para prevenir conflitos antes que eles surjam e equilibrar os conflitos entre as culturas locais e empresariais, cada uma com benefícios importantes para as organizações globais em rápido crescimento:

- Universalizar os Valores Fundamentais
- Contratar a Equipe Certa
- Praticar uma Gestão Culturalmente Consciente
- Integrar Culturas

Universalizar os Valores Fundamentais

Ao estabelecer valores fundamentais, a maioria das empresas tem em mente seu relacionamento com as principais partes interessadas, entre as quais funcionários, parceiros e, o mais importante, clientes. Mais recentemente, foram incluídos os impactos ambientais e sociais entre os valores fundamentais da empresa.

A principal diferença entre os valores essenciais da Global Class e das empresas tradicionais é o alcance. Para a maioria das empresas tradicionais, o arquétipo do cliente e o raio de ação ficam circunscritos ao mercado inicial, ao passo que as Empresas Global Class consideram um público global.

Conceitos como liberdade podem atrair o público norte-americano, assim como um valor fundamental do tipo “Respeito pelo indivíduo”, do Walmart. Isso, porém, poderia entrar em conflito com o apoio ao coletivismo em muitas culturas asiáticas.

Se a especificação dos valores fundamentais de uma empresa para seu mercado inicial for demasiada, não haverá ressonância nas partes interessadas em outros mercados, levando a um menor envolvimento com os clientes e uma menor capacitação dos funcionários, o que põe em risco a obtenção da adequação empresa/mercado. A Rakuten, na história que partilhamos anteriormente, não teria enfrentado, desde o início, tantos problemas com o moral dos funcionários no escritório europeu caso seus valores fundamentais tivessem sido desde logo mais compreensíveis para um público não japonês.

As diferenças na cultura empresarial local podem ocasionar diferentes interpretações dos valores e das estratégias fundamentais. Um dos valores centrais da Amazon mais difíceis de compreender, “are right, a lot” [“estão certos, e muito”, em tradução livre] significa que é dever do líder tomar as decisões certas, a partir de perspectivas diversas e trabalhando arduamente para fazer as coisas com bom senso. Na Índia, existe um grande respeito pela autoridade, então, culturalmente, os funcionários locais interpretaram esse valor fundamental como “o chefe tem razão, não o questione”. É importante se certificar de que os valores fundamentais se traduzam em meio às diferenças no mercado local e nas culturas empresariais.

As Empresas Global Class criam e mantêm valores fundamentais que são universais e compreendidos por pessoas no mundo todo. A universalização desses valores é um polo de atração dos melhores talentos e estabelece uma ligação mais apurada com clientes no mundo inteiro, transcendendo fronteiras.

A mentalidade ágil também entra em jogo aqui, com as organizações fazendo iterações culturalmente conscientes para encontrar o equilíbrio certo entre a empresa e as culturas locais. Esse ponto é particularmente pertinente porque, como explica Gabriel Engel, cofundador e CEO da Rocket.Chat, "os valores da empresa precisam ser descobertos, não criados" — algo inerentemente compreendido pelas Empresas Global Class que têm aspirações globais. Vimos como as empresas alteram elementos de seus valores essenciais conforme aumentam a escala, incorporando as influências de uma operação cada vez mais global. A Flexport, por exemplo, tinha um valor fundamental, "preencher a lacuna", que dava aos funcionários a capacidade de encontrar soluções para os desafios conforme surgiam, a fim de facilitar o crescimento rápido sem empecilhos burocráticos. No entanto, quando a empresa passou a se expandir em vários mercados, esse valor central correu o risco de criar complexidade adicional, uma vez que as equipes locais poderiam se valer dessa condição para descobrir suas próprias formas de operar sem coordenação com o QG. Em última análise, a equipe da Flexport determinou que esse valor central era valioso desde o início, à medida que validava o modelo de negócio em seu mercado inicial, mas precisava ser alterado para alcançar a escala global.

A equipe do LinkedIn se assegurou que sua missão e visão fossem simples o bastante para que pessoas de todas as partes do mundo pudessem entender e se conectar; e simples o bastante para serem internalizadas e articuladas. Essa mensagem, em essência, diz respeito à criação de oportunidades econômicas para qualquer um no planeta. Tal simplicidade e universalidade levaram diretamente ao sucesso empresarial e acesso a novos mercados. Trata-se de uma das principais razões pelas quais o LinkedIn foi, por um tempo, a única plataforma de mídia social não chinesa que tinha permissão para operar no país.

Quando fica complicado para as empresas universalizarem os valores fundamentais, o melhor a fazer é unir a cultura da empresa e a cultura do mercado local, como a Rakuten fez na Europa. Além da consciência cultural local, qualquer ação no sentido de operar escritórios locais em consonância com princípios familiares às equipes locais pode ser eficaz para obter adesão. O Slack fez um esforço para conectar seus valores essenciais (cortesia, perícia, empatia e jovialidade) com a cultura local. Um desses valores do Slack, a perícia, ecoa entre os japoneses, que valorizam um trabalho de qualidade. Outro valor fundamental, a empatia (com um esforço no intuito de compreender por intermédio da escuta), foi mais difícil de entender, pois no Japão as pessoas não falam sobre seus sentimentos tão abertamente, em especial em um ambiente profissional.

Muitas vezes é melhor se apoiar nos valores fundamentais, que têm contrapontos locais, do que tentar obter a adoção de todos eles.

Como afirma Jennifer Cornelius, "Os valores fundamentais universais criam uma equidade de experiência" que pode cruzar fronteiras. Ela continua: "Você sabe quando sente isso, mas precisa pensar deliberadamente em como decompor e usar como parte de mecanismos dentro da organização." Com valores centrais internalizados que ressoam em todos os funcionários, em particular aqueles nas equipes locais, a cultura da empresa pode ser um diferencial e um fator de crescimento, especialmente quando processos e normas de apoio estão em vigor. Os valores fundamentais universalizados eliminam qualquer mentalidade "nós contra eles" entre o QG e os escritórios locais, promovendo maior adesão do mercado local.

Contratar a Equipe Certa

A melhor maneira de equilibrar os três tipos de cultura é contratando as pessoas certas. Os Interempreendedores que compreendem que parte de sua função é preencher a lacuna entre as culturas são extremamente valiosos para qualquer iniciativa de expansão internacional.

Eles também são mais eficazes na localização e no envolvimento das comunidades. Além disso, uma vez que os integrantes da equipe local são os guardiões da cultura da empresa nos mercados locais, o alinhamento deles com a cultura e os valores fundamentais da empresa é por demais importante.

A adequação à cultura deve ser um dos critérios de maior relevância na avaliação dos candidatos a empregos durante o processo de recrutamento. Embora possa não ser o único critério, quando combinado com as características inerentes à mentalidade do Interempreendedor e o conhecimento local (Capítulo 8), alguém que se encaixe em todas essas categorias tem uma chance muito maior de causar um impacto positivo no mercado local. Ter as pessoas certas é imprescindível para a consistência cultural coletiva de uma empresa.

Contratar a equipe errada pode ser catastrófico. Como explicou Jan, da Flexport: "É arriscado entrar em um novo mercado com um negócio que revoluciona um setor de atividade dos mais tradicionais. Se você contratar um líder de mercado local experiente com mentalidade tradicional, provavelmente fracassará — eles precisam de 200% de adesão à visão e aos valores fundamentais da empresa, de serem capazes de experimentar e se adaptar." Usando a analogia de Jan no Capítulo 8, essa mentalidade equilibrada é o que mantém a pia da cozinha limpa.

Para estabelecer apropriadamente a cultura de sua empresa em um novo mercado, você precisa contratar as pessoas certas que entendam e aceitem os valores da empresa. Caso admita alguém que tenha forte conhecimento do mercado local e experiência de trabalho no país, mas nenhum compromisso com uma cultura empresarial em comum, corre o risco de acumular Prêmios Organizacionais, pois a contratação pode não aderir aos valores fundamentais da empresa. Por outro lado, se contratar alguém que tenha forte conexão com a cultura da empresa, mas sem compreensão da cultura empresarial local ou da cultura do mercado local, será maior a probabilidade de que essa pessoa seja ineficaz na busca da adaptação empresa/mercado e em transitar no ambiente da equipe local. Em qualquer caso, o resultado é aumentar a chance de fracasso de uma iniciativa de crescimento internacional.

Ao contratar funcionários que tenham características que correspondem à Estrutura de Formação de uma Equipe Global Class(em particular, habilidades interempreendedoras), você terá vantagem competitiva em seus esforços de expansão global.

Praticar uma Gestão Culturalmente Consciente

A mentalidade de Gestão Culturalmente Consciente descrita no último capítulo também é muito eficaz para alcançar o equilíbrio quando os três tipos de cultura entram em conflito. A abordagem de contingência explicada no último capítulo, que considera o contexto cultural nas tomadas de decisão, pode ser de grande ajuda para a liderança promover o envolvimento e o empoderamento das equipes locais cujas culturas empresariais locais diferem da cultura do QG.

A mentalidade Global Class também exerce influência nesse processo. O estilo de liderança de comando e controle é incongruente com o fato de o QG assumir a função de facilitador e apoiador das equipes locais. A gestão culturalmente consciente leva o QG a se adaptar para dar apoio às equipes locais e às suas culturas locais, adotando hábitos locais, estilos de comunicação e práticas de feedback.

Integrar Culturas

A maneira mais eficaz de equilibrar cada um dos tipos de cultura é integrando-os. Embora isso pretenda ser mais dirigido do que científico, o princípio 80/20 pode ser adequado quando se trata da cultura da empresa. Nela, 80% (incluindo os valores centrais) precisam permanecer os mesmos, mas 20% podem mudar no mercado local.

Há etapas específicas que precisam ser seguidas para integrar as culturas. Ethan Evans, ex-Amazon, sugere as seguintes estratégias práticas:

- Incentivar as pessoas a trabalharem em escritórios diferentes e terem experiência internacional além do QG e do país de origem.
- Criar uma comunicação orgânica sobre o que ocorre em cada lugar. Para Evans isso é "uma boa maneira de esvaziar a dinâmica nós contra eles".
- Estabelecer uma função de embaixador/ligação que dê condição aos colegas de dizer coisas que nunca diriam ao chefe, proporcionando a obtenção de um feedback mais realista.
- Conduzir um treinamento formal em torno dos valores fundamentais e explicar especificamente as diferenças culturais.
- Viagens — incentivar os funcionários a realizarem "micromudanças" patrocinadas pela empresa, trabalhando em outro escritório por algumas semanas. Para as pessoas, a experiência é uma aventura que traz aprendizado, e não uma grande mudança de vida.
- Perguntar a si mesmo: *o que posso fazer para garantir que a cultura possa ser discutida e analisada?*

Baseando-nos nessa lista tática, vemos três estratégias de alto nível para ajudar na integração cultural: aproveitar os Ciclos de Respostas, apoiar os rituais da cultura local e celebrar a diversidade.

Aproveitar os (Pequenos) Ciclos de Respostas

Os Ciclos de Respostas permitem que os membros da equipe no QG e nos escritórios locais acompanhem quaisquer conflitos culturais para resolvê-los de frente. Ademais, os Ciclos de Respostas também são meios de aprendizagem e inovação de mão dupla; eles permitem que o QG implemente de maneira global as melhores práticas culturais dos escritórios locais e que os membros individuais da equipe aprendam uns com os outros.

A utilidade dos Ciclos de Respostas não se restringe apenas a conectar o QG e as equipes locais, estendendo-se também às equipes locais ("pequenos ciclos" mencionados no Capítulo 4), facilitando a integração da cultura da empresa com a cultura empresarial local no nível do escritório individual, com o objetivo de encontrar o equilíbrio ideal. Esses pequenos ciclos podem ser uma ótima maneira de conectar os integrantes da equipe local que são do QG, ou de outra parte do mundo, com os integrantes nativos da equipe local. Esses pequenos ciclos também podem servir como uma ferramenta eficaz para garantir que uma equipe local mantenha equilíbrio entre o conhecimento local e o conhecimento da empresa e influencie as iniciativas de crescimento global desde o princípio.

Apoiar Rituais da Cultura Local

Não obstante os valores fundamentais possam ser permanentes, permitir que as equipes locais mantenham rituais importantes para a comunidade local pode ser uma ferramenta útil para capacitar equipes remotas. Todo ano o Slack comemora a fundação da empresa com um evento, mas permitiu que a equipe local em Dublin também tivesse uma festa de Natal porque era importante dentro da cultura local, embora não fizesse parte da programação do QG. Desde que não haja conflito com a cultura da empresa, as equipes locais devem ter mais liberdade para adicionar elementos da cultura local à presença da empresa ali, o que, por sua vez, aumenta o compromisso e o envolvimento dos funcionários.

Celebrar a Diversidade

Encontrar maneiras de compartilhar normas culturais entre as equipes distribuídas ajuda a equilibrar a cultura e aprimora a confiança e a camaradagem, ao mesmo tempo que facilita costurar relacionamentos. Algo tão simples como os funcionários de uma equipe local partilharem celebrações culturais de seu mercado com a equipe global pode ser uma experiência de conexão. A vice-presidente da NetApp, Lori Harmon, lançou uma campanha de conscientização exibindo tradições locais de diferentes escritórios de sua organização. Em outubro, sua organização realizou um evento virtual da Oktoberfest, no qual a equipe local alemã compartilhou informações sobre o festival, e todos desfrutaram de uma cerveja (prost!). Até fazer algo tão simples como listar feriados internacionais em todos os calendários da empresa, como é o caso da Roku, promove consciência cultural. No 10X Innovation Lab, durante os feriados do ano, cada membro da equipe compartilha como a data é comemorada em seu país de origem, dando-nos a oportunidade de aprender como determinados feriados são comemorados nos quatro continentes de onde procedemos.

Como Chris Murphy, CEO da Thoughtworks, América do Norte, explicou apropriadamente, as empresas globais de rápido crescimento tendem a ser multiculturais por padrão. Elas testam e aprendem a cultura dos mercados em perspectiva. Elas são organizadas em bases mais flexíveis para aceitar e se adaptar à diversidade (mesmo quando novatas em seu mercado inicial). Essa abertura à diversidade aplica-se à mecânica do aumento de escala global de um negócio, pois as Empresas Global Class são partidárias da adaptação de seus produtos em novos mercados e estão dispostas a rever estratégias por intermédio de uma abordagem orientada por dados e fundamentada em testes. Elas também reconhecem como a diversidade ajuda no desenvolvimento de novas ideias.

MUITAS VEZES NEGLIGENCIADO

Demonstrar Apreço pela Cultura Local é um Diferenciador Poderoso

"A alimentação é o princípio organizador dos negócios internacionais", explicou Dan Himelstein, da Berkeley Haas; ela conecta pessoas e constrói pontes. Como um Interempreendedor culturalmente curioso, Dan trabalhou arduamente para aprender novas habilidades e aprimorar sua perspicácia cultural nos mercados em que fazia negócios. Ele compartilhou uma história sobre como sua habilidade de pegar um único amendoim salgado com pauzinhos após ser desafiado por um cliente taiwanês durante uma refeição de negócios ajudou a construir o que se tornou um relacionamento comercial bem-sucedido e longevo. "Do que você oferece aos clientes em potencial, 95% serão iguais ao da concorrência, mas são aqueles 5%, em boa parte relacionados à compreensão cultural, que fazem a diferença." Esse nível de consciência cultural inerente aos Interempreendedores é um diferencial importante.

A ASCENSÃO DA CULTURA COMUNITÁRIA

O mundo mudou, de disperso a interconectado. Cada vez mais, a identidade nacional já não ocupa um lugar singular de importância para as pessoas. Embora, recentemente, o nacionalismo tenha crescido em alguns países, os Interempreendedores, em paralelo, estão acelerando a ascensão da cidadania global; os vínculos que ultrapassam fronteiras se fortalecem a cada dia. Os valores partilhados e os interesses comuns não são delimitados por faixas litorâneas. É por isso que um novo tipo de cultura, definida por inúmeras comunidades menores que transcendem as fronteiras, está em ascensão graças às plataformas de comunicação e às redes sociais que disponibilizam mais canais para as pessoas se ligarem em torno de interesses comuns. Chamamos isso de *Cultura Comunitária*.

O Airbnb se deu conta disso, usando-a como ferramenta não só para ajudar a atingir grupos de nicho para a entrada no mercado, mas também para construir um paradigma de comunidade transfronteiriça na própria tessitura da empresa.

Agindo taticamente, com base na mentalidade, e não na geografia, o Airbnb cria grupos de clientes-alvo, aos quais a empresa se refere como "tribos". Essa estrutura analítica centra-se muito mais nos arquétipos de clientes e na identificação de nichos. Em alguns aspectos, é mais prático no início da entrada no mercado, pois traça um caminho muito mais claro para quem é seu cliente-alvo e como fazer com que ele receba uma mensagem de marketing. No lugar da segmentação na demografia, ela se baseia nas crenças ou em uma mentalidade dentro do grupo que transcende as fronteiras.

Esse enquadramento também resgata em parte a divisão cultural. Em vez de enraizar o paradigma cultural na língua e nos costumes locais, fundamenta-se no vernáculo e nas crenças comuns dentro de um grupo que está ligado por um hobby ou uma paixão, por exemplo. Peloton Interactive, a plataforma de exercícios, construiu uma comunidade transfronteiriça ao redor de um interesse comum em saúde e bem-estar, desenvolvendo um conjunto de crenças, vocabulário e normas culturais que atraem os membros de sua comunidade de todo o mundo.

Quando você identifica arquétipos de clientes que já utilizam seu produto em seu mercado inicial, o trabalho de traduzir uma mensagem para componentes desse mesmo arquétipo em um novo país fica mais fácil. Isso explora mais de perto a psicologia da narrativa humana. Segundo Jennifer Yuen, o Airbnb obteve grande impulso inicial com os corredores de maratona. A empresa conseguiu construir uma ligação com o cliente ajudando-o a entender que o Airbnb o "cativa" por meio de seus comportamentos compartilhados em torno de sua paixão pela corrida (e pela aventura).

O que o Airbnb faz em termos táticos para a entrada no mercado e o crescimento permeia todo o negócio e é condizente com o conceito de Cultura Comunitária. Até a missão da empresa, de "criar um mundo onde qualquer pessoa possa pertencer a qualquer lugar" baseia-se em um conceito de comunidade global além-fronteiras e ajuda a universalizar os valores centrais da empresa. Mediante o movimento Global Class, estamos tentando construir uma cultura comunitária em torno dos conceitos de Interempreendedores e Empresas Global Class, conectando pessoas com mentalidade internacional no mundo inteiro.

Nessa elaboração em torno da comunidade está embutido um conceito de negócio global culturalmente consciente, no qual uma empresa precisa estar atenta aos mercados locais e a uma rede internacional de pessoas. Essa ideia também promove o compromisso da empresa com a cidadania global. Tal mentalidade também se alinha bem com os princípios fundamentais da mentalidade interempreendedora (mentalidade global e sensibilidade cultural).

Ao mesmo tempo, isso não implica que se deve ignorar a cultura do mercado local para priorizar apenas a Cultura Comunitária. Aquela ainda é crucialmente importante. As Empresas Global Class sabem que compreender a cultura local demonstra compromisso com o mercado local e suas pessoas, mas também não desconhecem que a condição humana ultrapassa as fronteiras locais.

É um equilíbrio entre consciência local e contexto global. Conforme mencionado no Capítulo 2, as Empresas Global Class buscam uma experiência consistente para funcionários e clientes, em qualquer lugar do mundo.

Em apoio às naturezas local e global da cultura, Scott Coleman, ex-Pinterest e Google, sintetiza: "As pessoas são iguais, mas seus gostos são diferentes." Portanto, o objetivo passa a ser conectar-se com a humanidade inata de alguém e, em seguida, transmitir uma mensagem que corresponda aos seus gostos únicos. Isso conduz à ideia de que a cultura de um indivíduo é uma integração da cultura local e da cultura das comunidades (transfronteiriças) escolhidas por ele.

Nessa linha, as Empresas Global Class compreendem essas múltiplas camadas de cultura, do individual ao local e à comunidade de interesses comuns, e encontram maneiras de se conectar com cada camada (um desafio difícil de superar, para dizer o mínimo).

O foco na Cultura Comunitária assume diferentes formas. Além das bases de clientes, as Empresas Global Class também entendem que essa mentalidade inclui o envolvimento da comunidade e a sustentabilidade. Encontrar maneiras de engajamento com a comunidade afora entregar seu produto ou prestar serviço aos clientes é parte importante do manual. Várias Empresas Global Class sabem e incorporam isso em suas formas de negociar, como a Zendesk fez ao abordar questões locais onde tem presença física por meio de sua Zendesk Foundation.

Por fim, e de maneira mais prática, o conceito de alinhamento com a Cultura Comunitária faz sentido do ponto de vista operacional. Delimitar seu negócio exclusivamente pelas fronteiras nacionais levará a mais localizações, complexidade e "exclusividade arbitrária". Encontrar comunidades transfronteiriças aumentará a eficiência conforme o trabalho realizado para adaptar os elementos do "go-to-market" (Prêmios de Marketing, de Vendas e de Produto) se torna mais escalável. Essa abordagem além-fronteiras explora o conceito de mercados vinculados, que permitem que as localizações feitas para um mercado gerem impulso em vários (conforme discutido no Capítulo 6).

O Gympass tirou proveito da Cultura Comunitária ao focar empresas-chaves (influentes) nos novos mercados onde se lançou. Concentrando-se em grandes clientes empresariais, a equipe do Gympass mirou empresas como PriceWaterhouseCoopers e Ernest & Young porque são marcas reconhecidas em todo o mundo, cujos clientes também são grandes empresas em quase todos os mercados locais. O Gympass podia usar essa adoção local inicial como um estudo de caso e construtor de credibilidade à medida que abordava outras empresas. De certa forma, a empresa combinou os conceitos de Cultura Comunitária e Mercados Vinculados, pois as localizações feitas para atender as empresas de auditoria não eram apenas escaláveis em toda a presença global de cada uma, mas usá-las como estudos de caso para estruturar ofertas para outras empresas permitiu que o Gympass melhorasse o controle do Prêmio de Localização.

Em última análise, uma excelente maneira de construir envolvimento no mercado local, conforme validado pela forte expansão do Airbnb na APAC, é seguir o conselho de Jennifer Yuen e se concentrar na humanidade das pessoas em seu novo mercado, procurando modos de conectar e comunicar o que há de comum entre sua marca e elas. A principal forma de fazer isso é dedicar um tempo para compreender sua cultura e o que lhes é importante. Mostre respeito pela cultura local por meio do jeito como você opera seu negócio e se comunica com clientes atuais e potenciais. Em seguida, encontre formas de transcender as fronteiras locais para gerar impulso em torno de suas iniciativas para atingir comunidades transfronteiriças, criando uma escala global.

Com esse novo tipo de cultura em ascensão, o papel dos Interempreendedores assume importância ainda maior para as empresas que procuram acelerar a conquista da escala global. A mentalidade cultural, a empatia, a curiosidade cultural e a mentalidade comunitária que os Interempreendedores incorporam possibilitam que as Empresas Global Class aproveitem essa nova cultura comunitária e construa conexões além-fronteiras.

Reunir equipes de Interempreendedores, construir uma ponte para gerenciar equipes distribuídas globalmente e equilibrar com delicadeza as culturas da empresa e locais auxiliam as Empresas Global Class localizarem e conectarem com a comunidade local e alcançarem escala, levando à adequação empresa/mercado. Por isso estes são os Três Pilares da Escala Global Eficaz. São os diferenciais que, quando aliados à metodologia ágil global, à localização eficaz e à gestão da complexidade, transformam os negócios em Empresas Global Class.

CAPÍTULO 10 — RESUMO

- Existem três tipos de cultura que devem ser compreendidos e administrados conscientemente para se ter êxito na adequação empresa/mercado em novos mercados e na obtenção de escala global: cultura do mercado local, cultura empresarial local e cultura da empresa.
- Quando esses tipos de culturas entram em conflito, as Empresas Global Class utilizam as seguintes estratégias para encontrar equilíbrio e alcançar a adequação empresa/mercado:
    a. **Universalizar os Valores Fundamentais** — Estabeleça valores fundamentais que ecoem em um público global.
    b. **Contratar a Equipe Certa** — Contratar Interempreendedores com forte adequação à cultura.
    c. **Praticar uma Gestão Culturalmente Consciente** — Use a abordagem de contingência para apoiar e capacitar as equipes locais.
    d. **Integrar Culturas** — Equilibre e compartilhe culturas (da empresa e locais), aproveitando os Ciclos de Respostas, apoiando os rituais de culturas locais e comemorando a diversidade.
- Está começando a surgir um novo tipo de cultura que transcende as fronteiras, a *Cultura Comunitária*, obrigando as empresas a olhar para a cultura de uma nova maneira.

CAPÍTULO 10 — PERGUNTAS DE REFLEXÃO E AÇÃO

1. Você já esteve envolvido em um conflito entre a cultura da empresa e a cultura local? Como agiu e criou equilíbrio? Como está modelando os ambientes certos para o sucesso da equipe local?
2. Como você universalizou os valores fundamentais da empresa para atrair um público global (funcionários e clientes)?
3. De que modo sua empresa está explorando a cultura comunitária emergente e transfronteiriça para expandir seu negócio em nível global?

11

CONCLUSÃO

Empresa Global Class, Interempreendedores e Você

FINALMENTE CHEGAMOS AO fim de nossa jornada investigativa de como as empresas de crescimento mais rápido do mundo — as de Global Class — encontram impulso e aumentam a escala nos mercados internacionais. Esperamos que nossos insights e estruturas façam você se sentir mais equipado para seguir ao próximo destino de sua busca como Interempreendedor.

Percorremos uma jornada juntos, por continentes, setores de atividade econômica e fases de crescimento. No processo, aprendemos sobre a mentalidade das Empresas Global Class, que estão liderando essa nova era de negócios, e sobre os Interempreendedores, que são os catalisadores por trás do sucesso de suas empresas (Parte Um). Descrevemos os compromissos que as Empresas Global Class precisam assumir para apoiar as iniciativas de crescimento internacional, a importância de aproveitar uma versão global da metodologia ágil para localizar estratégias de "go-to-market" e operações e como o gerenciamento da complexidade e a criação de estruturas organizacionais podem facilitar a obtenção da adequação empresa/mercado (Parte Dois). Por fim, exploramos os principais pilares que sustentam o crescimento: formação de equipes eficazes, modelo de gestão que capacita equipes locais e estratégias para equilibrar a cultura conforme se alcança escala global (Parte Três). No processo, compartilhamos um manual sobre como construir e gerenciar uma organização global de sucesso. Agora é a sua vez de aplicar esses conceitos para elevar sua organização e ingressar na Global Class.

Também tem sido uma jornada emocionante para nós pessoalmente. No início, demos um passo ousado. Não havendo um livro definitivo sobre o tema, partimos em busca de respostas para o que torna as empresas mais bem-sucedidas capazes de obter impulso em novos países e depois operar em escala global. No caminho, fomos inspirados pelas muitas histórias que ouvimos, ficamos intrigados com semelhanças que encontramos e interessados nos diferentes métodos de crescimento de cada empresa.

Ficamos extasiados (e francamente surpresos) com os braços abertos com que fomos recebidos por centenas de líderes de algumas das empresas mais bem-sucedidas do mundo e estamos muito gratos por seus insights e apoio contínuo na divulgação da mensagem de Global Class.

Dependendo da função que se tem, a jornada pode ser solitária e frustrante, especialmente se você for o primeiro funcionário a abrir um novo escritório internacional. No mercado local ou no QG, os Interempreendedores que entrevistamos tiveram, muitas vezes, que lidar com recursos limitados enquanto lutavam para que a liderança da empresa compreendesse as diferenças e as oportunidades em um novo mercado, traduzindo incessantemente a cultura e os valores fundamentais em ambas as direções.

Apesar desses desafios, os líderes que entrevistamos se deram bem (como qualquer verdadeiro Interempreendedor o faria). Todo o trabalho árduo nunca pareceu trabalho, ou ao menos valeu a pena devido ao chamado, que muitos deles tiveram, de cruzar culturas e aprender coisas novas no processo.

Embora eles tenham muito mais para compartilhar conosco do que poderíamos compartilhar com eles, queremos que saibam que estão em boa companhia e que isto é apenas o começo. São pioneiros, iluminando o caminho para um grupo crescente de profissionais que veem o papel que os negócios globais podem desempenhar na formação de vínculos e no aprimoramento das sociedades. Seja vendendo para empresas ou consumidores, oferecendo uma solução na forma de um produto físico ou digital, construir um negócio de sucesso em escala global, em essência, resume-se a pessoas e se conectar com elas para ajudar a resolver problemas e melhorar as coisas.

No processo de apresentação deste material, inventamos alguns conceitos novos, construímos outros e fizemos um esforço para criar estruturas tangíveis e lições universais, e não apenas uma coleção de vinhetas e situações sem relação entre si.

Em nosso trabalho com organizações em todo o mundo, verificamos que muitas não conseguiam identificar a mentalidade necessária para expandir com sucesso uma organização em nível global. É por isso que queríamos dar à combinação de curiosidade cultural, mentalidade global e empatia um apelido formal (o Interempreendedor).

Fizemos isso para que as lições fossem práticas, porém, mais importante ainda, traduzíveis para os não Interempreendedores que precisam aprovar e apoiar iniciativas de crescimento global.

Nossa expectativa é que o que apresentamos tenha valor prático. O intuito é fornecer insights de uma forma que possa ajudar todos os interessados em negócios globais, desde os membros da equipe no QG até aqueles nos mercados locais, desde os que contam com vasta experiência internacional até aqueles que aspiram ter carreiras globais. Esperamos que nosso esforço para uma visão completa tenha sido iluminador.

Queremos reformular e redefinir a tendência das empresas de impor sua maneira de fazer as coisas. Acreditamos também que, no futuro, a mentalidade interempreendedora e as considerações culturais serão mais comuns e mais importantes para o êxito de uma organização.

Para quem se conectou com as histórias de Lee, Isabel e Samantha (na introdução), aqui vai uma mensagem para cada um de vocês:

Para todos vocês, Lees, por aí...

Esperamos que este livro sirva de afirmação de todo o trabalho árduo que vocês realizaram até agora e de motivação para obter o alinhamento e os recursos necessários para levar as iniciativas de expansão internacional de sua empresa a um patamar mais elevado. Por meio deste manual, esperamos acompanhá-lo na jornada de sua empresa rumo à escala global.

Para todas vocês, Isabéis, por aí...

Esperamos que este livro tenha ajudado a liberar a Interempreendedora que sempre esteve em seu interior e que você dê o próximo passo na construção de uma carreira internacional; há um caminho emocionante pela frente. Estamos confiantes de que você, agora, está equipada com o vocabulário e as estratégias para mostrar como será uma catalisadora para o crescimento global (para ajudá-la a conseguir o emprego) e com o kit de ferramentas para ter sucesso (uma vez que você comece a trabalhar).

Para todas vocês, Samanthas, por aí...

Esperamos que, dispondo das estruturas aqui apresentadas, você tenha, agora, a clareza necessária para impactar positivamente sua organização, sejam quais forem os obstáculos e os entraves burocráticos pelo caminho. Seja resiliente; apoiamos você na promoção de mudanças para transformar sua organização de tradicional para Global Class.

Para todos os outros e para você também...

Passe adiante a mensagem da Global Class. Ajude a criar mais Interempreendedores como você (o mundo precisa de mais de nós). Nosso objetivo é fazer dos negócios globais uma experiência compartilhada, não solitária.

Não se esqueça de verificar os recursos disponíveis [em inglês] em www.GlobalClassBook.com (incluindo as versões eletrônicas das estruturas que mostramos no livro). Conecte-se conosco (envie um e-mail para hello@globalclasscompany.com); adoraríamos ajudar sua empresa em sua jornada para se tornar Global Class. Não importa em que ponto você esteja em sua jornada profissional, esperamos que nossa mensagem o inspire a construir uma carreira global e ser um catalisador para Empresas Global Class.

Resumindo, lembre-se: se primeiro você procurar aprender e entender, nada será *estrangeiro*.

EPÍLOGO

IMPACTO: O Papel da Global Class na Sociedade

AO NOS LEMBRARMOS dos 2 anos de desenvolvimento deste livro, ficamos ainda mais convencidos do ponto de inflexão ímpar em que estão os negócios globais. Ao interagir com líderes empresariais que escalaram algumas das empresas mais bem-sucedidas de nosso tempo e líderes de empresas de rápido crescimento no início da caminhada rumo ao crescimento global, vimos os princípios delineados neste livro refletidos nas mentalidades e nas estratégias das Empresas Global Class do futuro.

ESTES SÃO TEMPOS EMOCIONANTES

A aceleração do trabalho distribuído é uma mudança de paradigma (tal como o surgimento da internet ou de negócios baseados em software durante o boom das pontocom). As Empresas Global Class estão aprendendo a aproveitar uma força de trabalho global, encontrando os melhores talentos em todos os lugares e se valendo da diversidade de opiniões derivadas disso para se conectarem a uma base global de clientes. O acesso a novas formas de educação decorrentes da adoção da tecnologia significa que comunidades de trabalhadores especializados podem florescer por todo lado.

Além dos benefícios que o conjunto de talentos globais em crescimento proporciona às Empresas Global Class, ficamos entusiasmados, em particular, com a forma como isso ajudará a desenvolver ainda mais as economias e proporcionar satisfação às pessoas que querem participar da comunidade global. Verificamos que os países emergentes estão implementando sistemas que ultrapassam as infraestruturas tradicionais de economias mais maduras, mais especificamente pela adoção de tecnologias móveis e soluções fintech. Aguardamos com expectativa a maneira como isso pode ajudar a aprimorar essas sociedades e evitar o tropeço em alguns dos obstáculos enraizados nas economias mais maduras. Os líderes empresariais das economias emergentes têm flexibilidade para construir melhores soluções logo de início.

A escala é enorme. Há empresas cuja escala supera o PIB de muitas nações. Existem plataformas que, ligando mais de 1 bilhão de pessoas, possibilitam o compartilhamento de identidades (e criam a Cultura Comunitária). O surgimento de grupos de pessoas em diferentes regiões do mundo, conectadas por paixões em comum, permite que as comunidades transcendam os limites territoriais e os conflitos nacionais, encontrando novas formas de criar um propósito partilhado e lutar pelas vidas que desejam, sem se restringirem ao confinamento dentro de suas fronteiras locais.

A ASCENSÃO DA EMPRESA GLOBAL CLASS E OS INTEREMPREENDEDORES

Embora muitas das empresas descritas neste livro existam há anos, elas representam a infância do conceito de Empresa Global Class aqui detalhado, e o impacto que a Global Class terá apenas começa a ser notado. Com o global como o novo ágil, a visão das empresas sobre crescimento global se transformará, e, em breve, novas empresas verão os princípios deste livro aplicados de forma tão onipresente quanto, agora, a metodologia ágil. Elas adotarão a característica global do ágil e praticarão uma gestão culturalmente consciente, com adesão unânime da empresa e a adoção desses princípios a partir do primeiro dia.

Como visto ao longo do livro, tudo começa e termina com a cultura: a da empresa, a do mercado local, a empresarial local e até mesmo a Cultura Comunitária emergente. Os temas empatia, localização e necessidade de as empresas se *integrarem* na sociedade além de *contribuírem* para uma nova visão sobre a disrupção, são todos princípios fundamentais. A comunicação e o restante dos Quatro Compromissos para o Crescimento Global de Sucesso serão cada vez mais relevantes conforme as Empresas Global Class buscam maneiras de se conectarem com uma força de trabalho distribuída e uma base de clientes.

Essas mudanças e oportunidades extrapolam o nível da equipe e chegam ao nível individual. Provavelmente, a parte mais fascinante do trabalho que realizamos no desenvolvimento deste livro foi a descoberta da característica exclusiva do líder empresarial há muito presente, mas até então não reconhecida, descrita ou elogiada. Esses Interempreendedores são catalisadores, não só do crescimento global das empresas para as quais trabalham e do conceito de Global Class, mas também da mudança positiva na sociedade que pode ser proveniente do valor que as empresas entregam aos clientes em todo o mundo. Sentimo-nos honrados por colocá-los em um pedestal e esperamos que este livro gere muitos mais Interempreendedores que terão impacto tanto global como local.

AS PEÇAS ESTÃO SE ENCAIXANDO

Ferramentas para aproveitar as oportunidades que aparecem estão em desenvolvimento. Estão à disposição plataformas de marketing, operações, distribuição, entrega e educação. Também à mão, a tecnologia e os processos empresariais que permitem que os funcionários trabalhem em qualquer lugar e que as empresas aproveitem um conjunto global de talentos.

Hierarquias começam a ser desafiadas. Polly Sumner, executiva experiente do Vale do Silício e diretora de adoção da Salesforce, aponta: "Quando as pessoas se conectam por meio de ferramentas virtuais, não é possível saber quem é rico ou pobre; não se consegue ver o quão sofisticado é o quarto ou a casa em que outra pessoa mora observando-se o fundo virtual ou a parede atrás da tela. Há mais equidade. Importa mais é como você pensa, ouve e se comunica."

O quarto tipo de cultura que discutimos, o conceito de Cultura Comunitária emergente que transcende fronteiras, pode ser um catalisador eficaz que as Empresas Global Class utilizam para construir rapidamente bases de clientes transfronteiriços engajados.

Os próximos ingredientes necessários são estruturas e uma mentalidade que impactem o rumo a uma escala global. Esperamos que os recursos que criamos não sirvam apenas aos executivos que buscam atingir uma meta ou maximizar uma métrica, mas que repercutam positivamente nas comunidades e ajudem as empresas a cumprir missões voltadas para a comunidade.

A noção de equilíbrio entre localização e complexidade, o fundamento do ágil global e as estruturas e processos que podem ser usados para gerar impulso e acelerar a escala podem ser usados como uma força em prol do bem coletivo.

O PAPEL DAS EMPRESAS GLOBAL CLASS

Apesar de todas essas tendências positivas, reconhecemos que as nações estão refratárias a essas forças unificadoras, ocasionando fragmentação. O nacionalismo e uma mentalidade "nós contra eles" estão remontando as barreiras que a tecnologia tem derrubado.

Em contraposição, as Empresas Global Class podem unir as pessoas, transcendendo essas fronteiras. As bases de clientes mundiais e as forças de trabalho distribuídas combatem essa onda negativa e podem ter mais força coletiva do que o controle nacional.

É dever das Empresas Global Class capacitar e fortalecer economias, comunidades e indivíduos globais. Por intermédio da disrupção culturalmente consciente, a Global Class pode elevar o nível das economias locais em que se insere. Mediante a devoção ao trabalho distribuído, ela pode ajudar a distribuir o acesso à riqueza e ao conhecimento. Isso não significa abrir mão dos lucros; significa ter uma mentalidade global e espalhar o impacto financeiro que a empresa tem para incluir as comunidades locais onde clientes e funcionários vivem e trabalham.

É como escreveu Marc Benioff em uma coluna de opinião do *New York Times*, em 2019: "Lucro e propósito andam de mãos dadas, e os negócios podem ser a maior plataforma para a mudança."

Além dos negócios e das transações, as Empresas Global Class podem criar conexões duradouras e impactos edificantes nas comunidades. Essas empresas não estão apenas *criando* uma comunidade, mas também *participam* dela.

Ambos, Empresas Global Class e Interempreendedores que as impulsionam devem ser modelos que mantêm uma mentalidade culturalmente consciente.

O MOVIMENTO GLOBAL CLASS JÁ COMEÇOU

A mudança já começou. Está à vista o papel que as Empresas Global Class já desempenham nas comunidades que atendem hoje. As virtudes globais que ressoam além-fronteiras estão reforçando os valores fundamentais, preenchendo lacunas e unindo pessoas. Os negócios, agora, não se limitam ao envolvimento com os clientes e a servir de propósito e meios de subsistência aos funcionários; eles moldam a sociedade. As Empresas Global Class têm a oportunidade de fazer isso de uma maneira melhor.

Cada Empresa Global Class tem sua própria singularidade na criação de relacionamentos e contribuição social, escolhendo áreas de impacto que espelhem o DNA da organização e se concentrando naquelas em que podem deixar uma marca. Como disse o cofundador e presidente-executivo da Prezi, Peter Arvai, é importante que uma mentalidade de colaborador "percorra toda a empresa". Não por acaso ele é um grande defensor de que as empresas paguem impostos para apoiar as economias locais (e, portanto, seus clientes) onde ganham dinheiro, em vez de evitarem impostos a todo custo.

A Zendesk, ao contratar funcionários vindos de comunidades carentes, visa explorar uma diversidade de origens, indo além do impacto comunitário de um programa levado adiante pela Zendesk Foundation. Eric Yuan, fundador e CEO do Zoom, colocou a prestação de serviço da empresa a favor de milhões de crianças em idade escolar em todo o mundo, no momento em que professores e administradores quebravam a cabeça para descobrir como ensinar remotamente durante a pandemia. As iniciativas de igualdade salarial e diversidade da Salesforce representam um modelo de como todas as empresas devem operar no mundo dos negócios globais.

A Amazon adicionou, não faz muito tempo, um novo princípio de liderança: "sucesso e escala trazem ampla responsabilidade". Ao anunciar essa mudança de valor fundamental, a empresa declarou conscientemente: "Somos grandes, impactamos o mundo e estamos longe de ser perfeitos. Devemos ser humildes e atentos inclusive aos efeitos colaterais de nossas ações. Nossas comunidades locais, o planeta e as gerações futuras precisam que sejamos melhores a cada dia."

A Platzi, uma plataforma online de educação empresarial fundada na Colômbia, está oferendo inúmeras oportunidades de carreira para mais de 3 milhões de pessoas em toda a América Latina que estão ingressando em uma classe média em ascensão. O Airbnb internalizou a sensação de pertencimento em sua missão e facilita a partilha da especificidade de perspectivas individuais e da abertura da comunidade em todos os cantos do mundo.

Essas Empresas Global Class nem sempre são perfeitas, mas reconhecem que há uma oportunidade em aberto para que todas as empresas contribuam para a humanidade e aspirem desempenhar um papel positivo na sociedade. Essas empresas não unem as pessoas apenas no nível da comunidade local; elas podem nos unir como uma comunidade global.

CONCLUSÃO E CHAMADA À AÇÃO

O conceito de Global Class aplica-se em nível individual (os Interempreendedores), em nível empresarial e em nível comunitário, tanto local como globalmente.

Nossa paixão é cultivar Empresas Global Class e Interempreendedores, e adoramos arregaçar as mangas e nos envolver com comunidades globais em todos os continentes para elevar o patamar de economias que apoiam organizações que têm mentalidade comunitária.

Deixamos aqui nosso chamamento a outras empresas e seus líderes para que olhem além de seu quintal e aproveitem o papel que a sociedade lhes está oferecendo. Quer você seja um executivo administrando uma organização em escala global, um empreendedor lançando seu negócio em um novo mercado, quer seja um funcionário ou estudioso que aspira construir uma carreira global, há uma oportunidade esperando-o (com a mentalidade Global Class/Interempreendedora como seu guia) para alcançar sucesso e impacto positivo em escala global.

Utilize as ferramentas que desenvolvemos para ajudar sua empresa a crescer globalmente; saiba mais em www.GlobalClassBook.com [conteúdo em inglês]. As estruturas e os recursos que apresentamos neste livro têm como objetivo ajudá-lo em sua jornada de expansão internacional.

Tenha em mente que tudo é uma questão de cultura. Não se esqueça disso. Seja sensível e ansioso para aprender. Compartilhe. Celebre isso. A cultura de sua empresa é o que envolve clientes, funcionários e comunidade; seu reconhecimento e aceitação da cultura local são o que gera impulso e aumenta a escala.

Integre-se à comunidade interempreendedora. Conecte-se com outros Interempreendedores. Compartilhe as melhores práticas. Há um grupo pequeno, mas crescente, de Interempreendedores com mentalidade global ao qual você pode se juntar; esforce-se para tornar os negócios globais uma experiência compartilhada em vez de solitária.

Colocamos nosso chapéu de Interempreendedor, nos equipamos com um conjunto de recursos Global Class e seguimos em direção à nossa missão. Você se juntará a nós?

Para dar um toque "global class" à citação de Mark Twain sobre viagens que já mencionamos no livro:

O envolvimento com comunidades globais é fatal para o preconceito, a intolerância e a estreiteza de espírito... A escala ***global*** só pode ser alcançada por meio da ***curiosidade cultural*** e da ***diversidade de pensamentos e experiências***, e não pelo apego ao estilo de vida da empresa.

AGRADECIMENTOS

ESTE LIVRO É uma manifestação de nossa missão de fazer com que a expansão global dos negócios seja uma experiência compartilhada, em vez de solitária. Não é o produto de dois autores que se sentam e ponderam, mas o resultado da combinação de esforços de toda uma comunidade de apoiadores que nos guiaram e deram sustentação por meio de uma longa jornada de questões, iterações e solicitações. Este livro teria sido muito diferente sem nossos muitos colaboradores (e não no bom sentido). Muitas pessoas contribuíram para este livro, desde o compartilhamento de histórias e insights de suas carreiras interempreendedoras até o conjunto de ideias de estratégia/posicionamento/desenvolvimento e muito mais. Foi um projeto de 2 anos iniciado no começo da pandemia e que se concretizou após inúmeras horas de pesquisa, redação e iteração contínua.

Duas pessoas foram mentores incríveis ao longo de todo o processo de publicação, da ideia inicial ao livro impresso. A primeira, Jonas Koffler. Você foi um verdadeiro embaixador de Global Class, auxiliando-nos de muitas maneiras, que vão do desenvolvimento de propostas de livros até a obtenção de um acordo com nossa editora, e durante esse caminho esteve sempre presente para responder a uma quantidade infinita de perguntas e participar de ligações improvisadas no FaceTime para nos ajudar a superar os desafios de última hora. Seu incentivo contínuo nos ajudou a aprimorar cada vez mais o livro e a plataforma em torno de Global Class. Você começou como nosso agente e acabou como amigo, sendo conselheiro, consultor de marketing e editor nesse meio tempo.

A segunda, Patrick Vlaskovits. Este livro nunca teria existido sem sua orientação e disposição para abrir sua rede a fim de nos ajudar a alcançar cada marco ao longo do caminho, levando o Global Class de uma ideia a um livro pronto. Mais do que isso, seus sábios conselhos como alguém que transitou com sucesso na jornada para se tornar um best-seller (duas vezes) nos ajudou a focar no que era importante, ignorar o que não era e nos capacitou a trabalhar para dar o nosso melhor em seguir seus passos.

Para a equipe da BenBella: Você é a parceira ideal para o *Global Class* e um dos principais apoiadores de nosso objetivo de divulgar os conceitos do livro para o mundo. É necessária uma equipe que saiba iterar e adequar as estratégias conforme as lições são aprendidas para fazer um livro como este funcionar. Matt Holt, você acreditou em nossa ideia (e em nós) e foi um grande defensor do livro, sempre aberto a considerar mais uma "pequena" mudança e sendo flexível quando surgiam novas ideias. A maneira ágil de colaborar com os autores é rara e muito apreciada. Katie Dickman, sua gestão de nosso manuscrito ajudou a garantir que nossa mensagem pudesse repercutir em um público amplo; agradecemos por nos ajudar a estender o alcance de nossas palavras (obrigado também a Lydia Choi por sua ajuda). Um obrigado especial a Judy Gelman Myers, nossa copidesque: não conseguiríamos comunicar nossas ideias de maneira eficaz sem você aparando as arestas e corrigindo uma infinidade de pequenos erros. Brigid Pearson, somos gratos por colaborar conosco para criar um design de capa [na edição original em inglês] verdadeiramente icônico que captasse a atenção e fizesse os leitores desejarem ver o que há dentro. Jessika Rieck, os elementos de design interiores (e, em particular, os gráficos) deste livro foram particularmente importantes para comunicar claramente nossas ideias e estrutura, e você fez um trabalho incrível ajudando nossas ideias a saltarem da página. Mallory Hyde, obrigado por seu trabalho árduo na divulgação das mensagens de *Global Class* no mundo de uma forma que leva as pessoas a verem o valor do que temos a dizer (e realmente desejarem lê-lo).

À nossa equipe do 10X Innovation Lab, obrigado por tudo que fazem para tornar nossa organização Global Class! Em particular, agradecemos a Jo-Anne Loquellano-Cruz, Victor Barbosa e Crystal Faith Neri, por estarem presentes em cada passo do caminho enquanto desenvolvemos este livro e por apoiarem nossa missão de fazer da expansão internacional uma experiência compartilhada mediante a construção de nossa comunidade global de Interempreendedores.

Como já mencionamos na introdução do livro, entrevistamos mais de trezentas pessoas em mais de cinquenta países (ainda não conhecemos pessoalmente quase todas elas) no processo de desenvolvimento dos conceitos e das estruturas detalhados neste livro. Estamos verdadeiramente em débito com todos os *Interempreendedores* que, para colaborar conosco, reservaram um tempo em suas agendas lotadas para escalar as empresas de crescimento mais rápido do mundo. Suas ideias, histórias, lições e melhores práticas fizeram de *Global Class* o valioso manual que ele se tornou. Agradecemos a vocês o entusiasmo em garantir que outros não tenham que reinventar a roda e aprender negócios globais da maneira mais difícil. Vocês são os catalisadores das Empresas Global Class, e seus esforços inspirarão a próxima geração de líderes empresariais globais (confira a lista separada desses incríveis *Interempreendedores*).

Em particular, queremos agradecer a um grupo central de *Interempreendedores* que foram conselheiros e defensores em grande parte do processo de pesquisa e que continuam a ser nossos grandes apoiadores hoje. Abe Smith, Jennifer Yuen, Troy Malone, Elise Rubin, Jan van Casteren, Kathryn Hymes, John Brandon, Paul Williamson, Jennifer Cornelius, Chang Wen Lai, Tiffany Stevenson, Zach Kitschke, Polly Sumner, Scott Coleman, James Sherrett, Christina Lee, Freddy Vega, Mike Jozwik, Heini Zachariassen, Frédéric

Mazzella, Gabriel Engel, Muhammed ("Mo") Yildirim, Dan Himelstein, Sankar Venkatraman, Ethan Evans, Chris Murphy e Daniel Sullivan — não há como agradecer o suficiente por serem embaixadores tanto do *Global Class* quanto de nossas iniciativas de espalhar a palavra pelo mundo.

Gostaríamos também de estender um agradecimento especial aos principais pensadores "ágil", Steve Blank, Alex Osterwalder e Eric Ries, por nos fazerem perguntas desafiadoras, compartilharem insights sagazes e oferecerem conselhos pertinentes sobre o tema ágil em um contexto global e sobre como socializar os conceitos da Global Class.

Aaron: um grito de guerra nos momentos difíceis é salientar que você não é *o primeiro* a passar pela situação que está enfrentando. Tão importante quanto, porém mais frequentemente esquecido, é que você também não será *o último*. É por essa razão que ensinar é tão importante. É também por essa razão que sou tão grato às muitas pessoas que contribuíram com ideias, histórias e feedback na elaboração deste trabalho. Sem seus esforços, como retribuição, para passá-las adiante, este livro nunca teria sido escrito. Essa sensação de que não seremos os últimos me deu energia para lecionar em Berkeley Haas, assim como incentivou muitos que ensinam. Obrigado a todos os professores (formais e informais) que me ensinaram e aproveitam a oportunidade para ajudar os outros partilhando suas experiências de vida.

Para Klaus Wehage, foi uma jornada e tanto conseguir publicar isto, hein? Obrigado pelas inúmeras sessões de brainstorming, pelas iterações constantes sempre procurando maneiras de tornar nossos conceitos mais ricos e por realmente dar vida às nossas estruturas valendo-se de gráficos acessíveis. Sua promoção e administração da rede de empreendedores que contribuíram para este livro de fato o tornaram Global Class.

Quero agradecer aos meus pais por toda uma vida de apoio e incentivo constantes. À minha mãe, Dawn Sunday, muito obrigado por incutir em mim uma mentalidade global desde tenra idade. Lembro-me, quando criança, de folhear brochuras em sua agência de viagens e aprender que havia um número quase ilimitado de lugares para explorar e pessoas com diferentes perspectivas para conhecer em todo o mundo. Obrigado pelas maneiras criativas com que me ensinou lições e pelos empurrões gentis que me deu ao longo dos anos para sair da minha zona de conforto. Ao meu pai, Jerry McDaniel, obrigado por me dar uma visão dos bastidores sobre o que faz algumas das pessoas mais talentosas do mundo terem sucesso por intermédio de histórias de seu trabalho e por sempre ficar de olho em maneiras de ajudar minha carreira. Ao meu irmão, Marc McDaniel, obrigado por me inspirar com suas criações culinárias e abertura para sempre ajudar os outros. Estou orgulhoso de seu sucesso em levar alegria às pessoas por meio da comida e de como você está trilhando seu próprio caminho. À minha madrinha, Jill Wakeman, sou grato por levar o papel de madrinha muito mais a sério do que quase ninguém jamais o fez, por construir um vínculo e uma conexão espiritual comigo, e por me ensinar a importância da empatia e a necessidade de lutar pela igualdade de todas as pessoas. Às minhas filhas, Quinn e Shay, obrigado por me darem uma razão de ser e pelas lições que continuam a me ensinar diariamente. Ver vocês crescerem se tornou uma das alegrias da minha vida.

Por fim, e mais importante, à minha esposa, Leona Ma — este livro não teria sido tão bom sem as perguntas que fez e como me desafiou a escrever melhor as coisas. Desde o dia em que nos conhecemos, você sempre foi você mesma (a quem amo mais e mais a cada dia). Amo a vida que estamos construindo juntos. Você é um exemplo incrível para nossas filhas e dá a elas muito a que aspirar.

Klaus: uma carreira, por definição, não é constante nem linear. Em vez disso, dê boas-vindas a novas influências ao longo da jornada e permita que mudanças pessoais aconteçam. A mudança pode ser revigorante, energizadora e tornar-se um catalisador para o crescimento. Eu senti isso em minha própria pele, corpo e alma (*com mudanças radicais de carreira e muitos quilômetros percorridos ao longo do caminho*). Daí a razão pela qual adoro estar na porta da frente do Vale do Silício, acolhendo estudantes, líderes empresariais e decisores de políticas, evangelizando o empreendedorismo e a inovação. As experiências formativas, conforme comprovado neste livro, criam flexibilidade nas mentalidades, desbloqueiam a empatia para com os outros e inspiram as pessoas a causar impacto nas comunidades ao redor. Os entrevistados neste livro exemplificam essa mentalidade, e sem seu apoio na partilha de lições aprendidas com dificuldade, experiências de vida e aconselhamento empresarial global, o livro *Global Class* não teria se tornado o que é hoje.

Para Aaron McDaniel, em quase 2 anos de enorme colaboração, obtive uma visão mais profunda de sua incrível ética de trabalho e comprometimento apaixonado. Estivemos em uma jornada que serviu de base para moldar este projeto em um livro de negócios perene e reconhecido globalmente. Sua capacidade de pegar uma ideia inicial e transformá-la em arte literária e uma bela narrativa foi uma alegria de testemunhar, coescrever e, agora, publicar.

Tenho uma enorme gratidão a muitas pessoas que me ajudaram ao longo do caminho. Em primeiro lugar estão as pessoas que me apoiaram nos momentos em que a vida colocou à minha frente obstáculos desafiadores que poderiam ter atrapalhado meu desenvolvimento pessoal e mudado o rumo da minha vida. Sou grato à minha faculdade, Niels Brock; à sua presidente, Anya Eskildsen; e ao meu professor Max Johannison, que demonstraram incrível empatia e compreensão pela minha situação quando meu irmão faleceu. Além disso, um agradecimento especial ao meu amigo Casey Armstrong, que gentilmente me convidou para ficar com ele na Califórnia quando precisei de um momento para respirar e reiniciar após a morte do meu irmão. A vida nem sempre é bonita, mas, com as pessoas e a comunidade certas, você encontra força e inspiração para seguir adiante. Além disso, meu amor e apreço vão para minha família chilena — Jose Ramos, Silva Aranda, Javiera Ramos e Sebastian Ramos — que me acolheu e me mostrou que o amor não tem fronteiras. A cultura deve conectar as pessoas, e não dividi-las.

À minha maravilhosa família na Dinamarca: obrigado por me fazer sentir perto de casa, apesar de estar a quase 9 mil km de distância. À minha mãe, Anne Børme, obrigado por aceitar as decisões da minha vida e me visitar ao redor do mundo em apoio ao meu estilo de vida internacional. Ao meu pai e à minha madrasta, Karsten Wehage e Pernille Henriksen, obrigado por sempre me mostrarem que tenho um lar, independentemente do tempo que estive fora. Aos meus irmãos, Anders Wehage, Andreas Børme Larsen e Peter Henriksen, apesar de nossas origens familiares mescladas, valorizo e aprecio profundamente como nos unimos nos bons e nos maus momentos e mostramos uns aos outros o que a fraternidade realmente significa. À minha avó Herta Julia Børme, obrigado por me mostrar o que significa a verdadeira bondade por meio de sua empatia e paixão por ajudar os outros.

Para encerrar este reconhecimento, gostaria de agradecer à família de minha linda esposa. À minha sogra, Yu-wen Szeto, e ao sogro, Chin Szeto, sou grato não apenas por me acolherem na família, mas também por me ensinarem sobre uma nova e bela cultura da qual agora posso fazer parte. À minha esposa, Jessica Szeto Wehage, cuja força, amor e compaixão continuam a me surpreender todos os dias. Obrigado, Jess, por ser a base de nossa família e dar o exemplo aos nossos dois lindos meninos, Cayden e Austin.

Dos mais de trezentos líderes que entrevistamos, gostaríamos de agradecer em particular, às seguintes pessoas, que foram tão generosas com o seu tempo e conhecimentos na nossa jornada para desenvolver o livro *Global Class*. Esses empreendedores são a razão pela qual o conceito Global Class (e o manual abrangente para a construção de uma empresa global aqui contido) surgiu:

Belal Aftab
Chukwuemeka Agbata
Luis Almanza
Joaquin Alonso Flores
Oviedo
Tiffany Apczynski
Javiera Araneda
Casey Armstrong
Marcio Arnecke
Dhruv Arora
Peter Arvai
Arnaud Auger
William Bao Bean
Gonzalo Begazo
Mohan Belani
Josh Bersin

Israel Bimpe
Cindy Blanco
Steve Blank
Jeffrey Bleich
Jivko Bojinov
Whitney Bouck
Giulia Braghieri
John Brandon
Urban Brecko
Karim Bugglé
Victoria Bull
Maria Carolina Lacombe
Eddy Chan
Sokjin Chang
Lai Changwen
Jose Chapa
Federico Chester
Richard Choi
Christian Claus
Antoine Colaćo
Scott Coleman
Jennifer Cornelius
Giancarlo Cozzi
Robin Daniel
Rodolfo Dañino Ruiz
Alfonso De los Rios
Glenn DeVore
Kristen Durham
Luca Eisenstecken
Ernest Eng
Gabriel Engel
Jerry Engel
Anya Eskildsen
Batara Eto
Ethan Evans
Alex Farcet
Mads Faurholt
Don Freda
Ishita Ganotra
Amit Garg
Keith Gatto
Sam Gellman
Roy Geva
Steve Goldberg
Olaf Groth
Claudio Guarcello
Jason Guesman
Ankit Gupta
Bader Hamdan
Budi Handoko
Esben Hansen
Larry Harding
Lori Harmon
David Helgason
Imre Hild
Dan Himelstein
Mikkel Hippe Brun
Klaus Holse
Shinichiro Hori
Rich Hua
Kathryn Hymes
Kang Hyunbin
Sean Jacobsohn
Prasun Jain
Thomas Jensen
Scott Jordon
Mike Jozwik
Tomas Kandl
Amira Karim
Aakash Katdare
Nataly Kelly
Scott Keyes
Jongkap Kim
Tim Kitchin
Zach Kitschke
Shawna Knauff
Kurt Kober
Karsten Koustrup Petersen
Abhishek Krishna Lahoti
Jimmy Ku
Nimit Kumar
Janice Lam
Rob Lamb
Denis Lambert
Ronen Lamdan
Doug Landis
Robyn Larsen
Casey Lau
Brad Layous
Christina Lee
John Lee
Stan Lewandowski
Marvin Liao
Cheryl Lim
Andrew Lindquist
Jerry Luk
Niklas Lundberg
Steven Lurie
Jorn Lyseggen
Alex Mackenzie-Torres
Manas Mainrai
Claudia Makadristo
Troy Malone
Piyush Malviya
Gabriel Manjarrez
Maya Manusci
Raul Marana
Bianca Martinelli
Giovander Masaglia
Seichu Masatada Kobayashi
Frédéric Mazzella
Eduardo Medeiros
Carolina Mello
Thiago Miashiro
Emil Michael
Mårten Mickos
David Miltner
Gaurav Mittal
Tak Miyata
Andreas Moellmann
Chris Murphy
Thomas Myrup Kristensen
Patricia Ndikumana
Elise Ngobi
Nyssa Noyola
Alex Osterwalder
Marcus Paiva
Mark Parry
Nayan Patel
Ryan Petersen
Ase Petterson Bailey
Gadi Ponte
Ramsey Pryor
Steven Puig
Eric Quan Lee
Gautam Raj Singh
Vijay Rajendran
Karthik Rampalli
Federico Ranero
Brian Requarth
Eric Ries
Daniel Rodic
David Rodriguez
Hiro Rodriguez
Rishi Roongta
Elise Rubin
Ezequiel Rubin
Roberto Ruiz
Brieanne Runsten
Nicole Sahin
Matthew Salloway
Paula Salomaa
Marcelo Schermer
Alvaro Schocair
Philipp Schwengel
Koshambi Shah
Dawn Sharifan
Mike Shaw
Kristine Sheik
James Sherret
Francesco Simoneschi
Karan Singh
Abe Smith
Ana Sofia Guzman
Jaekwon Son
Ozan Sonmez
Guilherme Spinace
Leore Spira
Tiffany Stevenson
Daniel Sullivan
Polly Sumner
Arun Sundar
Kamlesh Talreja
Cecilia Tang
Enrique Topolansky
Daniel Valentini
Jan van Casteren
Sven Van Stichel
Scott Van Vliet
Freddy Vega
Sankar Venkatraman
Sean Wagner
Liza Wang
Mina Wasfi
Jonathan Whitmore
Paul Williamson
Jaideep Yadav
Takanari Yamashita
Chris Yeh
Muhammed Yildirim
Jennifer Yuen
Heini Zachariassen
Tania Zapata
Kelvin Zin
Adam Zoucha

GLOSSÁRIO

TERMOS DE USO FREQUENTE

Adequação Empresa/Mercado — O modelo operacional, organizacional e cultural correto de "go to market", necessário para satisfazer os requisitos de um mercado local. A adequação empresa/mercado é obtida ao localizar os aspectos dos negócios e, ao mesmo tempo, gerenciar com sucesso as complexidades que acompanham essas mudanças.

Adequação Produto/Mercado — O processo de identificar uma necessidade do cliente e confirmar se o produto ou o serviço que você oferece atende a essa necessidade de maneira escalonável e lucrativa.

Análise do Prêmio de Localização (LPA) — A principal ferramenta que as Empresas Global Class usam para concluir a segunda etapa do processo ágil global, que mapeia, rastreia e administra as complexidades (prêmios de localização) que derivam da entrada e da expansão em novos mercados globais. É o principal facilitador para alcançar a adequação empresa/mercado.

Business Model Localization Canvas (BMLC) — Estrutura usada na primeira parte da metodologia ágil global que auxilia as empresas a transformar seu modelo validado no mercado existente em hipóteses de como operar seus negócios em um novo mercado, passando o modelo atual pela regulamentação governamental e por filtros culturais.

Ciclos de Respostas — Linhas de comunicação estabelecidas que viabilizam uma troca transparente e multidirecional de ideias e informações [feedback], ajudando as organizações a avançar mais rapidamente e a ganhar impulso. Eles podem existir entre equipes (entre o QG e os mercados locais) e dentro das equipes.

Crescimento de Mercado — A segunda etapa da expansão global, que se concentra na geração de impulso e escala para construir uma presença global e operar o negócio sem criar complexidade demais. Durante essa etapa, as empresas se esforçam para obter a adequação empresa/mercado.

Cultura Comunitária — Um tipo emergente de cultura que vincula pessoas a interesses e crenças semelhantes, transcendendo as fronteiras nacionais.

Cultura da Empresa — Crenças, comportamentos e normas compartilhados de uma organização que orientam como os funcionários se comunicam, tomam decisões, criam e implementam estratégias.

Cultura do Mercado Local — Crenças, comportamentos e normas partilhadas pela população local em um país ou uma região específica.

Cultura Empresarial Local — Crenças, comportamentos e normas compartilhados de um país ou uma região específica que influenciam como os negócios são feitos e a equipe local opera em um ambiente profissional. A cultura empresarial local é um dos vários subconjuntos da cultura do mercado local.

Curva de Autonomia — A estrutura que descreve o nível variável de autonomia a ser concedida às equipes locais em cada estágio da expansão do mercado.

Descoberta da Localização — Um procedimento realizado no decorrer da primeira etapa do processo ágil global, em que as equipes se concentram em descobrir as particularidades do mercado, visitando pessoalmente e conversando com as principais partes interessadas, avaliando as prováveis localizações necessárias para obter impulso.

Direitos de Decisão — O processo pelo qual as equipes dividem a autoridade das tomadas de decisão entre o QG e as equipes locais.

Empresa Global Class — Uma organização que busca e alcança escala global, equilibrando localização e complexidade, construindo uma equipe ágil culturalmente consciente, estabelecendo as estruturas e o modelo de gestão para apoiar uma organização distribuída e equilibrando as culturas da empresa e locais.

Entrada no Mercado — A primeira etapa da expansão global no novo mercado, que inclui descoberta e preparação, até que a adequação produto/mercado seja obtida e na qual a equipe valida as estratégias localizadas de entrada no mercado e operacionais no país, provando que o modelo de negócios é lucrativo e escalável.

Equipe de Recursos da Localização (LRT) — Uma equipe multifuncional, de preferência com representação de diversas funções e departamentos, que gera impulso ao remover obstáculos para as equipes locais, compartilha e implementa as melhores práticas, opera como um canal entre as equipes locais até o QG e gerencia ativamente as complexidades originadas pela localização.

Equipe do Mercado Local — A equipe que gerencia operações e atividades de entrada no mercado em um mercado internacional, muitas vezes no país.

Estratégia "Go-to-Market" — Os elementos do modelo de negócios de uma empresa voltados para o cliente e que estão sujeitos à adaptação para obter impulso e escala em um mercado local (Prêmios de Vendas, Produto e Marketing se enquadram nessa categoria).

Estratégia Operacional — Os elementos finais do modelo de negócios de uma empresa que podem precisar de adaptação para operar adequadamente o negócio em um mercado local (Prêmios Administrativos, de Infraestrutura e Organizacionais se encaixam nessa categoria).

Estrutura de Formação de uma Equipe Global Class — Um modelo de contratação e formação de equipes que as Empresas Global Class usam para se assegurar que têm a equipe certa para ter sucesso na entrada e na expansão em novos mercados. As categorias do conjunto de habilidades incluem: mentalidade interempreendedora, conhecimento do mercado local, conhecimento da empresa e habilidades de liderança para organizações distribuídas.

Estruturas (e Processos) — Os processos e os programas organizacionais criados para apoiar o crescimento e permitir que uma organização alcance escala global.

Indutores de Impulso — Estruturas e processos que apoiam as iniciativas de localização e expansão, permitindo a comunicação, a alocação de recursos e o gerenciamento de complexidade. O QG cria processos e estruturas para facilitar a localização por intermédio do desenvolvimento de estratégias, suporte à implementação e monitoramento.

Interempreendedor — Alguém com mentalidade global para interpretar a cultura, a mentalidade ágil para superar obstáculos de maneira resiliente com soluções criativas e a mentalidade da empresa para sustentar o apoio e a adesão para realizar as coisas, valendo-se de uma visão (dele ou de outra pessoa) e trazendo-a para o mundo.

Internacionalização — O processo pelo qual as equipes projetam processos/elementos centralizados do modelo da empresa que podem ser personalizados (ou localizados) para se adaptar a mercados individuais, em vez de elementos separados para cada mercado individual.

Localização — O processo de adaptação de um componente das operações de uma empresa ou das estratégias de entrada no mercado com o objetivo de alcançar a adequação empresa/mercado em um novo mercado.

Manual de Crescimento Global — Um recurso que mapeia todas as etapas necessárias para um lançamento e um crescimento exitosos em novos mercados, capturando as melhores práticas para a entrada e o crescimento no mercado.

Maturidade do Mercado — A terceira etapa da expansão global, na qual as empresas se concentram em penetrar ainda mais em um mercado local existente. É frequente, ao longo das etapas de entrada e crescimento do mercado, que a empresa não consiga uma penetração profunda ou capturar todo o potencial do mercado. O objetivo é obter uma participação de mercado mais dominante por meio de maior localização.

Mentalidade Global Class — A mentalidade adotada pelas Empresas Global Class cuja visão é *pensar* globalmente desde o primeiro dia, alavancando uma estratégia descentralizada de talentos, posicionando o QG para ser um facilitador e apoiador dos mercados locais e implementando uma estratégia que encontra a maneira local de administrar um negócio. Algo que se opõe diretamente à Mentalidade Tradicional.

Mercado Inicial — O primeiro mercado no qual uma empresa valida sua estratégia operacional, estratégia de entrada no mercado e escalabilidade. Pode ou não ser o país onde a empresa foi originalmente fundada.

Mercado Local — Um mercado internacional fora do mercado inicial de uma empresa para o qual ela se expande e busca aumentar a escala.

Mercados Vinculados — Quando uma mudança de estratégia operacional ou de entrada no mercado aplicada para ganhar impulso em um mercado pode ser reutilizada ao entrar em outro mercado, limitando assim a complexidade adicional incorrida no novo mercado, gerando impulso e escala.

Metodologia Ágil Global — O processo de localização de uma empresa para um novo mercado internacional de forma iterativa, enquanto se gerenciam as complexidades que acompanham a implementação dessas mudanças, com o objetivo final de obter a adequação empresa/mercado em novos mercados.

Modelo de Gestão Global Class(Modelo GCM) — Um modelo de gestão que permite que o QG e as equipes locais se conectem e colaborem para obter a adequação empresa/

mercado. Mediante uma combinação de cultura empresarial consistente, pontos de confiança estabelecidos, ciclos de respostas eficazes e inovação de mão dupla, processos/estruturas estabelecidas e uma base de ágil global, as empresas podem localizar com sucesso novos mercados e gerir a complexidade que acompanha esse processo, alcançando escala global.

Os Três Pilares para Obter Escala Global — As capacidades organizacionais que são os principais facilitadores para obter o desenvolvimento de mercado da empresa em mercados locais individuais e uma presença global. Eles incluem formar a equipe certa, administrar a organização e equilibrar diferentes culturas para dar sustentáculo à escala global.

Pêndulo da Função de Trabalho — A natureza mutável das responsabilidades funcionais em uma organização que se expande para mercados internacionais, em que as responsabilidades mudam quando localizadas, regionalizadas ou centralizadas, dependendo da função de negócios, dos recursos financeiros disponíveis, dos recursos humanos e do tipo de produto ou setor de atividade.

Pontos de Confiança — Relacionamentos dentro de uma organização distribuída nos quais a confiança foi construída, facilitando a comunicação multidirecional e a inovação.

Prêmio de Localização — O nível de complexidade incorrido no processo de localização das estratégias operacionais e de "go-to-market" de uma empresa para alcançar a adequação empresa/mercado em um novo mercado. Esses prêmios se dividem em seis categorias: Prêmios de Vendas, Marketing, Produto, Infraestrutura, Administrativo e Organizacional.

QGs (quartéis-generais) — Mecanismos e equipes distribuídas de capacitação e suporte cujo objetivo é permitir a presença da empresa nos mercados locais como administradores dos objetivos e da cultura da empresa e facilitadores das tomadas de decisão.

Quatro Compromissos para um Crescimento Global de Sucesso — Um conjunto de compromissos que as empresas bem-sucedidas em entrada no mercado, no crescimento do mercado e no alcance da escala global mantêm. Eles incluem: Alinhamento de Recursos, Confiança e Autonomia, Comunicação e Clareza e Metodologia Ágil Global.

Viés de Familiaridade — Quando uma equipe assume que um mercado geograficamente adjacente ao mercado inicial, que fala o mesmo idioma ou tem uma cultura semelhante, será um bom mercado para se lançar e exigirá muito pouca adaptação para encontrar a adequação empresa/mercado.

SOBRE OS AUTORES

AARON MCDANIEL é líder corporativo, empreendedor, palestrante profissional, consultor de startups e autor. É membro do corpo docente da Haas School of Business da UC Berkeley, sua *alma mater*. Aaron é um empreendedor serial que foi cofundador do construtor de ecossistemas de inovação global 10X Innovation Lab, bem como de três outros empreendimentos que foram vendidos. Ex-aluno do Leadership Development Program (LDP), uma bandeira da AT&T, também foi o ganhador do prêmio AT&T Diamond Club (o 1% dos principais gerentes de vendas em todo o mundo). Ele é o autor da série de livros *The Young Professional's Guide* e foi destaque na *Forbes, Inc.*, *Entrepreneur* e *Bloomberg Businessweek*. Aaron é um palestrante muito procurado cuja lista de clientes inclui The Ritz-Carlton, Deloitte Consulting, Wells Fargo, UnitedHealth Group e muitos outros.

KLAUS WEHAGE é empreendedor, consultor de startups, palestrante profissional e autor. É comumente referido como o "Embaixador do Vale do Silício", treinando executivos corporativos, empreendedores e líderes governamentais. Atualmente, ocupa cargos consultivos em três respeitáveis ministérios asiáticos. Por meio de seu antigo cargo como chefe de relações internacionais no Silicon Valley Forum, agora como cofundador e CEO do 10X Innovation Lab, Klaus treinou mais de 2 mil líderes empresariais em mais de 50 países. Originário da Dinamarca, morou em quatro continentes, fala cinco idiomas e tem diplomas da Hult International Business School (MBA) e da Copenhagen Business School (BSC). Klaus é um palestrante muito procurado e trabalhou estrategicamente com o mais alto escalão da comunidade empresarial do Vale do Silício, incluindo Google, Salesforce, LinkedIn, IBM, HP e outros.

Também de Aaron McDaniel

The Young Professional's Guide to the Working World

The Young Professional's Guide to Managing

ÍNDICE

D

E

F

N

O

P

Q

R

S

T

U

V

W

X

Y

Z

Este livro foi impresso nas oficinas gráficas da Editora Vozes Ltda.,
Rua Frei Luís, 100 – Petrópolis, RJ.